# 編纂工作指導委員會

主　　任　盛閱春（二〇二二年九月至二〇二三年一月在任）

温　暖　施惠芳　肖啓明　熊遠明

第一副主任　丁如興

副 主 任　陳偉軍　汪俊昌　馮建榮

成　　員（按姓氏筆畫排序）

王静静　朱全紅　沈志江　金水法　俞正英

胡華良　茹福軍　徐　軍　陳　豪　黄旭榮

裘建勇　樓　芳　魯霞光　魏建東

# 編纂委員會

主　　編　馮建榮

副 主 編　黄錫雲　尹　濤　王静静　李聖華　陳紅彦

委　　員（按姓氏筆畫排序）

王静静　尹　濤　那　艷　李聖華　俞國林

陳紅彦　陳　誼　許旭虹　馮建榮　葉　卿

黄錫雲　黄顯功　楊水土

史部主編　黄錫雲　許旭虹

# 序

紹興是國務院公布的首批中國歷史文化名城，是中華文明的多點起源地之一和越文化的發祥、壯大之地。從嵊州小黄山遺址迄今，已有一萬多年的文化史；從大禹治水迄今，已有四千多年的文明史；從越國築句踐小城和山陰大城迄今，已有兩千五百多年的建城史。建炎四年（一一三〇），宋高宗駐蹕越州，取義「紹奕世之宏庥，興百年之丕緒」，次年改元紹興，賜名紹興府，領會稽、山陰、蕭山、諸暨、餘姚、上虞、嵊、新昌等八縣。元改紹興路，明初復爲紹興府，清沿之。

紹興坐陸面海，嶽峙川流，風光綺麗，物産富饒，民風淳樸，士如過江之鯽，彬彬稱盛。春秋末越國有「八大夫」佐助越王卧薪嘗膽，力行「五政」，崛起東南，威續戰國，四分天下有其一，成就越文化的第一次輝煌。秦漢一統後，越文化從尚武漸變崇文。晋室東渡，北方士族大批南遷，王、謝諸大家紛紛遷居於此，一時人物之盛，雲蒸霞蔚，學術與文學之盛冠於江左，給越文化注入了新的活力。唐時的越州是詩人行旅歌詠之地，形成一條江南唐詩之路。至宋代，尤其是宋室南遷後，越中理學繁榮，文學昌盛，領一時之先。明代陽明心學崛起，這一時期的越文化，宣導致良知、知行合一，重於事功，伴隨而來的是越中詩文、書畫、戲曲的興盛。明清易代，有劉宗周等履忠蹈義，慷慨赴死，亦有黄宗羲率其門人，讀書窮經，關注世用，成其梨洲一派。至清中葉，會稽章學誠等人紹承梨洲之學而開浙東史學之新局。晚清至現代，越中知識分子心懷天下，秉持先賢「膽劍精神」，再次站在歷史變革的潮頭，蔡元培、魯迅等人「開拓越學」，使紹興成爲新文化運動和新民主主義革命的重要陣地。越文化兼容並包，與時偕變，勇於創新，隨着中國社會歷史的變遷，無論其内涵和特質發生何種變化，均以其獨特、强盛的生命力，推動了中華文明的發展。

文獻典籍承載着廣博厚重的精神財富、生生不息的歷史文脉。紹興典籍之富，甲於東南，號爲文獻之邦。從兩漢到魏晋再至近現代，紹興人留下了浩如煙海、綿延不斷的文獻典籍。陳橋驛先生在《紹興地方文獻考録·前言》中説：「紹興是我國歷史上地方文獻最豐富的地方之一。」有我國地方志的開山之作《越絶書》，有唯物主義的哲學巨著《論衡》，有書法藝術和文學價值均登峰造極的《蘭亭集序》，有詩爲「中興之冠」的陸游《劍南詩稿》，有輯録陽明心學精義的儒學著作《傳習録》等，這些文獻，不僅對紹興一地具有重要價值，對浙江乃至全國來説，也有深遠意義。

紹興藏書文化源遠流長。歷史上的藏書家多達百位，知名藏書樓不下三十座，其中以澹生堂最爲著名，藏書十萬餘卷。近現代，紹興又首開國内公共圖書館之先河。光緒二十六年（一九〇〇），紹興鄉紳徐樹蘭獨力捐銀三萬餘兩，圖書七萬餘卷，創辦國内首個公共圖書館——古越藏書樓。越中多名士，自也與藏書聚書風氣有關。

習近平總書記强調，「我們要加强考古工作和歷史研究，讓收藏在博物館裏的文物、陳列在廣闊大地上的遺産、書寫在古籍裏的文字都活起來，豐富全社會歷史文化滋養」。黨的十八大以來，黨中央站在實現中華民族偉大復興的高度，對傳承和弘揚中華優秀傳統文化作出一系列重大決策部署。中共中央辦公廳、國務院辦公廳二〇一七年一月印發了《關於實施中華優秀傳統文化傳承發展工程的意見》，二〇二二年四月又印發了《關於推進新時代古籍工作的意見》。

盛世修典，是中華民族的優秀傳統，是國家昌盛的重要象徵。近年來，紹興地方文獻典籍的利用呈現出多層次、多方位探索的局面，從文史界到全社會都在醞釀進一步保護、整理、開發、利用紹興歷史文獻的措施，形成了廣泛共識。中共紹興市委、市政府深入學習貫徹習近平總書記重要指示精神，積極響應國家重大戰略部署，以提振紹興人文氣運的文化自覺和存續一方文脉的歷史擔當，作出了編纂出版《紹興大典》的重大決定，計劃用十年時間，系統、全面、客觀梳理紹興文化傳承脉絡，收集、整理、編纂、出版紹興地方歷史文獻。二〇二二年十月，中共紹興市委辦公室、紹興市人民政府辦公室印發《關於〈紹興大典〉編纂出版工作實施方案的通知》。自此，《紹興大典》編纂出版各項工作開始有序推進。

百餘年前，魯迅先生提出「開拓越學，俾其曼衍，至於無疆」的願景，今天，我們繼先賢之志，實施紹興歷史上前無古人的文化工程，希冀通過《紹興大典》的編纂出版，從浩瀚的紹興典籍中尋找歷史印記，從豐富的紹興文化中挖掘鮮活資源，從悠遠的紹興歷史中把握發展脉絡，古爲今用，繼往開來，爲新時代「文化紹興」建設注入强大動力。我們將懷敬畏之心，以古人「三不朽」的立德修身要求，爲紹興這座中國歷史文化名城和「東亞文化之都」立傳畫像，爲全世界紹興人築就恒久的精神家園。

是爲序。

温暖

二〇二三年十月

# 前言

越國故地，是中華文明的重要起源地，中華優秀傳統文化的重要貢獻地，中華文獻典籍的重要誕生地。紹興，是越國古都，國務院公布的第一批歷史文化名城。編纂出版《紹興大典》，是綿延中華文獻之大計，弘揚中華文化之良策，傳承中華文明之壯舉。

## 一

紹興有源遠流長的文明，是中華文明的縮影。

中國有百萬年的人類史，一萬年的文化史，五千多年的文明史。中華文明，是中華民族長期實踐的積累，集體智慧的結晶，不斷發展的産物。各個民族，各個地方，都爲中華文明作出了自己獨具特色的貢獻。紹興人同樣爲中華文明的起源與發展，作出了自己傑出的貢獻。

現代考古發掘表明，早在約十六萬年前，於越先民便已經在今天的紹興大地上繁衍生息。二〇一七年初，在嵊州崇仁安江村蘭山廟附近，出土了於越先民約十六萬年前使用過的打製石器[一]。這是曹娥江流域首次發現的舊石器遺存，爲探究這一地區中更新世晚期至晚更新世早期的人類活動、

[一] 陸瑩等撰《浙江蘭山廟舊石器遺址網紋紅土釋光測年》，《地理學報》英文版，二〇二〇年第九期，第一四三六至一四五〇頁。

華南地區與現代人起源的關係、小黃山遺址的源頭等提供了重要綫索。

距今約一萬至八千年的嵊州小黃山遺址〔一〕，於二〇〇六年與上山遺址一起，被命名爲上山文化。該遺址中的四個重大發現，引人矚目：一是水稻實物的穀粒印痕遺存，以及儲藏坑、鐮形器、石磨棒、石磨盤等稻米儲存空間與收割、加工工具的遺存；二是種類與器型衆多的夾砂、夾炭、夾灰紅衣陶與黑陶等遺存；三是我國迄今發現的最早的立柱建築遺存，以及石杵立柱遺存；四是我國新石器時代遺址中迄今發現的最早的石雕人首。

蕭山跨湖橋遺址出土的山茶種實，表明於越先民在八千多年前已開始對茶樹及茶的利用與探索〔二〕。距今約六千年前的餘姚田螺山遺址發現的山茶屬茶樹根遺存，有規則地分布在聚落房屋附近，特别是其中出土了一把與現今茶壺頗爲相似的陶壺，表明那時的於越先民已經在有意識地種茶用茶了〔三〕。

對美好生活的嚮往無止境，創新便無止境。於越先民在一萬年前燒製出世界上最早的彩陶的基礎上〔四〕，經過數千年的探索實踐，終於在夏商之際，燒製出了人類歷史上最早的原始瓷〔五〕；繼而又在東漢時，燒製出了人類歷史上最早的成熟瓷。現代考古發掘表明，漢時越地的窑址，僅曹娥江兩岸的上虞，就多達六十一處〔六〕。

中國是目前發現早期稻作遺址最多的國家，是世界上最早發現和利用茶樹的國家，更是瓷器的故

〔一〕浙江省文物考古研究所編《上山文化：發現與記述》，文物出版社二〇一六年版，第七一頁。
〔二〕浙江省文物考古研究所、蕭山博物館編《跨湖橋》，文物出版社二〇〇四年版，彩版四五。
〔三〕北京大學中國考古學研究中心、浙江省文物考古研究所編《田螺山遺址自然遺存綜合研究》，文物出版社二〇一一年版，第一一七頁。
〔四〕孫瀚龍、趙曄著《浙江史前陶器》，浙江人民出版社二〇二二年版，第三頁。
〔五〕鄭建華、謝西營、張馨月著《浙江古代青瓷》，浙江人民出版社二〇二二年版，上册，第四頁。
〔六〕宋建明主編《早期越窑——上虞歷史文化的豐碑》，中國書店二〇一四年版，第二四頁。

鄉。《（嘉泰）會稽志》卷十七記載「會稽之産稻之美者，凡五十六種」，稻作文明的進步又直接促成了紹興釀酒業的發展。同卷又單列「日鑄茶」一條，釋曰「日鑄嶺在會稽縣東南五十五里，嶺下有僧寺名資壽，其陽坡名油車，朝暮常有日，産茶絶奇，故謂之日鑄」。可見紹興歷史上物質文明之發達，真可謂「天下無儔」。

## 二

紹興有博大精深的文化，是中華文化的縮影。

文化是一條源遠流長的河，流過昨天，流到今天，還要流向明天。悠悠萬事若曇花一現，唯有文化與日月同輝。

大量的歷史文獻與遺址古迹表明，四千多年前，大禹與紹興結下了不解之緣。大禹治平天下之水，漸九川，定九州，至於諸夏乂安，《史記·夏本紀》載：「禹會諸侯江南，計功而崩，因葬焉，命曰會稽。會稽者，會計也。」裴駰注引《皇覽》曰：「禹冢在山陰縣會稽山上。會稽山本名苗山，在縣南，去縣七里。」《（嘉泰）會稽志》卷六「大禹陵」：「禹巡守江南，上苗山，會稽諸侯，死而葬焉。……劉向書云：禹葬會稽，不改其列，謂不改林木百物之列也。苗山自禹葬後，更名會稽。是山之東，有隴隱若劍脊，西嚮而下，下有窆石，或云此正葬處。」另外，大禹在以會稽山爲中心的越地，還有一系列重大事迹的記載，包括娶妻塗山、得書宛委、畢功了溪、誅殺防風、禪祭會稽、築治邑室等。

以至越王句踐，「其先禹之苗裔，而夏后帝少康之庶子也，封於會稽，以奉守禹之祀」（《史記·越王句踐世家》）。句踐的功績，集中體現在他一系列的改革舉措以及由此而致的强國大業上。

他創造了「法天象地」這一中國古代都城選址與布局的成功範例，奠定了近一個半世紀越國號稱天下强國的基礎，造就了紹興發展史上的第一個高峰，更實現了東周以來中國東部沿海地區暨長江下游地區的首次一體化，讓人們在數百年的分裂戰亂當中，依稀看到了一統天下的希望，爲後來秦始皇統一中國，建立真正大一統的中央政權，進行了區域性的準備。因此，司馬遷稱：「苗裔句踐，苦身焦思，終滅强吴，北觀兵中國，以尊周室，號稱霸王。句踐可不謂賢哉！蓋有禹之遺烈焉。」

千百年來，紹興涌現出了諸多譽滿海内、雄稱天下的思想家，他們的著述世不絶傳、遺澤至今，他們的思想卓犖英發、光彩奪目。哲學領域，聚諸子之精髓，啓後世之思想。政治領域，以家國之情懷，革社會之弊病。經濟領域，重生民之生業，謀民生之大計。教育領域，育天下之英才，啓時代之新風。史學領域，創史志之新例，傳千年之文脉。

紹興是中國古典詩歌藝術的寶庫。四言詩《候人歌》被稱爲「南音之始」。於越《彈歌》是我國文學史上僅存的二言詩。《越人歌》是越地的第一首情歌、中國的第一首譯詩。山水詩的鼻祖，是上虞人謝靈運。唐代，這裏涌現出了賀知章等三十多位著名詩人。宋元時，這裏出了别開詩歌藝術天地的陸游、王冕、楊維楨。

紹興是中國傳統書法藝術的故鄉。鳥蟲書與《會稽刻石》中的小篆，影響深遠。中國的文字成爲藝術品之習尚，文字由書寫轉向書法，是從越人的鳥蟲書開始的。而自王羲之《蘭亭序》之後，紹興更是成爲中國書法藝術的聖地。翰墨碑刻，代有名家精品。

紹興是中國古代繪畫藝術的重鎮。世界上最早彩陶的燒製，展現了越人的審美情趣。「文身斷髮」與「鳥蟲書」，實現了藝術與生活最原始的結合。戴逵與戴顒父子、僧仲仁、王冕、徐渭、陳洪綬、趙之謙、任熊、任伯年等在中國繪畫史上有開宗立派的地位。

一九一二年一月，魯迅爲紹興《越鐸日報》創刊號所作發刊詞中寫道：「於越故稱無敵於天下，海岳精液，善生俊異，後先絡繹，展其殊才；其民復存大禹卓苦勤勞之風，同句踐堅確慷慨之志，力作治生，綽然足以自理。」可見，紹興自古便是中華文化的重要發源地與傳承地，紹興人更是世代流淌着「卓苦勤勞」「堅確慷慨」的精神血脉。

## 三

紹興有琳琅滿目的文獻，是中華文獻的縮影。

自有文字以來，文獻典籍便成了人類文明與人類文化的基本載體。紹興地方文獻同樣爲中華文明與中華文化的傳承發展，作出了傑出的貢獻。

中華文明之所以成爲世界上唯一没有中斷、綿延至今、益發輝煌的文明，在於因文字的綿延不絶而致的文獻的源遠流長、浩如煙海。中華文化之所以成爲中華民族有别於世界上其他任何民族的顯著特徵並流傳到今天，靠的是中華兒女一代又一代的言傳身教、口口相傳，更靠的是文獻典籍一代又一代的忠實書寫、守望相傳。

無數的甲骨、簡牘、古籍、拓片等中華文獻，無不昭示着中華文明的光輝燦爛、欣欣向榮，無不昭示着中華文化的廣博淵綜、蒸蒸日上。它們既是中華文明與中華文化的基本載體，又是中華文明與中華文化的重要組成部分，是十分重要的物質文化遺産。

紹興地方文獻作爲中華文獻重要的組成部分，積澱極其豐厚，特色十分明顯。

## （一）文獻體系完備

紹興的文獻典籍根基深厚，載體體系完備，大體經歷了四個階段的歷史演變。

一是以刻符、紋樣、器型爲主的史前時代。代表性的，有作爲上山文化的小黄山遺址中出土的彩陶上的刻符、印紋、圖案等。

二是以金石文字爲主的銘刻時代。代表性的，有越國時期玉器與青銅劍上的鳥蟲書等銘文、秦《會稽刻石》、漢「大吉」摩崖、漢魏六朝時的會稽磚甓銘文與會稽青銅鏡銘文等。

三是以雕版印刷爲主的版刻時代。代表性的，有中唐時期越州刊刻的元稹、白居易的詩集。唐長慶四年（八二四），浙東觀察使兼越州刺史元稹，在爲時任杭州刺史的好友白居易《白氏長慶集》所作的序言中寫道：「揚、越間多作書模勒樂天及予雜詩，賣於市肆之中也。」這是有關中國刊印書籍的最早記載之一，説明越地開創了「模勒」這一雕版印刷的風氣之先。宋時，兩浙路茶鹽司等機關和紹興府、紹興府學等，競相刻書，版刻業快速繁榮，紹興成爲兩浙乃至全國的重要刻書地，所刻之書多稱「越本」「越州本」。明代，紹興刊刻呈現出了官書刻印多、鄉賢先哲著作和地方文獻多、私家刻印特色叢書多的特點。清代至民國，紹興整理、刊刻古籍叢書成風，趙之謙、平步青、徐友蘭、章壽康、羅振玉等，均有大量輯刊，蔡元培早年應聘於徐家校書達四年之久。

四是以機器印刷爲主的近代出版時期。這一時期呈現出傳統技術與西方新技術並存、傳統出版物與維新圖强讀物並存的特點。代表性的出版機構，在紹興的有徐友蘭於一八六二年創辦的墨潤堂等。另外，吴隱於一九〇四年參與創辦了西泠印社；紹興人沈知方於一九一二年參與創辦了中華書局，還於一九一七年創辦了世界書局。代表性的期刊，有羅振玉於一八九七年在上海創辦的《農學報》，杜亞泉於一九〇一年在上海創辦的《普通學報》，羅振玉於一九〇一年在上海發起、王國維主筆的《教育世界》，杜亞泉等於一九〇二年在上海編輯的《中外算報》，秋瑾於一九〇七年在上海創辦的《中國女報》等。代表性的報紙，有蔡元培於一九〇三年在上海創辦的《俄事警聞》等。

紹興文獻典籍的這四個演進階段，既相互承接，又各具特色，充分彰顯了走在歷史前列、引領時代潮流的特徵，總體上呈現出了載體越來越多元、内涵越來越豐富、傳播越來越廣泛、對社會生活的影響越來越深遠的歷史趨勢。

### （二）藏書聲聞華夏

紹興歷史上刻書多，便爲藏書提供了前提條件，因而藏書也多。大禹曾「登宛委山，發金簡之書，案金簡玉字，得通水之理」（《吴越春秋》卷六），還「巡狩大越，見耆老，納詩書」（《越絶書》卷八），這是紹興有關采集收藏圖書的最早記載。句踐曾修築「石室」藏書，「晝書不倦，晦誦竟旦」（《越絶書》卷十二）。

造紙術與印刷術的發明和推廣，使得書籍可以成批刷印，爲藏書提供了極大便利。王充得益於藏書資料，寫出了不朽的《論衡》。南朝梁時，山陰人孔休源「聚書盈七千卷，手自校治」（《梁書·孔休源傳》），成爲紹興歷史上第一位有明文記載的藏書家。唐代時，越州出現了集刻書、藏書、讀書於一體的書院。五代十國時，南唐會稽人徐鍇精於校勘，雅好藏書，「江南藏書之盛，爲天下冠，鍇力居多」（《南唐書·徐鍇傳》）。

宋代雕版印刷術日趨成熟，爲書籍的化身千百與大規模印製創造了有利條件，也爲藏書提供了更多來源。特别是宋室南渡、越州升爲紹興府後，更是出現了以陸氏、石氏、李氏、諸葛氏等爲代表的藏書世家。陸游曾作《書巢記》，稱「吾室之內，或棲於櫝，或陳於前，或枕藉於床，俯仰四顧，無非書者」。《（嘉泰）會稽志》中專設《藏書》一目，説明了當時藏書之風的盛行。元時，楊維楨「積書數萬卷」（《鐵笛道人自傳》）。

明代藏書業大發展，出現了鈕石溪的世學樓等著名藏書樓。其中影響最大的藏書家族，當數山陰祁氏；影響最大的藏書樓，當數祁承㸁創辦的澹生堂，至其子彪佳時，藏書達三萬多卷。

清代是紹興藏書業的鼎盛時期，有史可稽者凡二十六家，諸如章學誠、李慈銘、陶濬宣等。上虞王望霖建天香樓，藏書萬餘卷，尤以藏書家之墨迹與鈎摹鐫石聞名。徐樹蘭創辦的古越藏書樓，以存古開新爲宗旨，以資人觀覽爲初心，成爲中國近代第一家公共圖書館。

民國時，代表性的紹興藏書家與藏書樓有：羅振玉的大雲書庫、徐維則的初學草堂、蔡元培創辦的養新書藏、王子餘開設的萬卷書樓、魯迅先生讀過書的三味書屋等。

根據二〇一六年完成的古籍普查結果，紹興全市十家公藏單位，共藏有一九一二年以前産生的中國傳統裝幀書籍與民國時期的傳統裝幀書籍三萬九千七百七十七種、二十二萬六千一百二十五册，分别占了浙江省三十三萬七千四百零五種的百分之十一點七九、二百五十萬六千六百三十三册的百分之九點零二。這些館藏的文獻典籍，有不少屬於名人名著，其中包括在别處難得見到的珍稀文獻。這是紹興這個地靈人傑的文獻名邦確實不同凡響的重要見證。

一部紹興的藏書史，其實也是一部紹興人的讀書、用書、著書史。歷史上的紹興，刻書、藏書、讀書、用書、著書，良性循環，互相促進，成爲中國文化史上一道亮麗的風景。

### （三）著述豐富多彩

紹興自古以來，論道立説、卓然成家者代見輩出，創意立言、名動天下者繼踵接武，歷朝皆有傳世之作，各代俱見槃槃之著。這些文獻，不僅對紹興一地有重要價值，而且也是浙江文化乃至中國古代文化的重要組成部分。

一是著述之風，遍及各界。越人的創作著述，文學之士自不待言，爲政、從軍、業賈者亦多喜筆耕，屢有不刊之著。甚至於鄉野市井之口頭創作、謡歌俚曲，亦代代敷演，蔚爲大觀，其中更是多有内藴厚重、哲理深刻、色彩斑斕之精品，遠非下里巴人，足稱陽春白雪。

二是著述整理，尤爲重視。越人的著述，包括對越中文獻乃至我國古代文獻的整理。宋孔延之的《會稽掇英總集》，清杜春生的《越中金石記》，近代魯迅的《會稽郡故書雜集》等，都是收輯整理地方文獻的重要成果。陳橋驛所著《紹興地方文獻考録》，是另一種形式的著述整理，其中考録一九四九年前紹興地方文獻一千二百餘種。清代康熙年間，紹興府山陰縣吴楚材、吴調侯叔侄選編的《古文觀止》，自問世以來，一直是古文啓蒙的必備書，也深受古文愛好者的推崇。

三是著述領域，相涉廣泛。越人的著述，涉及諸多領域。其中古代以經、史與諸子百家研核之作爲多，且基本上涵蓋了經、史、子、集的各個分類，近現代以文藝創作爲多，當代則以科學研究論著爲多。這也體現了越中賢傑經世致用、與時俱進的家國情懷。

## 四

盛世修典，承古啓新，以「紹興」之名，行紹興之實。

紹興這個名字，源自宋高宗的升越州爲府，並冠以年號，時在紹興元年（一一三一）的十月廿六日。這是對這座城市傳統的畫龍點睛。紹興這兩個字合在一起，藴含的正是承繼前業而壯大之、開創未來而昌興之的意思。數往而知來，今天的紹興人正賦予這座城市、這個名字以新的意藴，那就是繼承中華優秀傳統文化，建設中華民族現代文明，爲實現中華民族偉大復興，作出自己新的更大的貢獻。

編纂出版《紹興大典》，正是紹興地方黨委、政府文化自信、文化自覺的體現，是集思廣益、精心實施的德政，是承前啓後、繼往開來的偉業。

（一）科學的決策

《紹興大典》的編纂出版，堪稱黨委、政府科學決策的典範。二〇二〇年十二月十一日，中共紹興市委八屆九次全體（擴大）會議審議通過了關於紹興市「十四五」規劃和二〇三五年遠景目標的建議，其中首次提出要啓動《紹興大典》的編纂出版工作。

二〇二一年二月五日，紹興市第八届人民代表大會第六次會議批准了市政府根據市委建議編製的紹興市「十四五」規劃和二〇三五年遠景目標綱要，其中又專門寫到要啓動《紹興大典》的編纂出版工作。二月八日，紹興市人民政府正式印發了這個重要文件。

二〇二二年二月二十八日的中共紹興市第九次代表大會市委工作報告與三月三十日的紹興市九届人大一次會議政府工作報告，均對編纂出版《紹興大典》提出了要求。

二〇二二年九月十五日，紹興市人民政府第十一次常務會議專題聽取了《〈紹興大典〉編纂出版工作實施方案》起草情況的匯報，決定根據討論意見對實施意見進行修改完善後，提交市委常委會議審議。九月十六日，中共紹興市委九届二十次常委會議專題聽取《〈紹興大典〉編纂出版工作實施方案》起草情況的匯報，並進行了討論，決定批准這個方案。十月十日，中共紹興市委辦公室、紹興市人民政府辦公室正式印發了《〈紹興大典〉編纂出版工作實施方案》。

### （二）嚴謹的體例

在中共紹興市委、紹興市人民政府研究批准的實施方案中，《紹興大典》編纂出版的各項相關事宜，均得以明確。

一是主要目標。系統、全面、客觀梳理紹興文化傳承脉絡，收集、整理、編纂、研究、出版紹興地方文獻，使《紹興大典》成爲全國鄉邦文獻整理編纂出版的典範和紹興文化史上的豐碑，爲努力打造「文獻保護名邦」「文史研究重鎮」「文化轉化高地」三張紹興文化的金名片作出貢獻。

二是收録範圍。《紹興大典》收録的時間範圍爲：起自先秦時期，迄至一九四九年九月三十日，部分文獻酌情下延。地域範圍爲：今紹興市所轄之區、縣（市），兼及歷史上紹興府所轄之蕭山、餘姚。內容範圍爲：紹興人的著述，域外人士有關紹興的著述，歷史上紹興刻印的古籍善本和紹興收藏的珍稀古籍善本。

三是編纂方法。對所録文獻典籍，按經、史、子、集和叢五部分類方法編纂出版。

根據實施方案明確的時間安排與階段劃分，在具體編纂工作中，采用先易後難、先急後緩，邊編纂出版、邊深入摸底的方法。即先編纂出版情況明瞭、現實急需的典籍，與此同時，對面上的典籍情況進行深入的摸底調查。這樣的方法，既可以用最快的速度出書，以滿足保護之需、利用之需，又可以爲一些難題的破解争取時間；既可以充分發揮我國實力最强的專業古籍出版社中華書局的編輯出版優勢，又可以充分借助與紹興相關的典籍一半以上收藏於我國古代典籍收藏最爲宏富的國家圖書館的優勢。這是最大限度地避免時間與經費上的重複浪費的方法，也是地方文獻編纂出版工作方法上的創新。

另外，還將適時延伸出版《紹興大典·要籍點校叢刊》《紹興大典·文獻研究叢書》《紹興大典·善本影真叢覽》等。

### （三）非凡的意義

正如紹興的文獻典籍在中華文獻典籍史上具有重要的影響那樣，編纂出版《紹興大典》的意義，同樣也是非同尋常的。

一是編纂出版《紹興大典》，對於文獻典籍的更好保護——活下來，具有非同尋常的意義。歷史上的文獻典籍，是中華文明歷經滄桑留下的最寶貴的東西。然而，這些瑰寶或因天災人禍，或因自然老化，或因使用過度，或因其他緣故，有不少已經處於岌岌可危甚至奄奄一息的境況。

編纂出版《紹興大典》，可以爲系統修復、深度整理這些珍貴的古籍争取時間；可以最大限度呈現底本的原貌，緩解藏用的矛盾，更好地方便閱讀與研究。這是文獻典籍眼下的當務之急，最好的續命之舉。

二是編纂出版《紹興大典》，對於文獻典籍的更好利用——活起來，具有非同尋常的意義。歷史上的文獻典籍，流傳到今天，實屬不易，殊爲難得。它們雖然大多保存完好，其中不少還是善本，但分散藏於公私，積久塵封，世人難見；也有的已成孤本，或至今未曾刊印，僅有稿本、抄本，秘不示人，無法查閱。

編纂出版《紹興大典》，將穿越千年的文獻、深庋密鎖的秘藏、散落全球的珍寶匯聚起來，化身萬千，走向社會，走近讀者，走進生活，既可防它們失傳之虞，又可使它們嘉惠學林，也可使它們古爲今用，文旅融合，還可使它們延年益壽，推陳出新。這是於文獻典籍利用一本萬利、一舉多得的好事。

三是編纂出版《紹興大典》，對於文獻典籍的更好傳承——活下去，具有非同尋常的意義。歷史上的文獻典籍，能保存至今，是先賢們不惜代價，有的是不惜用生命爲代價換來的。對這些傳承至今的古籍本身，我們應當倍加珍惜。

編纂出版《紹興大典》，正是爲了述録先人的開拓，啓迪來者的奮鬥，使這些珍貴古籍世代相傳，使蕴藏在這些珍貴古籍身上的中華優秀傳統文化世代相傳。這是中華文化創造性轉化、創新性發展的通途所在。

編纂出版《紹興大典》，是紹興文化發展史上的曠古偉業。編成後的《紹興大典》，將成爲全國範圍内的同類城市中，第一部收録最爲系統、内容最爲豐贍、品質最爲上乘的地方文獻集成。

紹興這個地方，古往今來，都在不懈超越。超乎尋常，追求卓越。超越自我，超越歷史。《紹興大典》的編纂出版，無疑會是紹興文化發展史上的又一次超越。

道阻且長，行則將至；行而不輟，成功可期。「後之視今，亦猶今之視昔」；「後之覽者，亦將有感於斯文」（《蘭亭集序》）。讓我們一起努力吧！

馮建榮

二〇二三年六月十日，星期六，成稿於寓所

二〇二三年中秋、國慶假期，校改於寓所

# 編纂説明

紹興古稱會稽，歷史悠久。

大禹治水，畢功了溪，計功今紹興城南之茅山（苗山），崩後葬此，此山始稱會稽，此地因名會稽，距今四千多年。

大禹第六代孫夏后少康封庶子無餘於會稽，以奉禹祀，號曰「於越」，此爲吾越得國之始。《竹書紀年》載，成王二十四年，於越來賓。是亦此地史載之始。

距今兩千五百多年，越王句踐遷都築城於會稽山之北（今紹興老城區），是爲紹興建城之始，於今城不移址，海内罕有。

秦始皇滅六國，御海内，立郡縣，成定制。是地屬會稽郡，郡治爲吴縣，所轄大率吴越故地。東漢順帝永建四年（一二九），析浙江之北諸縣置吴郡，是爲吴越分治之始。會稽名仍其舊，郡治遷山陰。由隋至唐，會稽改稱越州，時有反復，至中唐後，「越州」遂爲定稱而至於宋。所轄時有增減，至五代後梁開平二年（九〇八），吴越析剡東十三鄉置新昌縣，自此，越州長期穩定轄領會稽、山陰、蕭山、諸暨、餘姚、上虞、嵊縣、新昌八邑。

建炎四年（一一三〇），宋高宗趙構駐蹕越州，取「紹奕世之宏庥，興百年之丕緒」之意，下詔從建炎五年正月改元紹興。紹興元年（一一三一）十月己丑升越州爲紹興府，斯地乃名紹興，沿用至今。

歷史的悠久，造就了紹興文化的發達。數千年來文化的發展、沉澱，又給紹興留下了燦爛的文化載體——鄉邦文獻。保存至今的紹興歷史文獻，有方志著作、家族史料、雜史輿圖、文人筆記、先賢文集、醫卜星相、碑刻墓誌、摩崖遺存、地名方言、檔案文書等不下三千種，可以説，凡有所録，應有盡有。這些文獻從不同角度記載了紹興的山川地理、風土人情、經濟發展、人物傳記、著述藝文等各個方面，成爲人們瞭解歷史、傳承文明、教育後人、建設社會的重要參考資料，其中許多著作不僅對紹興本地有重要價值，也是江浙文化乃至中華古代文化的重要組成部分。

紹興歷代文人對地方文獻的探尋、收集、整理、刊印等都非常重視，並作出過不朽的貢獻，陳橋驛先生就是代表性人物。正是在他的大力呼籲下，時任紹興縣政府主要領導作出了編纂出版《紹興叢書》的決策，爲今日《紹興大典》的編纂出版積累了經驗，奠定了基礎。

時至今日，爲貫徹落實習近平總書記系列重要講話精神，奮力打造新時代文化文明高地，重輝「文獻名邦」，中共紹興市委、市政府毅然作出編纂出版《紹興大典》的決策部署。延請全國著名學者樓宇烈、袁行霈、安平秋、葛劍雄、吴格、李岩、熊遠明、張志清諸先生參酌把關，與收藏紹興典籍最豐富的國家圖書館等各大圖書館以及專業古籍出版社中華書局展開深度合作，成立專門班子，精心規劃組織，扎實付諸實施。《紹興大典》是地方文獻的集大成之作，出版形式以紙質書籍爲主，同步開發建設數據庫。其基本内容，包括以下三方面：

一、《紹興大典》影印精裝本文獻大全。這方面内容囊括一九四九年前的紹興歷史文獻，收録的原則是「全而優」，也就是文獻求全收録；同一文獻比對版本優劣，收優斥劣。同時特別注重珍稀性、孤罕性、史料性。

《紹興大典》影印精裝本收録範圍：

時間範圍：起自先秦時期，迄至一九四九年九月三十日，部分文獻可酌情下延。

地域範圍：今紹興市所轄之區、縣（市），兼及歷史上紹興府所轄之蕭山、餘姚。

内容範圍：紹興人（本籍與寄籍紹興的人士、寄籍外地的紹籍人士）撰寫的著作，非紹興籍人士撰寫的與紹興相關的著作，歷史上紹興刻印的古籍珍本和紹興收藏的古籍珍本。

《紹興大典》影印精裝本編纂體例，以經、史、子、集、叢五部分類的方法，對收録範圍内的文獻，進行開放式收録，分類編輯，影印出版。五部之下，不分子目。

經部：主要收録經學（含小學）原創著作；經校勘校訂，校注校釋，疏、證、箋、解、章句等的經學名著；爲紹籍經學家所著經學著作而撰的著作，等等。

史部：主要收録紹興地方歷史書籍，重點是府縣志、家史、雜史等三個方面的歷史著作。

子部：主要收録專業類書，比如農學類、書畫類、醫卜星相類、儒釋道宗教類、陰陽五行類、傳奇類、小説類，等等。

集部：主要收録詩賦文詞曲總集、别集、專集，詩律詞譜，詩話詞話，南北曲韻，文論文評，等等。

叢部：主要收録不入以上四部的歷史文獻遺珍、歷史文物和歷史遺址圖録彙總、戲劇曲藝脚本、報章雜志、音像資料等。不收傳統叢部之文叢、彙編之類。

《紹興大典》影印精裝本在收録、整理、編纂出版上述文獻的基礎上，同時進行書目提要的撰寫，並細編索引，以起到提要鉤沉、方便實用的作用。

二、《紹興大典》點校研究及珍本彙編。主要是《紹興大典》影印精裝本的延伸項目，形成三個成果，即《紹興大典·要籍點校叢刊》《紹興大典·文獻研究叢書》《紹興大典·善本影真叢覽》三叢。選取影印出版文獻中的要籍，組織專家分專題開展點校等工作，排印出版《紹興大典·要籍點校叢刊》；及時向社會公布推出出版文獻書目，開展《紹興大典》收録文獻研究，分階段出版研究成果《紹興大典·文獻研究叢書》；選取品相完好、特色明顯、内容有益的優秀文獻，原版原樣綫裝影印出版《紹興大典·善本影真叢覽》。

三、《紹興大典》文獻數據庫。以《紹興大典》影印精裝本和《紹興大典·要籍點校叢刊》《紹興大典·文獻研究叢書》《紹興大典·善本影真叢覽》三叢爲基幹構建。同時收録大典編纂過程中所涉其他相關資料，未用之版本，書佚目存之書目等，動態推進。

《紹興大典》編纂完成後，應該是一部體系完善、分類合理、全優兼顧、提要鮮明、檢索方便的大型文獻集成，必將成爲地方文獻編纂的新範例，同時助力紹興打造完成「歷史文獻保護名邦」「地方文史研究重鎮」「區域文化轉化高地」三張文化金名片。

《紹興大典》在中共紹興市委、市政府領導下組成編纂工作指導委員會，組織實施並保障大典工程的順利推進，同時組成由紹興市爲主導、國家圖書館和中華書局爲主要骨幹力量、各地專家學者和圖書館人員爲輔助力量的編纂委員會，負責具體的編纂工作。

《紹興大典》編纂委員會
二〇二三年五月

# 史部編纂説明

紹興自古重視歷史記載，在現存數千種紹興歷史文獻中，史部著作占有極爲重要的位置。因其内容豐富、體裁多樣、官民兼撰的特點，成爲《紹興大典》五大部類之一，而别類專纂，彙簡成編。

按《紹興大典·編纂説明》規定：「以經、史、子、集、叢五部分類的方法，對收録範圍内的文獻，進行開放式收録，分類編輯，影印出版。五部之下，不分子目。」「史部：主要收録紹興地方歷史書籍，重點是府縣志、家史、雜史等三個方面的歷史著作。」

紹興素爲方志之鄉，纂修方志的歷史較爲悠久。據陳橋驛《紹興地方文獻考録》（浙江人民出版社，一九八三年版）統計，僅紹興地區方志類文獻就「多達一百四十餘種，目前尚存近一半」。在最近三十多年中，紹興又發現了不少歷史文獻，堪稱卷帙浩繁。

據《紹興大典》編纂委員會多方調查掌握的信息，府縣之中，既有最早的府志——南宋二志《（嘉泰）會稽志》和《（寶慶）會稽續志》，也有最早的縣志——宋嘉定《剡録》；既有耳熟能詳的《（萬曆）紹興府志》，也有海内孤本《（嘉靖）山陰縣志》；更有寥若晨星的《永樂大典》本《紹興府志》，等等。存世的紹興府縣志，明代纂修並存世的萬曆爲最多，清代纂修並存世的康熙爲最多。

家史資料是地方志的重要補充，紹興地區家史資料豐富，《紹興家譜總目提要》共收録紹興相關家譜資料三千六百七十九條，涉及一百七十七個姓氏。據二〇〇六年《紹興叢書》編委會對上海圖書館藏紹興文獻的調查，上海圖書館館藏的紹興家史譜牒資料有三百多種，據紹興圖書館最近提供的信息，其館藏譜牒資料有二百五十多種，一千三百七十八册。紹興人文薈萃，歷來重視繼承弘揚耕讀傳統，家族中尤以登科進仕者爲榮，每見累世科甲、甲第連雲之家族，如諸暨花亭五桂堂黄氏、山陰狀元坊張氏，等等。家族中每有中式，必進祠堂，祭祖宗，禮神祇，乃至重纂家乘。因此纂修家譜之風頗盛，聯宗聯譜，聲氣相通，呼應相求，以期相將相扶，百世其昌，因此留下了浩如煙海、簡册連編的家史譜牒資料。家史資料入典，將遵循「姓氏求全，譜目求全，譜牒求優」的原則遴選。

雜史部分是紹興歷史文獻中内容最豐富、形式最多樣、撰者最衆多、價值極珍貴的部分。記載的内容無比豐富，撰寫的體裁多種多樣，留存的形式面目各異。其中私修地方史著作，以東漢袁康、吴平所輯的《越絶書》及稍後趙曄的《吴越春秋》最具代表性，是紹興現存最早較爲系統完整的史著。

雜史部分的歷史文獻，有非官修的專業志、地方小志，如《三江所志》《倉帝廟志》《螭陽志》等；有以韻文形式撰寫的如《山居賦》《會稽三賦》等；有碑刻史料如《會稽刻石》《龍瑞宫刻石》等；有詩文游記如《沃洲雜詠》等；有珍貴的檔案史料如《明浙江紹興府諸暨縣魚鱗册》等；有名人日記如《祁忠敏公日記》《越縵堂日記》等；有綜合性的歷史著作如海内外孤本《越中雜識》等；也有鉤沉稽古的如《虞志稽遺》等。既有《救荒全書》《欽定浙江賦役全書》這樣專業的經濟史料，也有《越中八景圖》這樣的圖繪史料等。舉凡經濟、人物、教育、方言風物、名人日記等，應有盡有，不勝枚舉。尤以地理爲著，諸如山川風物、名勝古迹、水利關津、衛所武備、天文医卜等，莫不悉備。

這些歷史文獻，有的是官刻，有的是坊刻，有的是家刻。有特別珍貴的稿本、鈔本、寫本，也有珍稀孤罕首次面世的史料。由於《紹興大典》的編纂出版，這些文獻得以呈現在世人面前，俾世人充分深入地瞭解紹興豐富多彩的歷史文化。受編纂者學識見聞以及客觀條件之限制，難免有疏漏錯訛之處，祈望方家教正。

《紹興大典》編纂委員會

二〇二三年五月

# 康熙餘姚縣志

二十五卷

〔清〕康如璉修纂

康熙三十二年（一六九三）刻本

# 影印説明

《（康熙）餘姚縣志》二十五卷，清康如璉修纂，康熙三十二年（一六九三）刻本。書前有李鐸、康如璉、姜希轍、盧琦序。半葉十行行二十四字，小字雙行同，白口，單魚尾，左右雙邊。原書版框尺寸高19.3釐米，寬14.5釐米。目録首葉有「鐵琴銅劍樓」「稽瑞樓」白文印，可知曾爲鐵琴銅劍樓瞿氏、稽瑞樓陳揆所藏。

康如璉，字修庵，山西安邑（今運城）人，康熙九年（一六七〇）進士，先後任陝西鄠縣知縣等，康熙二十七年（一六八八）來任浙江餘姚知縣，主持修纂縣志，有善政。

本志之修纂，是以康熙二十二年（一六八三）前知縣李氏主修縣志爲基礎的重修，前志已亡佚，據康如璉新修序言記載：「姚之志，癸亥間前李令嘗修之，迄於今雖川原如故，風土依然，然未十年，而殘缺失次者已不但魯魚豕亥之感，……其潛德之幽光，必多失於斷簡殘編。」

此次影印，以國家圖書館藏本爲底本。其中，卷二十一人物志卷末有補配，所據底本未作説明，詳見第三百零五葉，考其條目，并對比前志、後志，有異有同，亦可窺得餘姚邑志版本流傳的一些信息。

# 新修餘姚縣志序

周官職方氏掌天下圖籍凡山川之險易五方之風土人民之善惡莫不周知然必列國貢其書於天府太史採其風於輶軒而後其書歸於畫一也我

國家披圖定鼎以來其最要者莫如一統

志然必由邑誌而合之郡由郡誌而
合之省聚天下省會之紀載而彙登
於
天府夫乃得藉手以告成功也并有裨於
政治而資於見聞者夫豈淺鮮也哉
姚邑南包峻嶺北背巨海爲越郡望
邑山高水廻秀靈鬱聚歷代以來多

名臣忠孝義勇節烈足以風世勵俗
砥頹救弊其人才政事禮樂典章聲
名文采莫不彬彬可觀但風俗與化
移易而因革隨時變遷前誌所存百
不及一姚令康君憫其書之不完而
後世無所傳信於是公餘之暇取其
書而脩之凡建置沿革山川地形名

勝險隘農桑食貨戶口田疇之繁城
郭宮室陵墓廨宇學校選舉典籍禮
文之盛忠孝節廉賢人君子之行莫
不一一載之於書俾好古者有所考
訂載筆者有所參稽後此之人有所
感發而懲創則是書之成爲有功於
朝廷有功於名教有功於風俗人心非特

一日之事而百年之事也後有令斯
邑者復繼康君之美而增之續之勿
使闕失則所傳者又寧止百年而已
耶康君幸之矣固愿曩者水災之年
予與康君往來拯援食且不暇其又
何暇於作誌哉今也歲既登矣民既
安集矣既富方穀康君又有以勉之

予能不覩茲書而欣然喜也遂走筆
而爲之序
旹
康熙叁拾貳年歲次癸酉叁月
光祿大夫知浙江杭州府事加五級
前紹興府知府兵部武選司郎中
特簡督理江南海關稅務提調乙丑科武

閣戸部河南司刑部江西司員外郎
刑部江南司主事內閣辦事中書李
鐸頓首撰

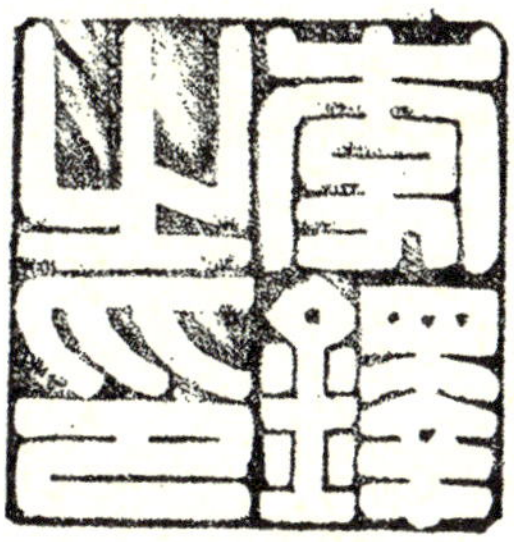
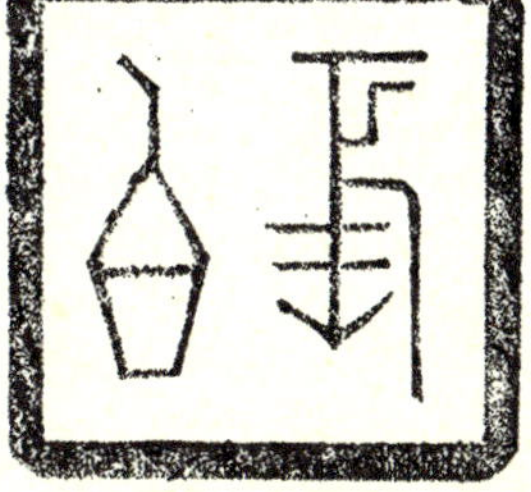

# 新修餘姚縣志序

一時之風教責之令千百年之風教係之志稽古周官之載太師採風小史掌邦國之義而職方訓方形方各有專官以考乎輿圖正其疆域迨秦氏郡縣其

民法制厖雜厥後史臣載筆往
往撮要提綱而分源派流于是
郡有乘邑有志則志也者不特
一邑之建置沿革山川形勝以
及田賦物產之繁賾使千百世
後覩之者于盛衰利弊之所存

較若列眉卽其時官方人物所
爲忠孝節義立意較然者皆得
有所托以傳焉而廉頑立懦則
信乎風教之淵源所宜亟引之
而長也余向令甘亭軍旅倥傯
之後羽書方息卽事于志竭蹶

序二

成書茲者令姚復餘三年夫姚
之志癸亥間前李令嘗修之迄
於今雖川原如故風土依然然
未十年而殘闕失次者已不但
魯魚豕亥之感則數千百年間
忠臣孝子義夫節婦其潛德之

幽光必多失於斷簡殘編更數十年而雲散烏没誰復知之者將賢者無以作之型不肖者無以感而化風教不振非長吏之責而誰責耶且姚之民秀中而惠外忠孝廉節代不絶書卽江

河下矣聰明不用於詩書愚朴不安於耕鑿而王錢孫謝之遺風未嘗不可一變以至道况幸生熙洽之代其有不力田孝弟復其古初者乎然而鼓鐘後進續前修以引之使長者則今幸

也余當初至即欲纂修乃簿書期會焦勞未息而午秋絕古之水患相尋而至漂人畜壞田廬鳩形鵠面仰屋哀號者浹年未已且捐賑請賑日不遑食也嗚呼此非復向者甘亭時矣遑志

是問哉幸

聖天子南巡諄諄以敦本興讓爲訓

而

督撫各憲澄清吏治與民觀化

府憲又教養兼施於是連歲豐

穰民樂而吏亦閒也余乃思曰

風移俗易其此時乎顧余令也前有令聞而軼其跡後有好修而無與傳一時千古余敢忘之用是冐暑披襟取舊志手自編摩一切事蹟之在舊者補殘序軼人物之在近者勿濫勿遺三

月告成付之梨棗匪徒以塞責
也蓋庶幾與吾民觀德化之成
以爲風敎永長之助云爾

書

康熙壬申小春之吉

賜進士文林郎知餘姚縣事加五級

河東康如璉題於五栁清署

# 新修餘姚縣志序

郡邑之有志猶國之有史也史有二體曰列傳曰編年列傳者從人凡天文食貨河渠刑法之屬亦繫焉而晝於一代編年者從世凡治亂盛衰天時人事之屬皆繫之而引於無窮二體判然得一而畢惟郡邑之志既有

其傳贊書表以昭夫一代而類聚之
中又各有其歲年損益以處於無窮
蓋兼有史家之二長而後可以立志
此其所以難也抑非獨創者之難也
續者尤甚蓋論事則創者得於載籍
之精續者僅羅案牘之拘論人則創
者得於論定之餘續者不過見聞之

頊一或未核無以傳信其事彌近其
難轉加賢者所以往往輟筆也
國家車書大共幅幁廣被邇
詔儒臣纂修一統志而郡邑志者一統志
之先資也今一統志尚未告成而姚
邑之政事人才典章禮樂之數十數
年間又有增益　邑侯康公以爲苟

不及其明備而修之恐曠日持久漸就⿰歹井蕪是貽後來以難而身享其逸心竊恥之故延訪賢文傳採輿情躬自較覈期於傳信其有功文獻良亦偉矣嗟乎信之一字動關千載當堯之世洪水横流其曰蕩蕩懷山襄陵浩浩滔天者後人以爲史臣形容擬

識之詞非實語也乃客歲庚午姚災特甚龍蛇起陸驚沙坐飛陵阜陸沉只天在上然後知堯典之言非同貌寫由此而觀則今之傳信與後之聽信皆有不易者矣是役也姚之淪胥殆半 康公長號將伯與 郡牧李公起孑遺於垂盡之餘者十萬家凡

公之所爲者極難不難不足以見
康公類如此矣若夫清獻鄭公之傳
信則又在乎後之賢者
時
康熙三十一年歲次壬申奉天府府丞里
人姜希轍拜譔

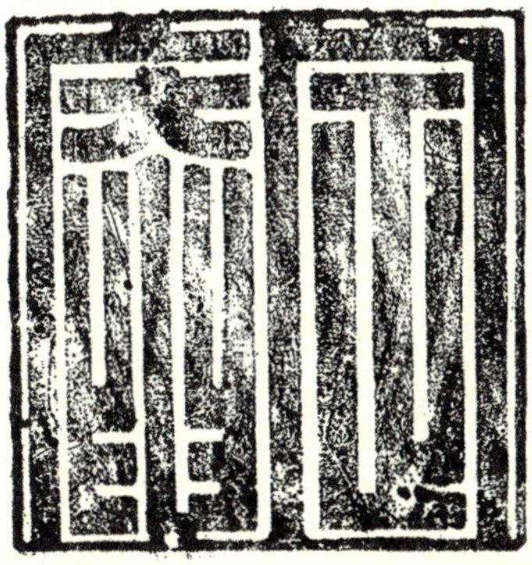

# 新修縣志序

士君子足不出戶庭而究知寰中形勝有星居徵逐生長父母之邦不能辨一區之風土人物者大抵察於遠而遺其近攷之版章或詳畧之不同也余自卜築武林者久之於姚阻一葦之航回想菁江蕙渡羅辟客星士大夫往來宦遊

者視之如郵亭傳舍簿書以外無聞焉孰能以文獻之存沒爲念者邑侯康公涖任以來善政班班自有輿人之誦余不多及及歲庚午洪波降割小民蕩析離居懷山襄陵浩浩滔天粒無遺種公乃撫膺長號求援各憲請蠲請賑起數十萬生靈而登之

祗庸是公之造福姚民不淺也至是復捐俸繕資聿新縣志爲急務其有功於名教又豈淺鮮哉夫邑之有志猶國之有史史以傳信而志不能不與時遞變故先是縣志爲吾邑工部侍郎雷門沈公詳定於明季之癸卯固彬彬備矣然我姚山川靈秀代有偉人數十年來不

無忠孝節義文章理學以及隱逸之流幽貞之女棲身塗巷立奇節而名湮沒者倘不經海內鴻儒考訂而裒益之幾等於漢水亾珠延津失劍何以證信而昭示來茲剟其間若政事若人心若風俗遞有變更不可枚舉要皆志中所不可不載此　公之所以汲汲於是也

公以爲拯溺救饑起萬家之烟火恩及
一時而已擒奸剔蠹聞四境之歌聲利
及一郡而已何如發潛德之幽光俾匹
夫匹婦知忠孝節義理學文章禀於性
天而志內遺載者增補以垂不朽乎嗟
乎始知人生所爭不獨一時而在千載
所慕不止一郡而徧萬方非有功於名

敎而能若是耶方今薄海幅員河山指
臂
詔詞臣修一統志而我 公卽有縣志之
修可以大小同揆昔班孟堅志漢地理
著述家祖之可以古今並視豈曰掌故
具文而已哉異日由邑而郡由郡而省
會而神京莫不有志有源有委如江漢

之朝宗於海也倘後有作者踵其事而
增華載在名宦之科與歷代諸公先後
則　公之聲施又當何如也余於是表
而出之
旹
康熙三十二年歲次癸酉三月
賜進士出身嘉議大夫內閣學士兼禮

[illegible]

部侍郎邑人盧琦撰

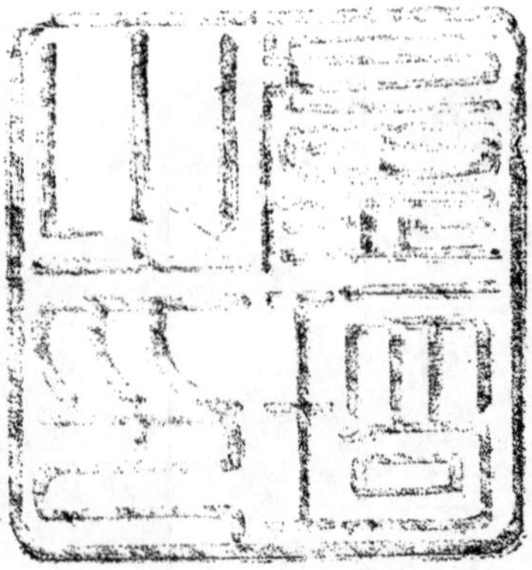

新修餘姚縣志目錄

人物志列女

新修餘姚縣志卷之一

安邑康如璉修菴纂

# 疆域志

地理之學最難精審謝康樂云山海經浮玉之山在勾餘東五百里便是勾餘縣之東山乃應入海具區今在餘姚鳥道山北郭景純何得言北望具區按具區浮玉與餘姚何與康樂景純以地理名家而謬誤至是况其他乎蓋以餘姚南包峻嶺北背巨海非如他邑之可以平準也白洋湖唐餘姚令張辟疆所築鳴鶴鄉亦邑人虞鳴鶴所居今皆在慈溪境上矣茲但就現在者志之

沿革考餘姚爲帝舜所生之地故其江曰姚江南有勾餘山合山水名之爲餘姚周處風土記曰舜支庶所封故曰餘姚不知何所證據不過以姚舜姓餘支庶之稱因縣名而附會之非也秦置會稽郡而餘姚之名縣始見於漢書自漢至陳皆屬會稽隋平陳併入勾章唐武德四年析故勾章縣置姚州七年州廢仍以餘姚屬越州會稽郡爲緊縣其明州之爲餘姚郡餘姚故未嘗屬之也宋改會稽郡爲紹興府餘姚爲望縣元改紹興府爲紹興路元貞元年陞餘姚爲州明洪武二年紹興路仍復爲府餘姚亦仍爲縣

經界東西中横廣五十五里南横廣九十五里北横廣一百四

十里南北袤一百九十六里東十里界桐下湖橋東之南四十五里界石門山東之北七十里界上林之渼塘並抵寧波慈谿縣境西三十里界小楂湖西之南五十里界筆竹嶺西之北七十里界烏盆斷塘並抵上虞縣境南一百六十里界黎州山抵嵊縣境北三十五里入海又北包懸泥山跨海北抵嘉興海鹽縣境

里程　其西水陸二路並由大江口下壩經上虞縣城至梁湖渡曹娥江又一路自曹墅橋折而北經陡亹五夫夏蓋湖渡百官江至府城一百八十里省城三百十里京師四千八百八十里其東陸路出東門過桐下湖舖至慈谿縣八十里至寧

波府一百三十里水路由姚江而東過丈亭車廐至寧波一百三十五里其南陸路由山中出嵊縣至新昌其北有塘路塘北大海

隅都〔宋之制附城爲十坊曰履仁待士清和崇理訓俗通德太平時清永寧雙桂城外爲十五鄉曰治山其里四萬歲賈福景安賀恩以地里遠近爲序曰通德其里四仁歸再生仁德多兒曰雙鴈其里四中埭南雷國霸王安宋李光雙鴈道中詩曉潮落盡水涓涓柳老秧齊過禁烟十里人家鷄犬靜竹扉斜掩護蠶眠曰鳳亭其里三許君顧伴宋恩曰四明其里四白雲趙餘梁政蔣吳曰雲樓其里四九功永明神護王政曰燭溪其里六豐山吉泰王勝王祐周班周義曰雲柯

其里五信天承福神像僧保天養曰東山其里六李春姚娘安僧余福余支蔣德曰孝義其里四俞成王壽壽俞黃金曰開原其里五汝仇宣訓閣剩趙孟戚余曰蘭風其里六孫兒惠藥施金馮明大悲班兒曰龍泉其里六羅兔傳太太慶王保施惠駱德曰梅川其里四劉榮長慶戴福謝芳曰上林其里五石人嚴順鄧恩田熟王惠

元之制附城四隅東南隅其坊雙桂待士東北隅其坊安定還淳肅清西南隅其坊甘泉高誼西北隅其坊永寧衮繡閱武城外三十五都東山一都其圖六二都其圖六三都其圖七蘭風一都其圖七二都其圖七三都其圖五燭溪一都其

圖七二都其圖八梅川一都其圖五二都其圖十二冶山一都其圖四四明一都其圖四二都其圖四三都其圖五開原一都其圖十二都其圖十三都其圖七鳳亭一都其圖十二二都其圖十三雲柯一都其圖十二二都其圖八三都其圖七雲樓一都其圖十上林一都其圖九二都其圖五通德一都其圖六二都其圖五三都其圖六孝義一都其圖八二都其圖十六雙鴈一都其圖十二都其圖八龍泉一都其圖七二都其圖九

明嘉靖間編審東南隅六里東北隅九里西南隅四里西北隅八里東山一都五里半二都六里三都七里半蘭風一都

四里二都五里三都四里［燭溪］一都五里半二都七里半三都七里［梅川］一都三里半二都八里半［冶山］一都三里半四明一都三里半二都三里三都三里半［開原］一都九里二都十里三都七里［鳳亭］一都十里半二都十二里［雲柯］一都十二里二都七里半三都六里［雲樓］一都九里半［上林］一都八里二都四里半［通德］一都三里半二都四里三都四里半［孝義］一都八里二都十五里［雙鴈］一都九里二都七里半［龍泉］一都五里半二都八里半

萬曆二十九年編審［東南隅］八里［東北隅］九里［西南隅］六里［西北隅］十里四隅共三十三里［東山］一都六里二都六里三都七里［蘭風］一都六里二都

七里三都六里燭溪一都六里二都八里三都七里梅川一都八里二都十二里冶山一都三里四明一都四里二都五里三都六里開原一都十二里二都十一里三都八里鳳亭一都七里二都六里雲柯一都十四里二都十二里三都七里雲棲一都十一里上林一都八里二都五里通德一都三里二都五里三都七里孝義一都八里二都上區九里下區十一里雙鴈一都八里二都六里龍泉一都八里二都六里四鄉共二百七十里

大清康熙二年編審東南隅十五里東北隅十一里西南隅八里半西北隅十八里四隅共五十二里半東山一都六里二都六里三都五里蘭風一都九里二都十里三都八里燭溪一都五里二都六里三都七里梅川一都十一里二都十四里冶山一都三里四明一都四里二都六里三都七里開原

一都十三里　二都十三里　三都八里　鳳亭　一都二里　二都五里　雲柯　一都十三里　二都十里　三都八里　雲樓　一都九里　上林　一都五里　二都五里　通德　一都三里　二都六里　三都六里　孝義　一都九里　二都上區九里下區十一里　雙鴈　一都九里　二都二里　龍泉　一都八里　二都七里四鄉共二百七十里按里之損益以戶之盈耗爲十年編審卽有損益不因於地也其間唯通德雙鴈鳳亭四明在江南餘皆在江北

市肆

魚行譙樓南又江南北固門內　果行在譙樓南　柴炭行江南南明門內　木棉行泥灣南口又武勝門　米行孫球橋東又澄清門外杜家灣　鷄鵝行鄧家巷南　猪行桐家橋　羊行公館前

布行澄清門外　臨山市衛城南　滸山市三山所東門　姚家店市通德鄉去城十八里　藍溪市一名陸家埠治東南二十五里界慈谿　新壩市鳳亭鄉治西三十里　梁衕市四明鄉治西南四十五里　馬渚市雲樓鄉治西二十五里　周巷市孝義鄉治西北四十五里　天華市開原

鄉治西北三十里方橋市開原鄉治西北二十里店橋市雲柯鄉治西北三十五里黃清堰市雲柯鄉廢埋馬市梅川鄉治東北匡堰市梅川鄉治東北三十五里石人山市上林鄉治東北六十里新增王風橋市塘堰橋市徐家廊下市第四門市湖地戚家市低仰堰市沈塘餅橋市大塘新市廟山市大中市彭橋市以上並在江北蔡家堰市石婆橋市並在江南

橋梁

南門外折而東曰通濟橋宋慶曆間謝景初始造木橋於江之上名曰德惠崇寧五年邑人莫若鼎修之拓其制建炎三年爲金兵所焚紹興初縣令蘇忠規復建淳熙五年壞七年王遂復建咸淳三年壞王籍王應龍復建易名虹橋德祐二年張世傑焚之入元再建再壞行者以舟渡尋改以浮橋僧惠興募工造石橋道士李道寧繼之至順三年橋成名曰通濟明萬曆九年南洞大圮郡陛修之元韓性記至順三年餘姚州通濟橋成餘姚岸江爲州之理所按宋圖經姚江在餘姚縣南十步橋曰德惠卽今橋是也建炎中廢縣令蘇君忠規率十五鄉民重建至淳熙

歲成而壞司業王公迹方里居捐貲以剏巨木五接架空負石勢若虹偃歷歲百餘至咸淳而壞司業之孫王簹曾孫應龍復剏建焉壯偉加於昔易名虹橋建十年而燬縣入職方縣尹杜君仲仁進王氏子孫而諭之曰此君先世義事也不可不勉於是應龍即舊址經營其族人濤湘等相繼盡力至元二十年九月橋成未備獸欄楯縣尹夏君杞使邑人趙孟嵩等助成之至延祐六年九月而壞行者藉舟以渡當是時餘姚既陞爲州同知州事夏賜孫率州民造浮橋屢修屢損人以爲病有僧惠與言於官請作石橋爲永久利州官許之經始有緒而僧亡州判官牛君彬恐遂廢弛命羽士李道寧繼其後且捐已俸爲倡而力董之會奉議大夫監州拜住奉議大夫李侯恭來知州事與同知州事帖木兒不華貫策判官張志學磨備吏目陳天珏沈思齊咸勸成之至是而石橋成名之曰通濟風帆浪楫停瀾依汝鱗居通闤東西相屬橋之名遂冠東浙非直一州偉觀而已道寧於橋傍浚井以利汲又爲通濟道館以居其徒又爲屋二十二間積其餘直以爲修橋之用州之人士疏其本末至山陰澤中使性爲之記夫涉險生民之甚病聖人有作取象於渙而舟楫之利與木涸梁成著於夏令造舟爲梁周制畧備矣安固而支久莫愈於聚石剏其費爲重而成之爲難餘姚爲州西抵越東適勾

章江界其中郵傳之所出入行旅之所往來日憧憧焉江之有瀞不可一日少也自建炎至今二百有餘年乍而成成而倏壞當其壞時顧盼千里資於舟檝不能無蹴踏傾覆之虞浮橋少便矣然而波濤日涉纜絶艦解邑人疲於營繕材置枋始若堅窘淋炙之不勝朽敗踵之猶浮梁也惟聚石之利人之所知必有待於二百年之久不以其費之重而成之難乎今山林之人不難於勞遠近聞者不難於施亦惟長民者有以勸成之也此人士之所欲記也興工於天曆二年四月閱二年而訖工橋長二十四丈其高九十六級下爲三洞用人之力餘三萬六千石以丈計者大小一千八百鐵以斤計者餘二千五百竹以束計者四千五百費可謂重矣記其大畧庶幾後人知其費之重而成之難修葺之備資之不足則協力而助俾勿至於大壞安固支久之利式被無窮此又人士之所欲記也至於成壞之歲月後之修郡志者所欲考并記之明邵陛重修記姚治瀕江江亘二百餘里而通濟橋横跨其上盎山水之要衝明越之孔道也元至順間始建以石迄今三百年歲久數圮嘉靖戊午倭内訌始城江南夾橋址以石楔者四不勝震撼至萬曆庚辰南洞乃大圮行旅艱之余因出五千緡而屬南京兵部提領徐倫董其役經始於壬午之八月迄成於癸未之正月又置鐵絚長數十尋於南

洞兩傍卒有急可絶而上是役也邑大夫丁侯秉乾庀事於上而徐君佐貲輸力於下故以三百年將墜之緒數萬人難就之功非假庸於白徒藉貲於勸募不憚寒暑而告成事何其神哉又南曰南門橋出南城曰偃橋曰司馬橋又南曰楊溪橋又南四里曰戰場橋宣和二年睦寇犯境縣遣顧秀才徵所部鄉夫鑿濠龍泉山後寇乃取道鳳亭欲自南門橋入越帥劉述古率官軍百許人克其衆數千於此故名萬曆十五年圮里人史元熙盧公朝亟修三十里曰登明橋由此可登四明山又二里曰清賢橋以清賢嶺得名又二十里曰觀橋在祠宇觀側曰白水橋治東南曰霝星橋儒學之東元豐元年莫當建曰石鬼橋又東曰紫金橋又東曰項家橋永安橋又東曰竹山橋少南曰橫涇橋又南曰沙浦橋又一里曰百年橋又一里曰石碑橋旁有界石曰赤石橋又東南曰隱鶴橋去治十五里唐莫盛攜鶴至此隱而不見又東南曰雙板橋又

東曰新墅橋又東曰石公橋又東曰剡湖橋（剡湖之水由此而出去治二十里）曰鶴山橋曰上剡湖橋曰化安石子橋（治東南二十五里）又東曰陸家埠橋（累圯未曾修復今僅架木）曰界牌橋（入慈谿縣界）稍折而北曰南浦橋曰閘橋曰黃家竹橋（一名官埭浦橋又名黃竹浦橋）治西南曰大黃橋小黃橋（水經云江水又東逕黃橋下漢蜀郡太守黃昌宅橋本昌創建也）又南曰樹[illegible]曰西門曰清風橋曰待士橋又西曰蘭墅橋又西南曰石婆橋曰長豐橋曰驄馬橋（去治三十里）治西曰孫埭橋曰陸浦橋（橋內有六浦）曰仁壽橋曰白鶴橋曰黃童橋又西曰曹墅橋（去治二十里）曰九宮橋（九功寺側）曰茹墟橋曰景福橋曰長慶橋曰賽公橋曰馬渚橋（治西北三十里）曰青龍橋曰跨湖橋（治西五十五里新湖塘上）曰界碑橋（雲樓界）曰

賀墅橋治西南三十里又西南曰江口橋在新壩中丞周如斗創復更名永思曰西石橋與上虞分界曰濟美橋周如斗建曰姚江西界第一橋建年重修治東曰澄清橋俗謂爲登明橋曰汪姥橋汪姥所建曰黃山橋本名普政橋橋旁有大小黃山土人因呼□□橋嘗燬於火宋紹熙間僧覺合衆力重建其廣九丈其高十二丈有奇下通海舟之艤寶祐間將圮邑人樊興修葺元至順初知州李恭復修至正間又壞十九年僧自悅重建潮湧湃不可纍石自悅虔禱潮竟日不至橋成名曰福星正統三年改二洞爲三洞以緩水力嘉靖三十四年倭自沿海而上知縣李伯生恐其傳城毀橋以禦之事平爲徒杠以濟隆慶改元翁司馬大立施爲閣道萬曆二十九年火焚里人毛伏諸起鳳重建曰射龜橋曰外射龜橋曰范家橋治北曰秘圖橋在秘圖山之右曰小秘橋曰桐江橋出後清門曰後清橋嘉靖三十四年與黃山橋同毀禦倭之來事平改爲平橋萬曆二十年又圮知縣葉煒里人聞人恭徐倫重建洞橋如故五里曰

鄔公橋鄔學使景從所建土人德之因以爲名又五里曰愈嘉橋呂文安夫人夏氏建又五里曰宋堰橋又五里曰姊妹橋分名之則爲大橋小橋也潮堰以進河分爲三一進黃清堰一進低仰堰又三里曰鳳儀橋又七里曰臨井山橋西爲麝蘭橋又七里曰甚蕩平橋俗呼爲沈塘餅橋又三里曰葶家橋又二里曰虞望橋土人祭賽帝舜廟者相望不絕故名北曰許家路橋稍東曰大塘橋閘頭橋折而南曰章家橋曰迎龍橋借堰橋曰西板橋自後清門東北十五里曰客星橋俗名安山橋其建置詳宋孫應時記此後則入元重建嘉靖十六年壞十八年又建記曰自漢建武以來千餘年嚴先生之高風激越宇宙天下尊之無異詞先生吾餘姚人也晚耕於富春山富春折而爲桐廬釣臺屬焉自文正范公建祠而記之釣臺之名大顯厓石艸木亦得以衣被風采發舒精神傳繪於天下其邦人士尤以爲榮而吾邑之地靈人傑世反不傳非缺典乎俗所記吾邑少東江瀕鄰鄰潮汐上下常有聲

始爲子陵澌蓋其初之釣遊處也東北十里有峯曰陳山拔立千仞秀表一方而叢石隆起在山之陰據峻陘俯長川以望東海是爲嚴先生墓蓋嘗家是山而歸葬也傍又有山曰嚴公山有古叢祠曰先生廟其應史如此豈誣也哉乾道中故太師史公鎭越始告縣表墓道起精舍曰客星堂而爲之田長吏以時奉嘗陳山臨大浦民橋其上善壞淳熙十年僧清式大改作甃石如虹袤百有五十丈石欄翼之甚壯六年乃成里人相命亦曰客星橋將使四方之士舟車之過焉者喜其名而相告也江山其改觀乎先生之故里其與釣臺竝傳乎尙亦史公之志也哉噫嘻利欲昏人萬世同流非聖賢孰與起之惟伯夷之風廉貪立懦先生亦一倡東都之士凜然以名教風節相高千載之下猶與日月爭光信乎其得聖人之清者也豪傑之士今豈無有況乎覽先生之遺跡想其人之如在其感慨何如也邑人孫應時敢記其事於石且歌之曰山川之靈兮人爲重輕風土之佳兮人爲晦明先生釣游有榮一州先生故丘云胡弗求陳山雄雄石梁崇崇斯名斯歌以諗四方慶元四年戊午八月壬辰記又東北曰梅龍橋在梅嶴湖又東曰航渡橋明永樂間建爲洞五濶三尺餘長五丈燭溪湖塘橫截梅嶴湖口橋當其間擅二湖之勝又東曰陳堰

橋曰横河橋三洞皆有閘板以畜東北諸鄉之水曰七星橋曰虹橋去治三十三里曰

埋馬橋在埋馬市曰彭橋彭山之北曰匽堰橋游涇橋去治四十五里曰石人

橋近石人山治西北曰新橋曰後新橋曰㧐橋出武勝門曰武勝

橋晋高雅之克孫恩於此又北十里曰景家橋明初景星故居又北曰洪家橋

吳家坂橋吳家竺橋吳家輝橋王官人宅橋徐官人宅橋自

武勝門轉西十里曰太平橋曰忠襄橋毛忠襄故居又北曰盧方

橋曰錢家橋曰新橋去治二十里曰長泠橋又名方橋曰姚家橋陸家

橋蔡家橋方梁橋趙公橋曰淡畈橋曰大將橋曰雙橋宋楊子祥

故宅去治三十五里曰萬安橋明謝文正故宅去治五十里曰濟美橋步雲橋[illegible]

橋𦩘侍郎謝丕所建曰萬石橋宋侍郎孫嶸叟建趙孟頫題曰葫蘆橋曰[illegible]

曰剡莊橋曰石鼓橋曰青山橋曰八士橋在蘭風鄉曰大連橋曰

舜橋亦名百官橋寰宇記及太康地記云越州餘姚有舜橋舜避丹朱於此百官候之

津渡

治之東曰旱門頭渡五里曰竹山渡今廢十里曰下陳渡十二里曰邵家渡十五里曰姜家渡治之西曰倉前渡一名還金渡王尚書華幼時拾遺金還之其人祝謝後應所祝故名一里曰西石山渡六里曰蘭墅橋渡二十里曰菁江渡二十五里曰夏巷渡三十里曰三十里牌渡以上俱在姚江餘支水不錄

新修餘姚縣志卷之一終

# 新修餘姚縣志卷之二

安邑康如璉修菴纂

## 城池志

水經注云江水東逕緒山南又東逕餘姚縣故城南按緒山卽龍泉山也斯時龍泉不在城內可知則故城必在今城之東矣雖稍有遷徙而面江背海天險故如一日生聚教訓豈區區在此版築乎

縣城始築於吳將朱然圍一里二百五十步高一丈厚倍之元至正十七年秋方國珍復城之凡一千四百六十五丈延袤九里高一丈八尺基廣二丈陸門五東通德今改澄清西龍泉今改

迎恩南齊政北武勝後清水門三四面環江爲濠可通舟楫行元
省都事高明記餘姚州襟江枕海南連嶀嵊北距錢塘其東
山蘭風諸鄉與浙右海寧澉浦相直天清日朗北望諸聚落
雲樹可指自海寧澉浦遇順風挐舟南邁半潮汐即達餘姚
境實吳越要衝地也至正十有八年天子賜印綬節鉞命江
浙平章榮祿方公分省東藩明年乃巡行至餘姚瞻視形勢
顧謂僚屬曰是州控扼吳越不宿重兵以鎮之可乎顧兵儲
糧無郛郭以居之又可乎乃議築餘姚城而屬役於軍士於
是姚民咸願輸財効力公因民情從之且曰餘姚爲鄞郡外
屏吾其召鄞縣慈谿奉化之民分築之以紓爾力其四門用
力尤重吾其給鏹庀財令軍士自營之民再拜感激遂畀基
址辨土方揣高卑例溝洫慮財用書餱糧峙楨榦稱畚梮公
乃躬自爲表直視功黎明至城所夕猶不息工先畢者犒以
金帛既畢而或隤圮者又出錢令軍士繕修之公之貴介弟
僉樞密亞中公能竭力勸相以贊公志以至正十九年九月
戊午始十月甲申畢功凡城以里計者九以丈計者一千四
百六十五有奇餘姚當其半自西迤北爲丈七百有六其自
北而東五十四丈慈谿縣當之又東而南四百六十丈鄞縣
當之南盡直西委之奉化縣爲丈一百八十有二而義士魯

允賁俞誠岑吉徐曾四人者又樂爲助築三十有一丈界餘姚慈谿之交城爲址廣二丈其上之廣殺其址二尺其高如上之數郛口之高又六尺焉四面之門有五南門齊政北門武勝後清東門通德西門龍泉其東南北又各立水門以通舟楫雉堞巀嶭睥睨明整樓櫓峻麗虹亘雲矗州之官屬與其耆老相與言曰吾州庶其安乎往時寇盜窺偵吾境欲肆搏噬賴平章公威武足以讋之彼雖恫疑恇怯不敢進然吾民皆惴惴不自安譬居而無藩垣門戶欲高枕而臥得乎今斯城既作崇墉重闕設險守阸樹旌聚橐晝儆夜抓雖有外侮亦將阻不敢犯公之保捍我民者其惠庸有既乎乃相與伐石願紀公績而屬明爲書其實云　明洪武二十年大將軍湯和畧地東浙以餘姚要害宜宿重兵用側險塞命紹興後所千戶孫仁增治壘堞仍置千戶所守禦之正統六年邑人李應吉以爲不便奏乞罷所嘉靖中城漸圯知縣鄭存仁李伯生相繼繕葺今益完飭云

江南城嘉靖三十六年以比歲患倭各鄉震恐避兵者北城不能容且江之南生齒繁衍學宮在焉邑人少保呂本疏請城江南報可遂城之周一千四百四十丈有奇陸門四東泰西成南明北固小陸門二恩波流澤水門二左通右達萬曆二十三年間知縣馬從龍以諸生言又於城南開水門一引九曲水入學宮之前名爲興水門四門之上皆有重樓而北固樓枕江與舊城舜江樓相直通濟橋亘其中南北皆爲月城通兩城爲一明大學士華亭徐階記跨舜江而邑日餘姚去海不百里夾江兩岸居民數萬家舊有城直江北以吏署所在也其生齒江以南得三之二焉學宮倉廩咸於是在頃歲倭犯海上登丘洋跳汝仇竊縣西北鄙自溫台趨上虞者大躁四明界中江南之人聞寇且至走保城邑不能容則散入山谷間鹿駭狼顧父子不相保邑人少保呂公聞之嘆曰今兵興尙未已江南脆不保縣城獨能完乎今若益城江南衛絃誦之宮守常平之粟豈

惟姚民攸賴將全浙實屏蔽之蹟請於朝天子許之於是下詔臨城餘姚縣南而總督都御史胡公宗憲實典領其事乃會巡按御史王君本固羅君元楨程土物度形勢而經費則督府制之不足始劝以諸郡贖緡什之一蓋總其費曰金以鏹計不滿萬者百有十自木甓石之材以至於畚鍤版幹募人之力無一求而不給焉始於丁巳年九月巳卯而以次年六月辛卯城成周一千四百四十餘丈爲門而樓者四曰東泰西成南明北固又周爲隍引江水以環之面江則爲水陸小門各二又於江岸兩城故有橋處爲月城際江使聯爲一寇至可以併力而守是不可不紀也按新城實用銀五萬三千三百兩有奇　順治十五年增南北城各五尺

記蓋省言之

臨山衛城　洪武二十年大將軍湯和上言餘姚控引大海宜於其北邊置衛所巡司二十里一城以備倭寇乃徙上虞故嵩城城於餘姚西北境六十里之廟山初用土石半其年秋本衛指揮武英督成之乃盡用石圍五里三十步高一丈八尺

永樂十六年增其舊五尺址厚四丈五尺面半之陸門四水門一城樓五敵樓一十有四更樓一窩舖三十八月城三女牆九百六十七兵馬司廳七濠長七百尺深一丈五尺弔橋四瞭望總臺一在東山三都羅家山烽堠十道塘堠在開元二都方家路堠在開元三都廟山堠泗門堠並在東山三都烏盆堠于墩堠並在蘭風一都夏蓋山堠趙港堠並在上虞縣五都荷花池堠在上虞縣六都毋堠各墩臺一柴樓二鷄犬各一

三山所城在縣東北四十里梅川一都之滸山命千戶劉巧住監築圍三里一百一十步高一丈六尺永樂十六年增六尺址厚四丈五尺面半之陸門四水門一月樓四角樓四女牆六百三十五兵馬司廳一弔橋四濠週六百六十丈深一丈

三尺廣三丈八尺瞭望臺一在滸山烽堠七蔡山堠吳山堠在上林一都擔山堠陳家堠在梅川二都化龍堠在孝義二都眉山堠歷山堠在雲柯三都

眉山巡檢司城舊在雲柯鄉之眉山爲眉山寨有土軍二百人洪武二十年徙之縣北四十里孝義二都之海湖頭圍一百八十四丈高一丈八尺厚二丈城門城樓更樓望海樓各一窩舖四女牆一百二十濠長一百丈有奇深一丈五尺廣五丈

三山巡檢司城在金家山爲三山寨有土軍百人洪武二十年徙之縣東北六十里上林一都之封山圍三百五十丈有奇高一丈五尺厚二丈城門一城樓一窩舖四女牆一百二十

廟山巡檢司城舊在蘭風鄉之廟山爲廟山寨有土軍百人洪武二十年徙之縣西北六十里上虞縣第五都之中原堰圍一百四十丈高二丈五尺厚二丈二尺城門一城樓一更樓一月城二窩鋪四女牆一百十濠竝如眉山

大清康熙二年於沿海設立砲臺洋浦曲塘臺木勝山石趙家路木崔家路石塹橋路木周家路石道塘路木方家路石謝家路木臨山衛北門臺石此臺今奉裁

廨署縣之署宋治堂曰正廳左爲東廳後爲清心堂清心堂之左爲不欺堂夾堂直北臨池有軒曰鑒止鑒止少東北轉曰芙蓉亭芙蓉亭南折而東爲翰墨堂令施宿刻東坡手翰于中後常褚益京諸帖刻

置之翰墨堂直北陟秘圖山下瞰秘湖初有閣曰秘圖已乃改爲翠寶亭翠寶西三十步許爲秀野亭當兩亭之中北望見客星山故有亭曰弔隱其南下爲高風閣令李祺壽建施宿成之前爲嚴公堂令徐端禮建並以嚴徵君名宋莊簡李光嚴公堂詩子陵古眞隱逸氣橫九州平生江海志自比巢與由鴻飛本冥冥肯爲稻粱謀虛屈萬乘顧枉煩物色求貽書誚君房預作腰領憂舜江子邑里子去踰千秋高山無古今大江日東流人物浪淘盡英名至今留當年漁釣地陳迹餘荒丘（又）徐侯有佳政百里安田疇作堂名嚴公懷賢慕前修時來對江山一尊更獻酬我豈隱淪歟三黜今白頭年來蹭得閒忘機狎群鷗結茅牟湖旁一竿幸可投篛笠青蓑衣生涯寄扁舟嚴子定不死吾將從之遊由治堂南出爲儀門爲譙樓譙南爲承宣亭令汪思溫建展布象魏令廨在治內丞廨在治東八十步有小室日鼈巢簿廨在治東五十步尉廨在治東南一里許縣令常褚

〔題名記〕縣令掌治民凡民無所不隸至若顯善勸義禁姦罰惡尤汲汲爲先務然終日坐堂上耳目之所不接或病焉尉雖位丞簿下職警捕日走阡陌知民所疾苦或縣政有闕尉得以告於令令從而罷行之惟謹縣尉之職夫豈警捕而已哉或者自甲其官眡所居若不屑爲者玩習宴安深居簡出問以屬境內外事輒睥睨良久卒不知所以對吁亦踈矣丹丘陳鐘才宏而識邃來尉吾邑始至嘗從容對客誦杜少陵詩至老夫怕趨走之句乃喟然嘆曰少陵曠達豈擇官遂私者其意以爲居是官當無憚奔走憚奔走即不當居是官我亦安敢自暇逸以是得屢斂稱秩滿將去顧廳廨壁無記前爲尉者漫不可考訪之蠹藉僅得十有八人屬予爲之記而刻之石予固嘉陳君之志且欲使來者指姓氏而謂曰某尉是勤於職者則壁記不爲徒設云時嘉泰改元四月〔袁肅二〕

〔槐堂記畧〕鄞故忠定史越王魏文節公相繼尉餘姚而皆被遇孝宗登相位公輔規模已胚胎於初筮之時後之人覩甘棠而思召伯感九原而不可作作堂植槐以寓無窮之思而歲月既久棟宇傾攲嘉定壬午肅爲邑於斯趙君時鏞以宗室之雋妙年决科來蒞尉事顧瞻槐陰景慕高躅間與肅謀將新斯堂以圖永久肅欣然致助趙君以俸錢續之大屋修椽視昔增煥前植美竹與槐陰映經始於甲申孟夏踰月告

成而民不知役乃貽書俾肅爲之記焉　建炎初取壽聖觀址益縣治地凡四十三畝而丞簿尉廨復取外地德祐間張世傑之兵燼火之元至元皇慶間復作公署堂寢之外有高風閣愛蓮堂故承宣亭之址作舜江樓（州判葉恒建元陶安舜江樓詩承平八十載河海既清宴越東在遐荒武備復宸斷股肱二三臣坐鎮防變亂禮羅得名士兵機授成算下馬舜水濱官吏服能幹寸心每勤勞百姓免愁歎與客閒片時登樓愛奇觀凭欄出樹杪振衣在天半諸峯繞城邑萬室夾江岸鯨濤息狂沸龍泉入清玩霜清風日佳暢望百慮散因憶京華春杯酒曾共案別來會聚難轉眼年歲換旅中得追隨相顧發一粲）故翠寶亭之址作雩詠亭（詳古蹟誌）蓋視昔大損矣（元危素州同知廨瑞栢堂記余既爲餘姚州經略記而州之人士請復記瑞栢之堂其言曰劉侯之初受履簿之命於大府貧民大悅富者戚戚焉覬罷其事侯率其胥吏以告於神卜之不協吉禱之他祠亦然侯曰吾知悉民事而已焉得聽命於神乃移植小栢于公宇之前夜禱於天曰覈田以便民耳事之成否

將栢之榮瘁占之屬時亢旱而栢蔚然以茂明年春事克就緒吾州之老稚指其堂曰此侯治事處也侯將去吾民而歸用矣觀乎此栢猶昔人之甘棠然乃名之曰瑞栢請徵君杜先生書其榜予其記之予聞氣之流行和以致祥乖以致異不易之理也今餘姚之民力役既平頒職作事厥有常制可爲大和矣然則和氣感於斯栢焉可誣哉予遊金陵嘗聞侯議論知其當以功業顯於他日也推餘姚之政而觀之則其大者可知矣故於州之士人請有不得而辭焉

今署之制中爲治堂三間知縣黃維建萬曆十二年知縣丁懋遜重建〔明〕少傅呂本記畧邑公署沿革往籍茂稽宋建炎初營拓特侈燬於德祐之爵攸元皇慶間稍復我明建置聽政有堂居止有衙胥吏有廊與夫倉庫囚室儀門譙樓之類規制大備歲久就圮別駕葉君金來視邑篆修廢舉墜爲之一新時嘉靖庚子歲也迨今四十五禩堂宇庑廡傾頹日甚蘄水李侯時成僅葺後堂以內召去今霑化丁侯歲辛巳宰吾邑越二年政通人和上信下孚於是協謀於丞王君道行簿王君雲同曰縣堂吾與若等出政臨民處也今如此其他欲墜欲覆寧傳舍視耶請於當路咸報曰可遂筮吉戒期庀財鳩工有撤其舊而重搆之者則治堂庫房譙樓也有因其舊而稍葺之者則幕廳兩廊儀門衙宇獄室也經

始于壬午十月訖癸未五月落成之日百姓扶老携幼環而觀之咸舉首加額頌侯之德述侯之績卿之士大夫如出一口相與伐石請記于予予惟侯初至之日體若不勝衣言若不出諸口一旦執戈田之役不辭勞瘁爲民造福至是新邑中之署自信無他毅然爲之而一無所顧何其勇也侯諱懋遜字允節萬曆庚辰進士分董是役則邑人太湖簿邵陞兵部提領徐倫

顏日親民知縣葉燁立治堂東披南下爲幕廳三間西披爲縣庫一間又西爲庫書房一間由治堂甬路而南爲戒石亭令徐端禮立亭南爲儀門凡三座左右耳房各五間左右爲吏廊東十間西十一間吏二十七人司吏九人典吏十八人先是吏三十三人盡東廊之北稍東爲寅畏堂一間知縣周鳴塤建先有倉廳今廢儀門外舊爲東榜廊西榜廊各十間今廢今東爲迎賓館三間知縣李伯生建爲土地祠三間知縣顧存仁建爲申明亭一間西爲獄官廳一間南四房西四房共九間爲旌善亭一間洪武四年詔天下郡都各置旌善亭申明亭餘姚縣凡建三十九

所今皆侵沒於民先其前爲譙樓三間知縣黃維重建張弘
是左旌善右申明宣丁懋遜馬從龍相繼新
之而從龍復建舜江樓譙中鐘一鼓一雲版一元州判葉恒
製刻漏甚精後上之府譙故有更夫五名今罷陰陽生輪直
治堂之後爲川堂一間川堂之後爲後堂五間知縣李時成重建左爲儀
仗庫一間右爲架閣庫一間先爲冊庫架閣在幕廳側今併于此爲須知房三間今廢寓儀
仗庫其前爲茶房由川堂出東便門折而北爲鑾駕庫知縣周子文建
今亦漸圮後有池曰瑞蓮池過池有亭初曰半閒已改爲考祥知縣
〔劉守達半閒亭記〕縣署後故有池一區前令植荷其中而橋
于其上予視事之明年荷有並蔕而華者諸士大夫見之咸
賞識爲瑞形諸詠歌又明年予始搆亭於橋之北阜而請名
於士大夫僉曰其以瑞蓮名也予曰不然予治縣無狀瑞於
何有而有此嘉名人將不以予爲誇乎然予竊志蒞縣之初
堵案相仍寢食且有所弗暇此華之榮悴開落奚暇覩之邪
既而勉爲辦治案之堵者日以去乃始得退食假息其旁逍
偶見帶予雖勉從諸君臨池一賞之追繼往事之勞而懼其

撫縣治也亦未暇遊憩於此今幸此邦之民謹愿易治且憪予之勞至相戒勿以煩縣公於是訟簡於下而稅供於上庭頗以少事今予一日之間而假其半日憩於斯亭爰思吾政之若否而觀民化之始終將亦不爲庶事所奪矣敢名之曰半閒且以記吾始之勞者惟無治事之能而卒以少閒者實吾百姓之賜云

知縣顧存仁考祥亭記正德乙亥開州劉公應徵視篆餘姚三年而政成百姓大和始築亭治內蓮池之上其時蓮乃竝蒂或曰公善政之祥也宜以名亭公不欲居名以半閒題嘉靖壬辰冬予亦忝嗣公後越明年夏乃復有竝蒂者邑之薦紳皆曰祥也詩歌之而歸諸予予曰祥不虛生予豈其人哉乙未春姚士之登甲科者凡一十有六人其賜及第者二人魁禮部者三人予謝諸薦紳曰祥不虛生請君固當之矣予豈其人哉衆曰非然也范齊治最聽事蓮生烏城令賢閣下荷出事固有明徵也必曰得士往者劉令爲徵乎予曰天子命守令職教養今吾學校士如此予藉此以對揚天子之休命夫乃緣此爲予之祥也雖然祥瑞春秋不書君子爲政亦考諸心而已心盡而無徵於蓮不害其爲祥苟未盡而有徵於蓮亦何取於祥易曰視履考祥其旋元吉予將以自考也因更名半閒之亭曰考祥

後重建又改似玩

知縣馬從龍題其端云玩非令事瑞蓮再

出而亭始成有似于玩故名亭尋毁其北當秘圖之脊爲令廨有門一座有廳有寢各三間有廡其六間令廨之左爲丞廨右爲簿廨迫丞廨之前爲典史廨制與令廨俱署相當典史廨之南爲吏廨歲久俱圯通判葉金署縣重建凡朔十六間修八間面西爲總門今僅存八間今丞廨併爲令廨簿廨改爲丞廨

行署察院在縣東北百步許舊爲布政分司嘉靖中改爲之今邑人循稱後司有重門有廳五間有川堂三間有後寢五間有左右廂各六間今廢

布政分司在縣東三十步舊爲府館嘉靖十九年燬明年通判葉金署縣改建其址臨市民地拓之東深三十二丈三尺西深三十五丈北界大衢

面城爲前門舊府館面東爲門中爲廳事後爲川堂各三間爲後寢間左右爲耳房各三間前爲儀門五間金去知縣阮朝策區成之萬曆十八年知縣葉燁重修今圮

按察分司在縣東門內由布政分司折而北凡五十步東西各深四十五步南廣二十九步北廣二十八步計六畝四分有奇　制署與察院等今廢

屬署姚江驛在治東一里許嘉靖中重建有大門三間今廢儀門五間有廳五間有川堂一間有後寢五間有池亭三間有左右廊各十間今盡圮崇禎八年上虞欲移驛於壩上三院已允其議邑民徐宗周詣闕上疏事下撫按推官夏雨金申詳舊制得不變易而邑令朱芾煌由此調任去順治間虞人復爭之部院屬知府

劉桓審定如故舊官一員吏一名今裁館夫八人水夫陸十柒
人陸夫十八人看管什物夫八人今照舊站船七座今存正副
鋪陳十六床今廢
舜江樓初在治西南五十步負城面江爲迎送之亭今遷東南
爲城樓
大江口壩廨舊址在壩西南計地二畝七分五厘今廢竝壩有
津廳一所官一員今革壩夫三十五人
郵鋪初自縣前及南官道置急遞凡六其後緣海置衛所增置
北海道之鋪凡九治東四十步曰縣總鋪又十里曰常家鋪
二十里曰桐下湖鋪入慈谿界治西一十里曰任渡鋪舊在治西七里名七

里鋪二十里曰曹墅橋鋪三十里曰三十里牌鋪入上虞界是爲南官道急遞鋪治西北三十里曰方橋鋪四十里曰化龍鋪四十五里曰道塘鋪六十里曰四門鋪六十二里曰臨山衛前鋪入上虞界治東北四十里曰眉山鋪五十里曰擔山鋪六十里曰蔡山鋪七十里曰洋浦鋪入慈谿界是爲北海道急遞鋪鋪各有廳三間有廂六間有郵亭一座有外門一間有司兵有吏一人領之今吏久無

石堰場鹽課司在治東北二十里許古名買納場宋分石堰東西場慶元初置倉設官監之宋沂張孝聞黃震俱差監後以知縣兼主之巳乃併東場入鳴鶴而存西場即今石堰場云元至正十四年建鹽

課司于流亭山其官司令弁丞明時司仍其舊有廳有寢有廂官二員今一員吏一名鹽倉五所今存其一曰北倉故有鹽廒三十八間倉後爲鹽池池後爲泄水鹽溝南倉在治山一都之南湫有廒三十二間埋馬倉在梅川二都埋馬市之南相山倉在雲柯二都栢山梁堰倉在孝義一都之梁家堰並有廒一十八間永樂十八年罷景泰三年重建弘治以後聽竈輪價諸倉遂廢鹽運分司在鹽課司西有門有廳有寢各三間南北深五十二步東西廣五十一步

巡檢司凡三詳城池志在治北並海司各有門有廳有廨有演武廳官一員書辦一名廳廨俱圮

陰陽學舊在齊政門外之西並舜江亭通判葉金新建於布政分司左官一員今廢

醫學及惠民藥局舊在治東五十步後更建布政分司右官一員今廢

養濟院在龍泉山右東長十八丈五尺西長十八丈五尺南闊七丈三尺北闊十丈四尺中闊十二丈三尺屋四十二間知縣都昶建顧存仁修

僧會司

道會司始寓僧會記於建初寺後寓廣濟寺又寓積慶寺後無常處道會記則寓於廣福觀今觀廢無所寓

廢署宋置而廢者有丞廨簿廨元爲方民元帥府明爲按察分司有尉司元爲捕盜司已乃改爲姚江驛今因之有鹽酒稅廨在治西五十一步有米倉在治西二十步有百官倉在治西二里有稅務有賣茶鹽場有酒務並在治東一百五十步

有海堤倉在酒務之西令施宿建有戶部犒賞酒庫二一在蘭風鄉一在雲樓鄉有寧波驛牒伕其所有津亭二在治北一里有弓手營其弓手百人建炎初改廣福觀元置而廢者有蒙古學知州李恭建明初改爲醫及惠民藥局有濟留倉在治東南隅有米倉在治東北二百步明初改爲餘姚千戶所有義倉都里各置之有上塘稅務在蘭風鄉明初改爲申明亭有李家閘巡檢司在涌得鄉有鎮守司四莫詳其地明置而廢者有餘姚千戶所正統八年罷爲布政分司有關隘二一在陸浦橋一在石堰洪熙元年巡按御史尹崇高罷之有稅課局在齊政門外洪武九年置尋罷尋置正德三年罷之有河泊

所二一在治南二百步洪武十四年置嘉靖九年罷知縣顧存仁改爲虹橋小學十七年韓修撰佃居之其一無署永樂七年罷有外演武場在姚江驛東有常儲倉後爲治內預備倉云

便民倉在治西南一里二十步許廳三間厫四十二間今圮倉夫一名

常豐倉一倉在臨山衛二倉在會稽之瀝海所三倉在三山所四倉在慈谿之觀海衛五倉在定海之龍山所並領於餘姚官各一員吏各一名今革有廳有廨有斗級

預備倉凡五在縣治內爲中倉倉廳三間厫十二間六間爲預備六間爲存留其舊遺七間新建四間斗級二名後改倉夫四名東倉在龍泉一都西倉在開元三

都南倉在鳳亭一都北倉在燭溪一都並正統六年建是年邑人魏資善姜伯延各出穀一千石分貯五倉備以備饑今四鄉倉盡廢

臨山衛其署坐北鳳山鎮遠樓下正德七年海水泛溢署壞重建廣一百二步深百十六步有正廳五間軒三間左右耳房各四間吏廊左右各十一間儀門外門各三間儀門左爲經歷司右爲知事廳各三間外門之內爲鎮撫司爲千戶所署凡五各三間隆慶間改建左右兩營左住軍兵右住民兵近改爲參將行署前增旗臺二座後增山廳三間衞北門內有海道公館在後所地東西各深五十步南北各廣二十七步廳屋樓房凡二十三間有軍器局三間在中所地有軍旗營房左所五百一十三間在衞東門內右所四百七十八間在衞西門內中所五百二十四間在衞水門內前所四百六十八間在衞西門內後所五百八十九間在衞北門內今皆廢有閼

武場在東門外今廢

三山千戶所署坐北門虎山有門大門儀門各三間有廳正堂後堂各五間前

爲公館今廢

餘姚千戶所駐城中正統年奏革後察院行署即其址今廢

縣演武場舊在治西北武勝門內前已廢嘉靖九年復置以西北隅倪澄王伯孚等官民田爲之東西深七十丈南北闊三十四丈後倪澄等具議以牟山新湖王宿灣竹山西畧高阜可田處一百三十畝給補之

鳳山門在治東北二里許黃山橋之南上有敵樓

四門堡在治西北四十里去臨山衛十里知縣胡宗憲築垣搆屋爲練鄉兵之所地周五十四丈深一十八丈二尺廣七丈八尺今圮廢不可考

餘姚江在縣南十步許曰舜江跨江有橋曰通濟橋橋東西江
宋置放生池宋隆興元年令王度置待制朱芑有記今不傳現東西各有碣石爲界西界石立西石山臨江岸萬曆丁未黃岱復建東界石立天妃宫前臨江岸康熙己酉年邑侯潘雲桂重建今仍之

新修餘姚縣志卷之二終

# 新修餘姚縣志卷之三

安邑康如璉修菴纂

## 山川志

記曰名山大川不以封言名山大川爲天下所重非一國所得私也餘姚以四明爲山以姚江爲水所謂名山大川也道藏中有丹山圖咏疏理烟霞分爲四面水經有江水逕餘姚縣故城南而出之浙水之下其他山水固此方之附庸也

山曰龍泉山亦名緒山水經注江水逕緒山南者是也在城内虞翻嘗登此四望山半有神仙洞高數尺深不可測明于震詩客葉重重護彩霞也知深處是僊家雲屏靜掩人間月春色遙連洞口花局面山河移甲子樹頭寒暑記年華西風正若瀛州

路願借溪邊兩月槎

洞旁有泉是名龍泉相傳宋高宗飲而美之汲十甕以去〔唐〕方干詩未明先見海底日良久遠鷄方報晨古樹含風長帶潤寒巖四月始知春中天氣爽星河近下界時豐雷雨均前後登臨思不盡年年改換往來人〔宋〕王安〔石詩〕山腰石有千年潤海眼泉無一日乾天下蒼生望霖雨不知龍向此中蟠〔蘇軾詩〕餘姚古縣亦何有龍井白泉甘勝乳千金買斷顧渚春似與越人爭日注〔元〕韓性詩鳳凰不棲枳天馬肯就閑胡爲九淵龍卧此數仞山苟無風霆威何異蛙螾繁世網易嬰人有如百尺瀾悠哉志士懷直欲甦人寰一朝躡浮雲游戲窮元間寧知天瓢側不及眢井蟠百年撫陳跡老木亦已刊名高難易毁志遠終難攀山中白頭僧吠我發浩嘆〔明〕宋僖詩龍泉高處爲誰登曲徑幽尋樹下僧黃葉又經秋夜雨青鞋曾蹋歲寒氷西來山閣隨雲隱東去江船待月乘邂逅浮生還惜別吟詩落熠倚蒼藤〔陶安詩〕鄮底潮生鼓萬雷浪頭隱隱白雲堆諸洲地到海邊盡外國帆從天際來但見中間浮島嶼不知何處是蓬萊平生登覽今朝最髣髴珠宮貝闕開〔謝遷詩〕迤邐盤龍接秘圖雨中臺殿盡模糊神僊勝境餘三島狂客歸舟任五湖地近東溟先見日樹連南郭晚棲烏高軒過處人爭訝一片清氷照玉壺〔王〕

〔石詩〕我愛龍泉山山僧頗疎野盡日坐井欄有時囙松下一夕別雲山三年走車馬愧殺巖下泉朝夕自清瀉〔林俊詩〕龍山幾道落巖泉古寺長松瑣夕烟風雨晦明無丈室藤蘿昏黑隱諸天香飛短錫知何日打賣殘碑不記年生滅大千還世界白雲滿地故依然　山巔有葛洪煉丹井中峯之頂曰祭忠臺明成化間侍講劉球爲奄人王振所害邑人成器於山頂慟哭祭之曰秘圖山其高丈許初名方丈山天寶六年改今名以其有石如匱神禹秘圖藏於是也其下勺水即爲秘圖湖江北西去之山曰西石山江中有石高七八尺曰落星石吳越王寶正六年封爲寶石山邑人莫若鼎以其壞舟鑿去曰童山曰風山以其形象風字唐地理志餘姚有風山此也舊志作豐山非治西少北五里曰淤塘山曰馬鞍山治西二十里曰菁江山曰九

功山曰馬渚山相傳秦始皇飲馬於此（治西三十里）曰吳女山初名娥眉山天寶六年改（治西三十八里）曰竺山在牟山湖中高一百二十五丈周七八里曰姜山（治西五十里）其袤十里上有五峯曰金雞（吳越僧延壽詩）松蘿高鎮夏長寒透出群峯晝恐難造化共成彰五德洞天雲散露花冠曰蛾眉盤空勢險露巖根深洞寒聲落白泉好是雨餘江上見水雲僧出認西天曰積翠翠壓群峯地勢直落日猿聲在空碧天風吹散斷崖雲古松長弄三秋色曰凌雲烟蘿高巘勢凌雲影瀉斜陽出海門會與支公深隱去夜寒風雨上方聞曰白馬雲外層峯瀉危瀑天際陰陰長寒木南北行人望莫窮秋雲一片橫幽谷下有姜女泉廣不及丈大旱不竭積雨不盈池草蕪沒稍加芟治泉反枯竭江北東去之山曰大黃山亦名鳳凰山春末夏初山下嘗出神燈憑高望之彌山遍野（明皇甫汸詩）鳳去山空尚有名翩翩五色曉霞生遙瞻玉帝祠

前火散作人間不夜城費百家神燈賦伊神燈之奇兮惟獨傳於吾姚當暮春之節候正禮拜之宣囂金鉦映佛號以鏗鏘旌旗雜襍以飄颻傾士女於岱祠恣觀踏而炎歆爾時靈曜初沈人蹤甫息神其厭苦篤言遠出恭馮高而眺望紛靈光其熠燦始衹見其一二繼總總其無極恍傳呼之有聲咸後先而擁蹕余固信而猶疑豈神光其顯赫雖口述之盡然終未免乎耳食必親睹其形容始中懷之可釋然其出也有候而其見也有地非夏之初必春之季天欲雨而礎潤雷將聲而尙閉氣蘊隆而風伯無蹤雲靉靆而夜光已死於是乃登龍泉之頂或陟鳳凰之脊始得暢乎奇觀否則終於閴寂此抱願其有年究蹉跎而未得茲四月其過半嘆三春之已逝訪未遇於城東惟刺花之滿鼻天黯黮而濕蒸庶此願之可冀於是侯薄莫陟鳳巔叩靈瑣衖九延待歸烏之既盡惟螢火之熒然無何谷風大作動搖林莽肌膚生粟殿鈴亂響僧告余以不遇羌廻以悵快惟葉子之好奇彼固知之甚悉邇前日之所見惟龍山尤奇特因訂期於黃昏恨薇光之無術遂預約夫同心候人定而俱陟及晻曖之既莫泯萬形於無色乃俯瞰乎郊原路幽昧以若漆忽一熠之熒然疑扶桑之吐日葉子狂呼神燈已出凝眸少選倏爾千百爾其始也熠熠熒熒白山之址既墻復明孤停不徙或參衍而徐行或

遷延而復止豈伴侶之未偕乃躊躕而有所俟爾其纍也纍纍而出如珠貫縷聯睹一方俄焉四起遠則瀰乎崗巒近則與乎尺咫總大地之盡然又何分乎城墅爾其徐也縱極目之輝煌亦條分而縷析或渡水而後先晻映或乘檐而往來絡繹或凝然延佇而將南宛又何因而忽北爾其疾也閃爍無常東西倏忽或干霄而直上或電馳而忽沒或一炬而散爲百千或百千而倏焉合一怪怪奇奇不可髣髴初疑百萬之兵俱列炬於昆陽又疑彌天之星咸馳流而如孛余乃目眩魂驚神移精奪若疑若夢信疑難決未幾城鐘發響山月吐焰清飇頓興光輝零亂若滅若沒忽焉而散客有問曰此果何物耶朱子緯曰此天地之生氣也萬物怒生鬱氣蓬勃光入虞淵熛艷熠煜此春夏之昭融而秋冬之寂沒葉公旦曰此太陽之餘氣也赫曦照臨遍滿寰區一日所暴萬物漸濡故雖濛汜之既沒猶餘光之未除余曰天地之間孰非此氣何宇內之甚然乃獨見夫此地若夫蟹匡腐草見火則明豈白日之照臨曾不如夫殘燈但往來之歷歷寧無物焉是憑客曰然則究爲何物耶余歌曰神燈燦燦兮何者非鬼神之迹兮神燈熒熒兮何者非鬼神之功兮謂妖僧之造作以誑人兮固祇覯其僞而未嘗覯其眞謂吐光其脊曰鴈嶺下莊光於丹室兮亦是夫胸臆而淺之乎測也

爲鷗泉曰小黃山曰烈山（治東五里）曰九曲山（治東九里）曰桐下湖山界慈谿　江北北去之山曰勝歸山晉劉牢之勝孫恩而歸屯此其山石白而客理邑人多採之知縣胡宗憲買山禁其開鑿諸生毛弘元等山五十餘畝魯惟曾等西面山岩二畝宗憲給價王太守正思北山岩六畝史同知鷟北石岩三處捐以歸官豁其歲額（明孫鑛詩）爽氣朝來勝相偕但阿咸幽林尋鹿豕古廟看松杉劉叟曾無礙胡公尚有嚴人生幾兩屐山路自巉巉　曰鯉魚山曰儀桐山曰烏戎山亦名烏玉山（下爲烏玉湖治北稍東十七里）曰礶山曰劉山（治北二十里）曰鎮劍山曰崧山曰拍山（治北三十里）五季時胡輔成故居環山種栢亦名栢山曰嚴公山相傳爲于陵故里少東曰陶婆嶺由嶺入北曰黃山（下爲黃山湖）曰月山（治北三十里）曰蓮花峯曰眉山（治北三十五里）海中望之如修眉少西

曰樣山又西曰歷山治北四十里帝舜所耕之處也有象圖舜井

石牀諸蹟按野客叢書云歷山有四一河中府二齊州歷陽縣三冀州四濮州雷澤縣皆有舜之遺蹟而餘姚之歷山不列其間者則以支庶所封一言誤之也其言鄙縣名而附會已詳疆域志中蓋數千年之遠桑海變遷徵據之以相傳之口固為不可然自漢以來餘姚上虞之名縣皆以大舜彼四歷山之所無此一證也舜禹並時禹之蹟在會稽人所不疑舜之蹟在會稽乃獨疑之乎此又一證也虞氏子孫盛於姚江者數千年彼四歷山未聞有顯者此又一證也合此三證則歷山之在餘姚者為是藥華滋曰歷山方廣僅數畝高尋丈計磊磊皆石循東麓而上有圓石出土中之作聲山陽石壁鐫耕隱二字苔蘚彷彿有石嵌空橫覆如牀可坐數人相傳為帝舜耕時避雨處雙蹠隱然折而西有石圓如盆盎盛水一泓亢旱不竭即舜井也

江北山之東北者曰文山曰冶山去治五里世傳歐冶子鑄劒於此曰屯山去治十五里晉孫恩屯兵於此曰安山曰陳山又名客星山以嚴子陵之墓得名其謂之陳山

其宋古靈先生陳襄子孫散處此山之下也元黃溍詩一杜孤撐杳靄間人言此是客星山流風百世今誰嗣應詔諸賢故未還荒塚草深迂石路高齋月滿閉松關窮年漫跡蒼江上及此維舟獨厚顏有泉曰華清泉亦名旋井宋元豐中楊景謨顧臨同遊酌酒賦詩相傳有得鰻魚於井者烹之而失所在其後復見於井有嶺曰陳山嶺少北曰小嶴大嶴其南曰姚嶺又南曰椰家嶴曰照山衙南與九疊山在江北東去相連之山目下東入燭溪湖環湖之山三四十里其北曰孫家尖有二阜列西湖燭溪以塘界爲東西中曰磨山曰茅山有丘浮東湖中曰漲沙墩大浸不沒又東曰孤山去治二十八里絶湖而南曰梅嶺少東曰石置山又東曰航渡山明塘溪出焉又南曰梅梁山宋理宗御書梅梁之山相傳燭湖旁舊有大梅樹伐其幹斷而爲梁三其一

在郡之禹廟其一在鄞之它山堰其一留燭湖中風雨大作之時居人每震其靈異也梅溪水出於其西曰許郎山一名游郎山俗呼雄鷄折曰眞武山東龜山西蛇山皆以象形名曰栢罌而環湖之山盡矣北行曰流亭山其下爲石堰去治二十里又北曰虞山亦以帝舜得名太康地志云舜避丹朱於此曰石屋山其石空洞如屋有嶺曰娥眉嶺曰嶼山去治三十里曰烏山曰澥山去治三十八里曰埋馬山山趾有石如臥馬相傳秦始皇觀海埋死馬於此或云宋高宗中途得馬至此化石皆因山石象馬而附會也又東曰彭山曰匡山亦名康山去治四十里曰塗山曰包山其礜曰包結礜曰石人山去治四十五里其陽有石如人〔元岑良卿賦〕余里有石人山下有石如人與家居鼎峯相望以其類隱者號曰居士設爲鼎峯老人與石居士問答

之辭云鼎峯老人披鹿裘躡芒履好怪嗜奇畢意探索躋攀
嶄巖徙倚林薄有石居士倨傲自若罔鬼匪人逼視無愕老
人進揖而問曰巖洞杳冥草木紛錯子居是焉何取何樂載
籍逸亡歲月綿邈罔究端倪孰能測度請無問其詳願聞其
畧乎石居士曰昔者鴻濛既判混沌乃鑿陽杳陰交胚胎堅
確凝精結氣磊塊盤礴維媼神之姬娠亦女媧之鍊魄衆養
日月之光乳毓雨露之澤戴元履黃揭揭中立俯瞰塵寰流
光瞬息睠茲土之雖陋有重華之遺跡極海濱之斥鹵亘終
古而竄僻既託身而何之棲已久而無數九州錫貢匪怪罔
及曲沃馮言匪余之職金華羣羊笑彼呵叱鄙南翁仲匪我
儔匹顧支機之何賤思補天而無力邀安期於渺茫訪王母
於寥闃睨世態於萬端殆浮雲之變易既世俗之我遺亦何
勞於記憶感邂逅於知已與畢露其胸臆嗟余懷瑾握瑜隱
避下邑矩矱是持禮法是式沉靜淵默端莊謹飭任吾天眞
不假修飾招白雲以爲蓋藉芳草以爲席衣薜荔兮鱗鱗冠
蒼苔兮岌岌猿猱爲侶麋鹿在側若夫林和日暄歌鳥欣懌
山明月麗群鶴翔集景物暢美余固自適至於電掣雷驚虎
嘯猿聒霧暗烟昏松杉失色氣象荒寥余亦自得此固安於
所性而不知夫悲歡得失也老人曰子之所負余既獲聞之
矣然吾聞之望高山而仰止世瞻企以爲則方海內之蒐賢

何迷邦而懷璧恐鶴書之專致來蒲輪而遠辟願奮起以慰俗而無事乎深匿也居士曰吁君言是矣然余揆資質之頑礦愧形軀之寒瘠素沉淪於草萊久捐棄乎巾舄感誨言之勤渠動余懷之惕怵志雖企乎雲霄材莫齊乎金錫在昔神禹東巡是極錫土與姓弗遇咫尺祖龍戾海人神咸惕駕濤成梁我逃其擊大庭雍熙嘗沐盛德億萬斯年復覩今日言未既老人却立而謝曰子負世長于弗子識追余舌之淺近嗟駟馬之難及幸鄰德之匪遙將覽夫摶天之翼　其陰有洞曰石人洞洞口自然掃滌有裹糧鑽火而入者行二日聞艫聲乃返曰蔡山山之北有岩曰望海岩曰金山其巔多巨石昔人依石架亭以觀滄海故又名海亭山曰破山　相傳葛洪剖山取石煉丹（元黄叔英詩爲問當年葛稚川剖山煮石功貪天爐殘火斷山亦合造化物者還故然）曰三山其山三峯卓立（去治五十里）曰吳山（去治六十里）其陰曰吳山洞北面大海巨浪擊撞其中曰懸泥山浸於大海下有

湧泉上有甘橘俗呼勝山去治七十里曰繆家山去治三十里上有池廣數丈曰光池曰白石尖曰鏡臺峯曰游源山去治四十里游涇之水出焉有嶴曰金鷄嶴明宋僖詩餘春紅紫尚菲菲話舊傷情故老稀秉燭山林連夜宿思家道路幾人歸龐公采藥知何往杜老誅茅願豈違他日幽居山谷裏與君開戸看雲飛黃宗會詩逋客支筇撥曉嵐偶從水北問山南入林已失人間籟絶嶂來看鬼嘯潭旖旎廬雲眠鹿麛蒙茸腥霧引龍男境清不許尋常住又放芒鞋逕草庵曰妙山曰叙惇山曰邵嶴其山多大谷僻壤人跡罕到舘嶴以入有潭曰鬼嘯潭神龍所宅大旱禱之輒雨有嶺曰大古小古東入上林諸山曰僊居山去治六十里居人以其雲氣占雨有雨靈之名其狀類栲栳東峯曰東栲栳西峯曰西栲栳東峯之下有盤蘿石卓立三四丈而上復覆以方石可坐數

十人俗呼釣魚石有石筊筮一俯一仰在東峯之半出爲榜溪溪旁有石高二丈餘曰闕紫石有石如屋曰石谷亭飛瀑或四五十丈或二三十丈不下五六處皆會於石谷亭之左西峯之下有莫子純讀書墩甓石爲基阤然在莽中相傳有兩寺西爲淸波寺東爲隆教寺子純嘗寓食焉汲井泓然而鵾吻礎石猶存不知廢自何時也（宋謝景初詩）落泉下峭壁陡絕千萬丈濺急雪片飛望若匹練廣曲嶺隔靑林三里已聞響其旁有巨石平潤可俯仰愚俗所不道我輩數來賞須期秋色淸攀蘿將爾上

其北一隴二支曰小蟠龍大蟠龍環爲上林湖諸山（謝景初詩）山水有奇秀何必耳目親茲地世未知偶游良可珍平湖瞰其中翠巘圍四垠靑松千萬植落瀑如縣巾佛廟聳殿塔裝點繪畫新淸谿與斷崖水石聲鄰鄰峯巔見蒼海日出常先晨花草時節異寧問秋夏春陵谷千萬古豈無稱道人德微言不

信又恐遠故湮尊酒且樂我醉來事事均又北曰石匱山有石礧磈如匱亦稱神禹藏書之所曰東山有泉曰淨聖泉大旱不枯旁有神仙之跡上林諸山皆栲栳之支也江北山之西北者曰塔子嶺去治五里曰晉家山曰熨斗山曰點兵山去治十里晉高雅之點兵於此曰蕨山其嶺曰蕨萊嶺曰芝山去治二十里曰石姥山去治十五里有白龍湫禱雨輒應曰克山曰花蓋山曰烏卜山曰禾山舊志曰謝康樂云山海經有浮玉之山北望具區今餘姚烏道北禾山與具區相望即浮玉山乃山海經之誤按山海經曰浮玉之山北望具區苕水出於其陰北流注於具區謝康樂云浮玉之山在勾餘東五百里便是勾餘縣之東山乃應入海具區今在餘姚鳥道山北何由北望具區也此節本有脫文難解原康樂之意浮玉山在餘姚東五百里則是定海對岸之山而餘姚之北與海寧一帶對面可以北望大湖浮玉既在極東其北亦非太湖矣康樂本文亟無禾山而烏卜亦非烏道

不知何緣附會之也以爲二山卽浮玉山夫若水去
所出乃天目山也餘姚無若水則無浮玉明矣曰東山治
四十里邑稱東山者三一在四明一在
上林幷此爲三唯四明有謝安石之蹟下爲汝仇余支二湖
環數十里多支山其有名者曰鷄鳴山曰杏山曰茅山曰牛
屯山曰東岩侍郎謝丕經營精舍於其間有畢曰夏公畢滕琪畢曰老寨
山去治五十里有嶺曰歡喜嶺曰鷰山曰姚丘山帝舜所生之地
會稽舊記云餘姚縣西六十里上虞縣東三十里有姚丘者舜所生也江南之山曰四明山本
元虛云天下洞天三十有六四明第九其號丹山赤水是也
一名鬼藏山秦始皇命王鄣驅山塞海百靈勞役奔入此地
其初亦總名天台山故孔靈符會稽記曰天台山舊居五縣
之餘地五縣者餘姚鄞剡台寧也若非總爲一山則天台

餘姚隔絶矣一名勾餘山郭璞注云在餘姚縣南勾章縣北此是勾章故城今慈谿縣在山之北晉地理志餘姚有勾餘山在南唐地理志餘姚不列勾餘第云有四明山蓋晉宋以後遂以四明易勾餘矣故王應麟七觀曰東有山曰勾餘實維四明其山有二百八十峯周回三百八十里東連慈谿西引上虞南嗣天台北包翠竭唐孟郊詩聞於獨鶴心大於高松年迴出萬松表飯白雲爲我田靜言不語俗靈蹤時步天施肩吾詩半夜尋幽上四明手攀松桂觸雲行相呼已到無人境何處玉簫吹一聲宋孫應時詩平生抱遐尚撫劍遠行遊跡謝聲利牽心與岩壑謀東征泛滄海南鶩踰丹丘西登岷峨嘯北望關隴愁匡廬挽歸轡巫峽紆行舟劍閣最險壯龍門更奇幽歷覽雖未飽勝槩畧已收邇來卧燭湖清夢長夷猶家山唯四明名字橫九州出門宛在眼欲往輒不酬人事真好乖山靈苦吾仇忽近益可笑投老卒自尤茲辰正芳春會心得良儔羸

糧幸易足快策逐所求中霄雨聲斷逗曉霽色浮天容極瑩
淨風氣亦和柔瘦笻挾籃輿野服兼輕裘遙遙指林麓欣欣
聽溪流試屐清賢嶺彌蓋白水湫飛湍響淙潺怪松韻蕭風
艱哉上羊顙喘若料虎頭甃不訪歲期負樵歌道周百折快
一跳千里森雙脟峯巒何綿聯脈絡相纏繆化鈞妙融結神
功强雕鎪長風動溟渤洪濤播瀛洲巨鰲出贔屭游龍繞蚴
蟉鯨鵬怒摩盪蟲魚紛疊稠萬怪各起伏千帆近行留或坦
若几案或峩若冠旒或排若劍戟或刻若戈矛或舞若鸞鳳
或騤若驊騮或戲若狻猊或搏若貔貅儼然開明堂玉帛朝
諸侯赫然會岐陽長圍方大蒐鏖戰臨長平堅壁持鴻溝廣
野列車騎中軍嚴旆旍開闢浩茫茫變化久悠悠愕眙不得
語形容那可佯僊樹數十圍蟠桃幾千秋老幹枯不死新榮
翠相樛飇馭定來止桑田行驗否遺跡信所聞輕舉當何由
東南徑祟岡左右羅平疇人家散鷄犬村塢來羊牛官徵畢
薪炭春事勸鋤耰土膩少沙石氣寒無麥麰荒蹊夾桃李窑
蔭開松楸是中可避世何勞更乘桴騎巖下著峭别岫爭峰
嶒孰云二刹勝逝肯中道休杖錫既巉絕雪竇仍阻修停雲
朝漠漠剛風晝颸颸盤磴渡方橋廣宇連飛樓珠璣錯藻繡
金[illegible]照雕髹橦鐘食千指鳴板登百籌真來天上居不涉人
間憂周遭富佳致徜徉得窮搜妙峯遠色湊錦鏡波究劉兩

溪赴聒聒千丈落滮滮深瀑漂隨梟品潭隱靈虬倒窺凛欲眩俯掬清可漱澗草高下積巖花零亂抽掛壁見猱捷食岑聞鹿呦日長囀哯晥霧墻啼鈎輈修竹奏竽瑟細溜鏘琳璆占晴喜弄鶻畏雨愁呼鳩何妨共齋鉢且復薦茶甌老僧頗好事名德肯見投隨意宿山房無眠聽更籌念昔身萬里及此天一隅登臨世界澗俯仰歲月遒榮辱兩蝸角聚散一海漚塵鞅自束縛各壎相敵讐不念猿鶴怨坐令泉石羞心期晚乃愜俗駕我尙優勝具學支許奇踪非阮劉時哉山梁雉樂矣濠上儵聊追與公賦不嘆椰子四招招知音子爲我商聲謳〔唐震詩〕四明光照九霄寒閬苑神仙日往還瀑布遠從銀漢落洞門長鎖白雲閒深崖瑞木金文潤絕頂靈槎鐵色斑無限遺蹤人莫識落花香泛水潺湲　中峯最高

四穴在峯上天地澄霽望之如牖戶謂之石牕即四明之目也〔唐陸龜蒙詩〕石牕何處見萬仞倚嵴虛積靄迷青瑣殘霞動綺疏山應列圓嶠宮便接方諸祇有三奔客時來教隱書〔皮日休詩〕牕開自眞宰四遠見蒼崖苔染渾成綺雲漫便當沙櫺中空吐月扉際不局霞未會通何處應連玉女家〔劉長卿詩〕四明山絕奇自古說登陸蒼崖倚天立覆石如覆屋玲瓏開戶牖落落明四目箕星分南野有斗掛檐北日月居

東西朝昏互出沒我來遊共間寄傲巾半幅白雲本無心悠然伴幽獨對此脫塵鞅頓忘榮與辱能笑天地寬仙風吹佩玉

舊傳劉晨阮肇居之左爲鶱鳳巖下有方石高數丈磨崖漢隸曰四明山心右爲殺羊巖赤壁里許傳爲仙人刲羊注血前爲障龍岩後爲寒草岩舊志作韓柔又別出寒草非也（元鐵充之詩）寒草岩前春色稀桃花無數映清溪我行已到仙家窟不比漁人此路迷以上五峯相次總名曰芙蓉峯

自石牕北行二十里爲大蘭山後漢上虞劉綱同妻樊雲翹昇仙於此遺履山下化爲卧虎後人名之曰昇仙山立祠以祀之有樹曰樊樹（唐陸龜蒙詩）樊樹何人築人應白日飛至今山客說時驚玉麟歸乳蔕懸松嫩芝臺出石微憑欄虛目斷不見羽華衣（皮日休詩）主人成列仙故樹獨依然石洞聞人笑松聲驚鹿眠井香爲大藥鶴語是虛篇欲買重栖隱雲峯不售錢（宋謝翱詩）石嶁粘牕秋見海山鷄夜啼弄花彩王孫吹笙導夫人青髮凌風素霞在雨壓[illegible]

地白浩浩河西種星揄樹老海桑　齊孔祐居之因養中矢之
童童日出歸衣濕上池洗頭草
鹿建亭祠側曰鹿亭（唐陸龜蒙詩）鹿亭巖下坐時領白麛過
草細眠應久泉香飲自多認聲來月塢
尋跡到烟蘿早晚吞金液騎將上絳河（皮日休詩）群鹿多此
住因過白雲楣待侶傍花久引麈穿竹遲經時飲玉澗盡日
嗅金芝爲在石牎　又五里爲錢王走馬岡又名青蜓岡山頂
下成偃自不知
平若原野四明東面七十峯總名鷲淚山（入慈谿鄞縣二境）曰大隱
山杜光庭七十二福地之一也曰戍溪山晉劉牢之鄉孫恩
於此曰黃墓山漢黃綺墓在焉曰車廄山勾踐秣馬之所曰
謝山由謝太傅得名曰大雷山獺師汗鐲其洞雷火喧薄曰
翠岩山有秦皇石版弓箭洞葛仙翁以泥封之曰蜜岩山上
有石匣以貯仙蜜曰天井山曰乇山（以入他邑故不詳註）四明西面七

十峯總名奔牛隴連餘上二境以菁江爲界曰伏龜山曰三朶峯舊志誤爲三孕今據丹山圖系正之有漢張平子石室曰白水山治西南五十里有瀑布如懸河是名潺湲洞劉綱樊夫人居於洞側從白君得仙術唐陸龜蒙詩石淺洞門深潺潺萬古音似吹雙羽管如奏落霞琴倒穴漂龍涎穿松濺鶴襟何人乘月弄應作上清吟皮日休詩水流萬丈源盡日瀉潺湲敲碎一輪月鎔銷半段天響高吹谷動勢急歛雲旋料得深秋夜臨流盡古仙瀑布之上曰石屋曰雲根其下曰洗藥溪亦名紫溪曰三台峯曰屏風岩由白水達於大蘭曰羊額嶺神異記曰餘姚虞洪入山採茗遇一道士牽青羊三百飲瀑布水曰吾丹丘子也有大茗可以相給洪後常得大茗因立茶祠舊志言劉樊乘白水羊過此無稽之近曰丁山曰東山下有石洞溪流界道愈入愈深中冬汙

幽谷有腰蔓而入者猶惑不解轉曰東明山曰石井山曰白雲山唐僧巘雲誦經每日白雲覆屋由白水而西南曰太平山其形如繖亦名繖山孔靈符會稽記曰餘姚江源出太平山隨潮至浹江口入海孔皐記曰四角生木各種或橡或梓或藷或榧不相糅雜三陽之辰華卉代發有鍊丹石三一方石高數丈二圓石類釜臼方石空起下施支石相傳吳于吉之石室吉有神書百餘卷號曰太平青籙標此山名以顯秘典舊志誤為葛仙晉謝敷齊杜京產居之亦名曰門山者以京產所居名曰門館也

晉孫綽銘嵬峩太平峻踰華霍秀嶺樊緯奇峯挺崿上干翠霞下籠丹壑有士冥遊默往寄託肅形枯林映心幽漠亦既覲止渙焉融滯懸棟翠微飛宇雲際重巒蹇産迴溪縈帶被以青松洒以素瀨流風佇芳

祥雲停靄〔齊孔稚圭詩〕石險天貌分林交日容鈌陰澗落春榮寒岩留積雪曰菁山謝靈運山居賦註三菁太平之北太平天台之始菁山與太平相連故號江初出曰菁江曰䵝山曰太嶽山曰釣臺山曰寶蓋山曰蓮花山以入上虞故不詳註四明南面七十峯揔名驅羊山入剡奉化天台境曰雪竇有嶺曰二十里雲即唐謝遺塵所謂過雲也〔唐陸龜蒙詩〕相訪一程雲雲深路僅分嘯臺隨日辨樵斧帶風聞曉看衣全濕寒衘酒不醺幾囘歸思靜髣髴見蘇君〔皮日休詩〕粉洞二十里當中幽客行片時迷鹿跡寸步隔人聲以杖探虛翠將襟惹薄明經時未遇得恐是入層城曰雲南奉化有雲南里〔唐陸龜蒙詩〕雲南更有溪丹礫盡無泥藥有巴賓賣枝多越鳥啼夜清先月午秋近少嵐迷若得山顏住芝菌手自攜〔皮日休詩〕雲南背一川無鴈到峯前墟里生紅藥人家白泉兒童皆自古婚嫁盡如仙共作眞官戸無由稅石田曰雲北即挑花坑其岩數百尺紅白相間隱映如桃花〔[illegible]詩〕雲北是陽川人家洞壑連壇當星斗下樓拔岑

陂邊一半逐風雨三條古井烟金庭如有路應到左神天皮日休詩雲北晝冥冥空疑背壽星犬能諳藥氣人解寫芝形野歌遇松蓋醉書逢百屏焚香住此地應得入金庭曰大梅山曰徐凫岩有鞠侯嶺三大字陸龜蒙詩何事鞠侯名先封在四明但爲連臂飲不作斷腸聲野蔓垂纓細寒泉佩玉清滿林遊宦子誰爲作君卿皮日休詩堪羨鞠侯國碧巖千萬重烟蘿爲印綬雲壑是提封衆遣狙公渡果教猱子供爾徒如不死應得躡元宗曰隱潭曰大晦小晦曰丹山小山曰黎州以入別邑故不詳註四明北面七十峯總名八囊山曰聚玉山去治西南十五里曰羅壁山孔曄記云漢虞國墅襟帶溪水表裏疇苑大勢具體金谷郗太宰愷棲情此地每至良辰携子遊憩後以司空臨郡遂卜居之宋華鎮詩山列翠屏圍碧落水流鳴玉遶平田郗家池館雖蕪沒金谷形容宛自然其巔有龍門曰笙竹嶺曰方家山曰破嶺曰靈源山治西南二十五里晉許詢故里其村

爲許村有名泉谿閉山隅故以名山曰烏膽山高入雲表作
航海者指南山南爲牛眠石曰塢山支道林居之有考古臺
明趙謙讀書之所嶺曰清賢嶺以謝安石許元度支道林往
來得名曰殿山治南十五里曰大小雷山治南二十里其里曰南雷謝
遺塵之所隱也四明有三大雷其爲南雷止此陸龜蒙甫里集曰謝遺塵有道之士也嘗隱於四明之南
雷一旦訪余來語不及世務且曰吾得於玉泉生知予性誕
逸樂神仙中書探海岳遺事以期方外之交雖銅牆鬼炊虎
獄劍餌無不窺也吾語子以山之奇者有峯最高四穴在峯
上貫天地澄霽望之如牖戶相傳謂之石窻即四明之目也
山中有雲不絕者二十里民皆家雲之南北每相從謂之過
雲有鹿亭有樊榭有潺湲洞木實有青櫺子味極甘而堅不
可卒破有猿山家謂之鞠侯其他在圖籍不足道也凡此佳
處各爲我賦詩余因作九題題四十字謝省之曰玉泉生眞
不誣矣黃宗羲四明山九題考陸魯望皮襲美有四明山倡和
其九首皆是謝遺塵所發遺塵隱於南雷子之所居正當其

下菴明山內雷峯有三處一鄞一奉化一餘姚惟餘姚之雷峯其里曰南雷里見於宋會稽志其廟曰南雷廟立於晉咸寧是故鄞奉之所不得而冒也予刻四明山志與山君木客爭道於二百八十峯之間而知所謂九題者皮陸鑿空擬議未勞藤竹焉所得既其實乎因爲摘索後之好事者可無迷山遲響之惑也一曰石牕四明之所以名也在大俞自麓至項十里側成剪棘挽臂皆須假借於山祇耳石室高五尺深倍之廣如深而六之中界三石分一室而爲四康樂山居註云方石四面開窻不知其總在一面也二曰過雲山中雲氣不絕者二十里在雪竇其嶺曰二十里雲杖錫西嶺亦襲過雲二字非也然山深瀑重昏曉難割非一方之所得擅耳三曰雲南奉化有雲南里陸詩巴竇越鳥豈可借蜀事點綴乎四曰雲北在桃花坑雪竇八景之一又名畫字嵒五曰鹿亭齊書云孔祐至行通神隱於四明山在初建祠宇觀之所今大蘭山也鹿亭是其處矣亭之所由名者鹿中矢投祐祐養愈之而去皮陸不原故事汎稽物態於此何與牽連石窻不知其地之相去也六曰樊榭元會堅云劉樊從犬蘭飛昇建祠其所祠側爲樊榭其云在黎州者非也七曰潺湲洞去梁衕數里今之白水宮是也天寶間移祠宇觀於此始劉樊居潺湲洞側師事白君從其故居也西嶺壁上亦刻潺湲洞字

妄矣八曰青櫺子今亦無識之者所謂味極甘而堅不可卒破者按以求之更無一物相似也豈草木之種類亦有絶與陸詩環岡次第生徒虛語耳九曰鞠侯雪竇西十五里爲徐鳧有鞠侯岩鑿字其上櫕峯割日哀瀑崩雲誠奇地也皮陸以連臂斷腸當之不知四明無猨有猨者何必四明而以爲九題之一乎是故身所曲折而後情生情所勃鬱而後神遇文章變衰徒恃其聲采經緯恍惚而江淹之雜體作矣承虛接響寧獨此九題哉遺塵發之而予考之千年旦暮同是南雷之人相與言南雷之事而已沈明臣南雷懷謝遺塵詩居士青雲人元風邈難嗣白日空山高令人起遐思春花吹野桃開落知何自流泉日夜流石壁掛不住深樾有啼猿斯人溯何處高吟皮陸詩風吹響天際

有潭曰怪溪有嶺曰桃花曰茭湖山第六十三福地茭湖漁澄洞是也曰雲頂山曰百福泉山其嶺曰延壽嶺曰溜水臺治東南二十里其下爲白龍潭曰黃羅嶺曰黃箭山上有龍潭三級萬曆二十五年禱雨甚應其麓有泉曰蔣井曰鶴山曰化安山有泉曰化安泉亦名江

井（舊志誤分爲二）在邑中爲第一泉絶頂曰問道巖進三里曰擴犬宋會稽志名之爲化安瀑布瀑布懸空而下有石隔之分爲二道各二十丈滙爲池曰噴珠池宋元嘉中李信構亭其上曰牛塲山曰石湫（明黄尊素詩越嶺尋幽處行行幾曲溪忽驚途欲絶數轉地逢奇峭壁當空出雄湍飣石飛誰將戴陸手畫出景淋漓又爲有溪山癖芒鞋竹杖輕石盤驚踞虎樹老挾長鯨俯地禽偏傲狂懷味轉清月明來子晉深處好吹笙）化安水口曰剡湖謝遷曰以其景物之勝提諸剡溪而名之宋時名爲剡中（見宋史陳橐傳）曰花奥曰陸家尖其流爲藍溪元戴良所謂藍水碧可通者此也曰烏石門（入慈谿境）石壁對起十丈其間劣容數尺門之外爲水簾門之内爲石鼓（瀑布春石潭中其聲若鼓）曰抱子山（去治東南七十里）曰大韭小韭（俗謡爲大小皎）謝靈運

之所謂二非也曰簞溪以流中嘗得仙簞梅福曰四明四百
形勝各有區分中通一溪曰簞溪其溪自小嶺江南之山不至它山入江
與四明連屬者曰白山曰紫墩曰竹山白山象形蛇竹山多形龜與江北龍屬二山謂之四靈
其下曰竹山潭曰南黃山曰談家嶺曰許家山曰丁
山其爲人力所成者曰鱗山在治東三里天啓初運兩城瓦礫以堆之建文昌閣於上爲邑中水口已燬於火

水曰姚江導源太平山及菁山過斷溪初出爲菁江西流至於
上虞過明壩新河注之新河卽運河東迴北轉過曹墅橋牟山湖
諸水入之牟山湖諸水流爲長泠河過西橫河東南流過馬渚又南至曹墅入菁江又東名蕙江
過蘭墅橋出南分爲蘭墅江姚江又東過六浦橋出北分爲

後清江姚江又東穿兩城間過通濟橋又東至竹山潭蘭墅江進蘭墅橋東南流至龍舌清賢嶺以西諸水竪玉山之水皆來入之清賢嶺諸水北流至羅壁山又北過長豐橋又北至沈家閘與竪玉山之水合竪玉山之水北流過石婆橋又北至沈家閘兩水合流至龍舌蘭墅江又東南過戰場橋鴈嶺以南之水入之蘭墅江又東過橫涇橋溜水臺諸水谷家尖諸水皆來入之溜水臺諸水北流過第四保折而西至檀樹灣與谷家尖諸水合谷家尖諸水北流過隱鶴橋入檀樹灣二水合流至橫溪橋蘭墅江折而北出竹山橋復與姚江合後清江進六浦橋東北流過武勝橋汝佽湖以東諸鄉之水入之汝佽諸鄉之水南流過小里堰又南過盧方橋又南過太平橋分而爲二一出六浦橋入姚江一出武勝橋入後清江後清江又東經後橫潭燭溪游源諸水皆來入之燭溪之水東南流至雙河與游

源諸水合游源銀塘諸水出爲制河至雙河兩水合西南流過東橫河又西南過石堰又南過客星橋至後橫潭入後清江後清江又東附子黃山二湖以西諸鄉之水黃清堰之水低塘之水皆來入之附子黃山二湖之水南流過梁家堰又南過洪家橋又南過景家橋東南流至鮑家潭出史家灘入後清江黃清堰之水西南流過礶山堰又西南至潮堰低塘之水東南流過馮家閘又東南過湯家閘又東南至潮堰與黃清之水合流過宋堰橋又南過俞家橋至鮑家潭與附子黃山之水合後清江又東過福星橋折而南出黃山港至竹山潭復與姚江合穴湖諸山之水北來注之穴湖諸山之水南流出射龜橋至竹山潭入於江姚江又東過邵家渡桐下湖水入之又東折而西又折而東爲鹹池滙過姜家渡黃箭山之水入之又東過三江口黃竹浦俗名官埭浦元柳貫詩連延黃竹浦隱現白龍雅則貴竹浦古名也之水入之慈谿三十六嶴之水北流至乾溪又北至陸家埠名藍溪

又北名洋溪折而西過花門渡白鶴橋又北出黃竹浦入江橋水北流過化安山又北過剡湖纍東西分爲二流合於剡湖橋又北過南浦與藍溪會出黃竹浦又東過蜀山陸游入蜀記過楚中一山以爲極似餘姚蜀山又東過丈亭折而南過車廐此下入寧波其支水不詳載又東過西壩又北至定海蛟門入於海

北城內通潮者三一自後清橋東北入東水門南七十步折而東至東城址復折而南稍西至合寶巷口而止又南二十步折而西過金沙井衕可七十餘丈又南五十步折而西過公館後可六十餘丈又南一百五十步由小秘橋而南三十步分流東西西者不過數武東者可三十餘丈相傳名清風港南城西門外亦有名清風港者此則在民居中漸淤塞矣又自小秘橋而西過公館前

秘圖橋橋西側分流而南舊至城隍廟門外西受秘圖湖及縣署之水水由廟二門內東流入河今自廟北可三十丈許已佃爲民居僅留小溝通流驟雨則彌溢衢路又自秘圖橋西過桐江橋至新橋自小秘橋至新橋一帶名桐江葢取桐江一絲之義一自後清橋西北入西水門南五十步折而西過拗橋至閱武塲西城址昔此水西通外河中緣築城流遂絕有分流直北三十餘丈折而西可六十餘丈其西流者亦在民居中又南折而西入後新橋可六十餘丈又南過新橋合桐江之流昔東水門之水西流西水門之水東流合於一自秘圖山北麓今西流漸於多合於新橋矣舜江入南水門北過孫埭橋與東西二水門之流合於龍泉山東麓昔合於新橋南可二十餘丈今南河多居築[illegible]塞北水漸向南流矣

南城內通潮者六一自通濟橋西南入右達水門進大黃橋至呂文安公宅折而東一自右新水門進小黃橋過樹橋至南城址折而東一自戰場橋分流而北稍西進南明水門入於新河亦名秋風浦一自通濟橋東南入左通水門進石甃橋抵霝星橋南五十餘丈折而西經保慶廟直與右達水門之流會於呂文安公宅前又自保慶廟東分流南通新河過新河橋與右新水門及戰場橋南來之水俱會於南明水門內一自東泰門南下有演湖自姚江南來西入演過紫金橋而止昔此水西入霝星港今近西數十丈已坦然成衢亦不知塞於何時也一自東南九曲水由西天浦入巽水門盓淀而西經陳光祿勳園北會於霝星

港成弘以前此水自東南來直趨霝星港西入泮池嘉靖初港東南已塞不復入泮池矣後以城故復斷其流萬曆丁酉遂議開奭水門又霝星港潮舊直進泮池西至俞家池而止今淤

新修餘姚縣志卷之三終

# 新修餘姚縣志卷之四

安邑康如璉修菴纂

## 湖陂志

餘姚水利莫大於湖陂海堤湖以畜水之利堤以禦水之害湖經言有姚江以通灌溉之利其潮水所不及者從事於湖故近江之湖往往而廢不知一月不雨則鹹潮立至龍尾不鳴夏秋之交其為一月不雨者多矣專依江水凶年所以疊見也顧昔賢引漳鑿渭尚不難開其所無而今何不因所有而利導之乎

宋慶曆間餘姚縣令謝景初上言轉運日本治原有陂湖三

十一所竝係梟戶植利蔭田累有詔勅山澤陂湖不得占佃請射及無簿籍稽管奈今官司因循請託或受賂遺許令豪右請射作田以起納租稅爲名收作巳業廢奪民田蔭灌之利爲害不細乞爲轉奏勅下本屬明置簿籍稽管如違其所請人及所管官司重行朝典轉運司節如狀具奏皇祐元年奉旨送三司依所奏施行縣司遂帖取責令　植利人戶具拆本湖頃畝若干蔭田若干地形高下啟閉時刻依例置簿赴縣查對每年三月至七月植利人戶每湖輪差七人巡湖專管盜湖爲田如不覺察盜種一畝每人罰錢三百文每湖塘一里差人戶二名看管塘堤湫堰幷蔭溉湖塘樹木一月

一替於界首蓋小屋子克宿置簿遞相交割赴官簽驗如湫堰損鉄塘樹被盜等情不行申報據地分每人罰錢一貫仍具木碑一面出示謂之規繩皇祐間縣令王叙遂鏤板印給植利人戶名曰湖經嘉泰中縣令常褚元至元中州守汪文璟俱重刻明成化初紹興知府彭誼每湖各勘四至類附舊經之末而再刊之

湖曰傘山湖一名新湖在治西三十五里東山三都周五百頃二十三畝三角二十步東距獅子山西距上虞之鎮都橫塘南距姜山北距湖塘灌田二萬二千七百八十七頃放水土門三一在蘭風班兒村魏晟保餘並在方偉胡吉等保成化中俱改石閘歇水石湫一在胡吉保其水

道南流至於東山一都之横河減水閘又至於開原一都之風林堰水涇堰馬渚堰閘家堰甦家堰練子堰東南至于𤁪溪三都之丁眞堰沈家堰游源堰樊經堰菱池堰杜公堰東至于開原一都之盛涇堰長堰戴家堰小里堰東北至于孝義一都之横路堰小趙堰後樂堰夾尙堰大趙堰任堰大程堰小程堰陸家堰梁家堰大陡堰又至于雲柯一都之中滔堰小馮堰張伯堰矮黄堰陸埼界堰又至于孝義二都之祁家堰許家堰東堰何塍堰低仰堰以上諸堰上蔭本湖水下通湖汝西南至于蘭風三都之柯家堰與夏蓋湖分界堰上蔭夏蓋湖水堰下蔭本湖水西至于東山一都之湖球堰鄉心壩竹橋壩木篠壩諸鑒壩矮凳壩宋公壩上蔭余支湖水下蔭本湖水西北至于東山二都之楊水壩陸家莊堰張𨗦壩上蔭余支湖水下蔭本湖水北至于開原二都之諸水涇堰東蒲堰箬林堰何山堰吕安堰丘保堰上蔭汝仇湖水下蔭本湖水又至于孝義二都之徐堰張虎堰孫塘堰湖堰許家堰上蔭汝仇湖水下蔭本湖水諸堰壩皆永閉不啓

汝仇湖在治西北四十里東山一二三等都原計九百七十乙頃六十三畝三角三十步其西北一角撥塡臨山衛基壘塚

一千二百八畝八分五毫爲田給民耕種外今止九百五十九頃五十四畝南距山又距喻格堰孟家塘與余支湖界北距海隄灌田九千七百二十五頃放水土門六在東山二都之謝拱保陳秀保内者各一三都之陳梁保倪賢保内者各一是爲東土門三都之張滿保張翼保内者各一是爲西土門東土門之水東流至于孝義二都之林家堰湖堰孫塘堰張虎堰徐堰并減水閘一道上蔭本湖水下蔭牟山湖水又至于東山二都之董堰沙堰上蔭本湖水下蔭余支湖水西土門之水西流至于蘭風之練埭堰與千金湖水分界堰北塘下舊因臨山衛軍船取徑開通河港乃于練埭堰相對寨橋下作垛土强堰一條積水溉蔭春夏修築秋冬開放餘堰俱無啓閉洪武初既將西北一角撥補臨山衛基而其溉田如故用是水不給洪武二十七年耆民黃原敬上言乞築湖北海地爲湖以補給田之數則水可足乃下其議于浙江按察司于是副使楊名躬按視之乞如原敬言乃築新海湖周一千餘畝與汝仇湖北偏海隄接界土門一在湖之東南毋決汝仇先決海湖之水併于汝仇乃始決之是後請射繁與大妨水利訟

湖者累累不能決萬曆巳丑耆民楊全等控情三院檄府縣
勘覈于是邑侯欒君燁躬詣相度剗去佔佃者十之九居民
遂于湖東偏地名大湖門爲欒侯擇地建祠（邑人大司馬翁
大立爲之記）其畧曰濱汝仇湖而居者皆距宗虎踞海濱自
柎雄長耕牧漁樵並依湖爭利里豪意忌訟湖者累歲不脅
息賴督撫尙書胡公宗憲先爲邑令洞曉弊源檄邑令徐君
養相立碑垂後顧碑猶未立佔佃者如故一逢水潦恐妨私
田益決湖防而湖外之田及旱乾無救矣猶賴水利道陳公
擒渠魁數人斃杖下閧訟少衰顧湖防築矣增高倍薄之功
未施雖有湖防無益也塘埭設矣啓閉不關于縣官雖有厲
禁無益也徐胡何山三堰成矣撼以狂濤不甃以石無益也
佃價革矣追籽粒而遷延歲月不登循環無益也濱湖者不
觸禁矣城居勢家復佔湖以事壟斷雖有賢有司無益也語
曰天下攘攘皆爲利往利之所在即賢達士大夫寧免染指
哉萬曆巳丑九月耆民楊全輩控情三院並移分守參政王
公檄府縣勘覈于是縣令欒君躬詣湖堧集衆相度剗去湖
田二百六十畝有奇海湖地七百餘畝即追佃業者籽粒脩
築湖門甃石爲堤帖肴山巡檢往來偵察以申復院道而鏟
院韓公適以行部至檄縣樹碑以垂不朽授簡于予予考宋
史紹興間寶文閣待制李光上言明越之境皆有陂湖湖高

于田田又高于江旱則放湖水溉田澇則決田水由江入海故不爲災政和以來創爲應奉始廢湖爲田自是兩郡之民歲被災患如餘姚上虞兩邑自廢湖以來所得租課不過數千斛而所失民田常賦動以萬計遂先罷兩邑湖田今日之事甚類紹興李光之言似爲今日後賢留心民瘼者念之哉念之哉萬曆四十三年民謝伯盛等侵佔新海湖楊位等呈于撫按知縣董羽宸親勘盡剗湖田天啓五年奸民謝趨指新海湖爲天漲海湖以大工學田爲名共佃地一千五百畝零自此海湖與大湖分截潤澤不廣崇禎五年謝瑞復請佃知縣梁佳植禁之九年朝議開屯朱泰淳乘之遂上言汝仇等湖皆可屯田科臣王家彥阮震亨駁其不可奉旨大撤餘姚等處既開屯無利有害不准行十一年謝超具呈戶部請佃汝仇湖移咨浙江撫按署印饒若棨申其不便狀超百計營佃以犯衆怒遂至靈壇日折足縣民楊忠叩閽言湖必不可廢部覆是忠于是

佃湖之議始息

余支湖在治西北五十里東山一都周五百頃二十三畝三角二十步東西南三面距山北距踰隔塘孟家塘與汝仇湖

界灌田八千二百九十二頃舊土門七今土門三石閘二洪武
間廢陳贊保之施家門方旺保之破塘門而存孫兒雅保之
干山土門何瑯保之李家塘土門陳昶保之東北向土門其
馮明村陳贊保之嬰山土門余支村顧歆保之東土門則改
爲石閘東石閘及北向土門之水東灌于東山一都之宋公
堰姜家堰南灌于竹橋堰鄉心堰矮凳橋堰諸殷灘堰上蔭
本湖水下蔭牟山湖水北灌于東山二都之沙堰董堰上蔭
本湖水下蔭汝仇湖水東北灌于木篠堰陸家莊堰張健堰
上蔭本湖水下蔭牟山湖水西石閘及千山李家塘土門之
水西灌于兩灌注堰西北灌于楊湖堰並界于上虞縣西南
灌于蘭風三都之馬家堰南灌于二都之湖埭堰俱上蔭本
湖水下蔭牟山湖水西北灌于張公
堰界于上虞北灌于二都之顧堰

燭溪湖在治東北一十八里龍泉二都按舊經昔有人夜行迷失道見二人秉燭夾溪而行因得路遂名燭溪十道志昔有人入山昏暗四塞迷惑悲泣山中忽有雙燭照之故名又湖內有明堂溪一名明堂湖俗又呼爲澹水海周一百三十二頃八畝一角二十步東西南三

面距山惟東北一隅限以本湖之塘灌田一千一百七十五頃六十畝斗門二宋王保村陳瓊保內者爲湖東石斗門羅逸村朱從保內者爲湖西木斗門舊爲上門湍旱善敗宋慶元五年縣令施宿並作石閘本湖該梅川龍泉冶山燭溪四鄉六都地勢高低不等古規設置堰閘分爲上下二源其梅川二都計八里半梅川一都六里龍泉一都內二里龍泉二都內七里巳上俱屬上源東以匡堰爲界西以横河堰姚家堰小羊山堰張溝堰爲界北以羅樹橋閘爲界俱以東門之水灌之其龍泉一都內五里龍泉二都內二里俱屬下源東以上源西界爲界中有樣堰陳堰馬堰節水西以石堰西閘堰南湫堰爲界其燭溪一都六里沿山一帶雖接江潮灌蔭不過舊立焦家陡門每遇放湖後二日次開西閘堰引取湖水到彼溉蔭至茅山堰黃公堰止及冶山一都二里在南湫堰西有江浦相連亦與西閘堰同時放水灌蔭至方清堰止俱以西門之水灌之宋重和以前每決湖必並啓東西二門上原地高卬水難猝行而其所灌田多至九萬五千六十畝下原傾卑易流而江潮又日侵之其灌田則止二萬二千五百畝以故上原坐受旱災世與下原諸豪家爭宣和初縣令汪思溫乃改作湖西門隘之凡三尺又于

下原作樣堰陳堰馬堰及焦家斗門節水使毋下流而上源之水猶不應慶元五年縣令施宿乃令鑴廣東門石底凡三尺又決湖先決東門一日夜乃決西門於是水利適均下原人乃皆黨比盜決諸所節水堰閘放之于江故旱上原之田成化十三年湖溢西門壞復仍其改作潤思溫所築凡五尺上原人乃訟之于縣于府于司于臺久不決于是梅川胡禮上其事于廷其畧以爲定決水之先後作湖門之廣狹以均一方之水利此固昔人隨宜料理之深意然梅川之民不能日夜隄防于西門而龍泉之豪動相煽誘盜決于一旦則期雖有先後之殊門雖有廣狹之異而此湖之水終漏于下原此方之民終苦于上原是以歷世紛爭而不息也臣愚以爲莫如丈計二原之多寡築塘于湖而分其水則上原均蒙灌漑之利下原坐消盜決之奸利永民安殊爲至計上報曰可于是行浙江按察司聶治之副使文貴履湖檢田築塘分湖爲兩自梅塢湖航渡西山以東俱屬上原塘以西屬下原自是利均訟息嘉靖初湖塘復壞禮之孫東皋視事都察院復以言令有司率民脩之利今如故云湖邊人相傳有八景曰渼塘烟柳曰孤山雪梅曰顯沙聚鷺曰梅澳歸龍曰夾溪仙燭曰航渡漁舟曰白洋霽月曰翠屏晴嵐（明）倪懷敏遊燭湖〔詩序〕吾餘姚燭湖在邑治之東北萬山四環亘浸數十里爭

友孫君思穎諸昆弟隱居其傍與予有泛舟之約亦數年矣一日載酒俎邀予遊合童冠十有七人沿流歌咏歷航渡署賜池憇于楊氏精舍抵翠屏之寺而止解衣盤桓入座慶師方丈嵐霏襲衣爽氣砭骨凡諸洪陂列嶂爭獻奇怪無少與長皆陶陶焉湛湛焉其樂盍與蘭亭諸會同矣因取杜少陵丈八溝納凉詩分韻以賦屬予爲序詩不盡工今摘錄二首

〔孫樞得浪字〕平湖萬頃碧波漲發興携明遊恍瀁吾宗兄弟亦好奇挈榼提壺能饋餉短屐徐行泥活活楊柳陰中乘畫舫羣公相看總黑頭得意郫杯極疎放長風萬里掃輕雲數朶芙蓉列晴嶂中流擊楫奈爾何銀屋高低隨蕩漾招招舟子捷有神一篙直入荷花蕩白日亭午登招提遠近青山歷瞻望老禪相邀供茗椀也復開筵悅情況楊家果出珊瑚珠竹裏行厨送春釀座中賓客盡能文豈愁下筆供詩帳分題賦就日將曛再詠再歌成放浪

〔孫述得凉字〕殿閣薰風生爽氣燭湖旭日漾晴光探奇梅塢雙山屐覽勝蓮塘一野航有客帶經來泮水携朋載酒泛滄浪東林爭社知何在北海深樽樂未央艤棹遠尋松下寺鳴琴更坐竹間床禪僧出定談清況詩侶分題賦短章酩酊不知歸渡晚藕花風透葛衣凉

〔孫文恪公湖上詩〕湖上携樽坐翠微山芳冉冉襲人衣春來水漲桃花發社後風和燕子飛一艇斜維垂柳岸羣鷗閑傍

釣漁磯故鄉好景不知甑何用天涯毋憶歸

梅溪湖即燭溪湖航渡西南之一曲北與燭溪湖通有陡門今屬上原土人相傳本湖秋雨時有梅龍顧子湖水自北倒流而南入航渡橋波濤洶湧中高起一帶如脊常衝墮橋石一二塊亦大異也

黃山湖在治東北二十五里雲柯二都周一百三頃三十三畝一角二十步南西二面距山東界附子湖北至海塘灌田一百頃有奇低土湫大土門一砂堰一大土門之水東灌于雲柯二都之廣墅廟閘又至于柯莊堰堰西蔭本湖水堰東蔭附子湖水西灌于過佐橋至黃清堰昔黃清堰在栢山則堰上受新湖之水東有唐家堰與本湖相界及黃清堰徙于栢山之北則新湖之水盡灌于堰下故開唐家堰爲橋引本湖之水直抵堰上昔年亦有擅塞唐家堰不使本湖之水西流居民告縣開通乞今無故西南灌于丁宗宅角堰上港田土蔭本湖水下港閘

上蔭體子湖水西北灌于黃牛塘之北堰南灌于新湖溸塘北灌于海塘沙堰土門之水流至于砂堰下界閘而止上蔭本湖水下蔭

獨姥湖水

獨姥湖在治北四十里燭溪一都周四頃三十六畝二角四十步東南北三面距山西限本湖之塘灌田三十頃陡門一在湖之西南偏雲柯燭溪二都水道有低卬流注不均正統四年請于官改謝汝堰爲石閘分承福村邵應沈慶等保爲上原周班村王守禮徐照陳政王襲等保爲下原湖水出大河西流至于官路堰又至于俞庤宅角堰北流至于栢山堰南流至于謝汝堰閘下流入大河至于馮珍王孜等堰東流至于孫徐嚳山西流至於陳判堰南流至于普明院之前又至于半山堰共塘北山下王皓孫等田亦灌之共水道東南北三面皆極于山西至大河

新湖在治北四十里燭溪一都周四頃三畝一角二十步東南北三面距山西限本湖之塘灌田五頃舊土門東西各一今黃清堰旣徙于

北則本湖之水俱在堰之下矣故塞東土門開唐家堰引黃山湖水直抵堰上西土門之水與獨姥湖水共入大河東流至于謝汝堰西流至于官路堰既週次開檀林堰引水西至邵思宅角堰次開楊殷涇引水東至官路堰次至馮期宅角堰次開低墓堰引水南至馮家堰西至官路堰垂雲柯之地

烏戎湖在治東北二十里龍泉一都周三十四畝東西北三面距山南限本湖之塘灌田八十畝土門一洪武間改石閘其水東流至于西鵰堰西流至于黃陵堰南至于黃喜保北流沿于湖塘及沿山之田

千金湖在治西北六十里蘭風二都周一千畝有奇東南北三面距山西限本湖之塘灌田一千頃有奇土門三第一門之水灌蘭風二都第六保田至于南涇港口而止第二門之水灌蘭風一都七保八保田至于念畝橋壩顧打網壩而止第三門之水灌蘭風二都七保八保九保田至于練埭隔堰東北至高原省堰與汝仇湖分界

桐下湖在治東一十里通得一都周五百畝有奇東西北三面距山南限本湖之塘灌田二頃一十畝石斗門一在西湖塘北向其水東流盡于湖塘西流至于九壘山趾南迤沿河一帶至于大官路北至于戴家山趾塘東一小石洞

穴湖在治東一十里冶山一都夏侯曾先志云吳時有望氣者鑿斷此山爲湖故名穴湖水經穴湖之水沃其一鄉龜爲良疇周七頃四十五畝二角四十步東西南三面距山西限本湖之塘灌田三十頃陡門一在湖北葉小朱保內其水東流至于山西至于張郎閘朱郎閘南至于杜家堰北至于下庄橋土門

欒安湖在治西二十里雲樓一都周二十九頃十五畝二角西北距山東南限本湖之塘灌田一千二百畝土門三曰張家門其水灌于七里之㳺水田塍曰方家門灌于七里八里九里之郭家堰漾塘爲界曰陳家門灌于六里七里之郭家基邊

堰故有北大門一湖檐一古石湫一今皆不存

臧墅湖在治西三十里雲樓一都周八頃二十五畝二十五步西北距山東南限本湖之塘灌田四百畝土門一水道三處一至于駱駝橋一與樂安湖水接界一至于金家山趾直至大河邊朱墅湖水接界

蒲陽湖在治西南二十五里鳳亭二都周五百畝有奇東距山民田西距山南距山民田北距民田灌田一千五百畝有奇土門一其水東流至于皂角堰又至于九畝塍與鴨蕩湖分界西至夏家牛圈頭北至于崔郎廟南沿于本湖之塘

前溪湖在治西南一十七里鳳亭二都周二百畝東西俱距山南至河塘民田北界湖塘灌田一千畝有奇土門一在湖北偏

其水東至劉宜德堰堰東蔭莫家湖水西至蘭桐堰堰西蔭蒲陽湖水南至本湖塘北至雙峯堰及皂角堰

莫家湖在治西南一十五里鳳亭二都周三百畝東西距山南距民田山北界湖塘灌田一千畝有奇土門一其水東灌于徐孝墩嚴家漕極于山而止西灌于劉宜德堰堰西蔭前溪湖水南沿本湖之塘北灌于嚴家漕張善名門首

趙蘭湖在治西南一十七里鳳亭二都周五十畝有奇東西距山南距田北至湖塍灌田三百畝有奇湫缺三其水東灌于夏家牛圂頭以東蔭蒲陽湖水西至于湖界堆南至本湖塘北至丘諒家側

鴨蕩湖一名鴈湖在治西南二十里鳳亭二都周一百畝有奇東西南三面距山北距湖塍灌田三頃一十畝放水湫四曰西邊湫其水自袁山入住宅邊古規湫港灌入何家宅與蒲陽湖爲界曰山頭石湫其水灌于繆家墺至馮家嶺弁吳

兩橋與前溪湖爲界曰畢家湫其水灌于萬家漕曰西邊低湫其水灌于周巷水港西至九畝東塍與蒲陽湖爲界

上林湖在治東北六十里上林一二都周五十八頃五十畝一角一十七步東西南龜距山北限本湖之塘灌田一百七十頃石斗門一歃水湫一斗門在湖塘稍西凡三里其水道分上中下三原其上中二原東流至於馬堰又至于張伯奴堰又至于慈谿之界塘西流至于蔡慶門首之横路南至于山趾北至于海塘其下原東流至于白石堰西至于馬堰又至于張伯奴堰又至于界塘又至于張雪堰鄭强堰陳高堰南至於山趾北至於海塘其決水先過于上原次中原次下原按新舊湖經所載如此今湖水自斗門北行入于大河折而之東則至於白石堰北至于海塘折而之西則至於匡堰閘與燭溪湖之水分界北流經澗車橋入阜正港至於温家壩繞橋樹園岑章故宅止於海塘經所指馬堰張伯奴堰蔡慶門首横路皆莫跡其所又決水皆一次過于所灌之地絕不分爲上中下原新湖經或據舊經之文失稽正云

上墨湖在治東北七十里上林一都周三頃六十六畝二角四十步東西南三面距山北限海塘灌田二十五頃石門一其水東灌于蓮樹堰虎賁堰西灌于白石堰爲上原東至於慈谿之鳴鶴鄉洋浦河塘西至于張雪堰陳高堰北至於孫貴門首横塘爲中原東至于慈谿之鳴鶴鄉洋浦河塘西至于本湖下原人戶之田南至于横塘北至于海塘爲下原舊經決水以上中下爲先後

櫨湖在治西南一十八里通德二都周三十畝東至湖塍西距遮湖山南距倪扦園北距朱撫幹墳山灌田八十畝放水堰一東灌于世中寺田西至黄細兒田南盡于山北至于祝茂春田

東泉湖在治南一十五里雙鴈一都周二十三畝二角東至溪西至石埠南至田北至大路泉源流注瀦以爲湖冬夏不

淍灌田三千畝東流至于呂灌田西至戚謹宅田南至何細一宅北至沈奭田

西泉湖在治西南一十五里雙鴈二都周八畝三角東距田西距黃泥埭浦南距田北距官路其源自葉家潭涌出流于何家潭天井潭注于本湖湖之水涇一通王山橋浦畢家堰涇之內泥堰二蔭田三百八十六畝有奇東流至于張添五田西至向平自宅田南至羅壽車頭北至王山橋南低田

鯉子湖在治東北三十五里梅川一都周四頃六十三畝三角五十四步西南並距山東北並界湖塘灌田五頃有奇水門六曰顏與門曰褚林門曰周邑門曰江循門曰包定門曰劉與門其所灌地卑卬不倫近置黃家堰閘分上下原東流至于羅樹橋閘閘外蔭燭溪湖水西至于雲柯三都八堡界山南沿湖塘北界海塘

附子湖在治北三十里雲柯三都周一十六頃八十一畝一十步東距桐樹湖夾塘西距黃山湖長塘南距山北限湖塘灌田二十七頃一十九畝土門四在吳謙等保其水東灌于眉山閘西灌于廣豐閘又灌于柯庄堰南沿本湖之塘北盡海塘其飽家門原係石閘崩毀承灌之田輒被旱災植利人乃各用貲重置石閘瀦海地溝水遇澇啓閘泄水遇旱則仰給湖水蔭灌並湖田畝塘下有河嘉靖十七年鄒琛具奏開河闊二丈許杜塘滲漏水之弊至今賴之

勞家湖在治北三十五里雲柯三都周一十一畝西南北三面距山東限本湖之塘灌田四十畝有奇土門一其水東灌至于官路路東蔭鯉子湖水西南至于山北至于民地地北蔭鯉子湖水

泉水潭在治南少西一十五里鳳亭一都不盈二畝分流西

溉灌田四十餘頃

華清泉在治東北十里治山一都客星山南麓深廣不過尺尺而泉源不竭灌田三百餘畝二泉不以湖名然灌溉頗饒故併識此

冷水堰在通德三都其地不通潮河引堰水灌田七百餘畝相傳始于元祐洪武初龍水衝塌七年里人陸彥彬爲首派利植戶每畝銀二錢西岸沿山鑿溝五里許天啓五年慈邑爭水知縣祁逢吉斷如舊額

桐樹湖在治東北四十里龍泉一都周十一頃有奇宋慶元四年縣令施宿以高卬無水利將七百四十五畝作田布種每年課其稅入海隄倉爲築塘之費原存四百畝有奇今已盡廢爲田僅存一勺

松陽湖在治東南二十里通德三都濶七十畝東距湖塍西距河南距姚得諳田北距官路蔭田一頃九十畝洪武十九年丈量作田中餘小港一帶引湖車戽灌田

寺湖在治東北五十里梅川二都周八十三畝二十步明洪武十九年悉計畝科入以上三湖廢而未復

湖在上虞界中而分蔭餘姚者共有三所漁浦湖在治西北六十里上虞縣之永豐鄉亦名白馬湖按舊經引夏侯曾先志云驛亭埭南有漁浦湖深處可二丈漢周舉乘白馬遊而不出衆駭以爲神因稱白馬湖十道志云舜漁處也周一百一十五頃六十五畝二角三十六步東西南三面距山北限以塘與夏蓋湖界灌餘姚之東山蘭風開原三鄉及上虞之西潛

五保田一百二頃四十畝土門一在上虞縣三都之賞家保唐貞元中置湖門三所閉于北門置放水塘四百步今止存其一門每鈌水必先作夏蓋湖內橫瀾及上虞之潛瀆等港始開驛亭堰及賞家堤門行水灌東山蘭風開原等鄉沿流餘三十里

小樝湖在治西三十七里是湖本屬上虞而灌溉之利乃及於雲樓鄉者以水勢東傾而就下也周五十五頃一十畝一角四十步西與大樝湖分界東北限本湖之塘南距大官路灌田一十二頃土門五曰小穴湫其水灌于楊樹河頭曰東塘角湫灌枇杷山田二十四畝曰張年湫曰大湖門並灌于大江口壩之千家港曰丘頭湫灌于枇杷山之裏

夏蓋湖在治西北七十里上虞縣界中水經云西陵湖東有夏駕山亦名夏駕湖湖內三十六溝其水灌上虞之新興等五鄉之田而陳倉堰閘之水則灌餘姚之蘭風一都四保五保七保九保十保之

田一萬六千畝有奇其水道自本湖餘姚溝開起至抵界陳
倉閘放水灌蔭四保五保之水西南至西炎堰坐上虞之第
四都西至聚涇堰坐上虞之第五都南至棣樹堰湖門埭堰
東至桐樹堰張公堰何發減水閘又至于李鹽堰北至茹家
堰七保九保十保則與上虞之第五都聯溝共港車爭東至
李鹽堰北至繆家堰南至茹家堰上虞諸鄉放水六次餘姚
溝放水三次此皆古規二縣之人世守之其後上虞之豪陳
富之懷奸挾私不肯與吾姚同利乃謀廢葦往跡洪武六年
蘭風人胡𤎌輩訟之憲府憲府檄知府[illegible]及府判吳敬按
治悉復古規仍于本府及二縣之廳[illegible]倉閘各樹
一碑志其本末俾世世守毋改焉（紹興[illegible]）王儼爲之
記曰越之屬邑曰上虞去邑東北四十[illegible]夏蓋湖圖
一百里有宿相傳邑人捐田瀦水灌[illegible]姚
蘭風之田均穫以灌郡志所謂夏蓋湖[illegible]注上虞
縣新興等五鄉及餘姚蘭風鄉是也昔人作渠引水俱有定
規歷世既遠或廢湖爲田或復田爲湖變置不一舊規湮廢
虞邑之人曰湖水我土地所有于姚江乎何與故吝而弗與
姚江之人則曰水宜通利無往不達豈虞人所可專故爭而
不解自其情而論之虞邑之地高姚邑之地下水誠一洩勢
若建瓴虞邑將有旱暵之菑于茲水不得不靳蘭風他無所

瀦不得是水其田亦不能有成于茲水不得不爭向自前宋以迄于元訟無已時二邑之人既各嗜所欲而不通彼我之情長二邑者又往往各私其民而不能平此湖之訟此其爭之所以弗息也既版圖歸化姚江民胡炫輩白其事憲府憲府檄其郡守唐公鐸考其實相其宜以均其利于是移判府吳公敬親詣湖所會二邑之長與其耆老考索往誌尋求故跡咨詢輿論僉謂蘭風一都田為茹謙七九十保並與上虞接境素藉茲湖之水炫輩所言四五保田為畝者大千亦宜蔭以茲水餘皆去湖遠勢不相及彼有堰名陳倉攝于二邑之間作閘其上通水以蔭蘭風之田甃之以石閘之以版鑰之以鎖戒近民守之而上鑰于郡遇亢陽二邑同給鑰請陳倉集乃父老啓閘疏水適可而亟鎖之即上鑰焉庶杜過求之私遏相爭之患議定辭協于一郡守盡召其耆民集于庭親諭之者三言允情協乃復于憲府命二邑與作渠已而渠成且期不變所議也俾記其事而勒諸石其後永樂間上虞修邑志乃于本湖跋曰秋後三日于陳倉閘放水四個時辰每遇決湖其圩甲諸色人指此藉口不得應時放水灌溉百風一鄉之民重遭[illegible][illegible]復訴于[illegible][illegible]德初郡守陳公[illegible]乎[illegible]云波及蘭風古規可[illegible][illegible]邑所志雖患[illegible]潦適共[illegible][illegible]諸庶乎有利必[illegible][illegible][illegible]若或[illegible][illegible]

不斤地立辨虞人之奸決罰之復與餘姚均利云按建炎四年給事中山陰傅崧卿守鄉郡時餘姚陳槖上書曰古之設陂湖以備旱歲王仲嶷建請以爲田乃引鑑湖自然淤澱已成田陸爲說又有不妨民間水利之語其欺罔甚矣然佃戸占請之初各有畝數不敢侵冒當時湖之爲田者才十二三佃戸止於高卬處作埒未敢涸湖自便民田尚被其利但瀦水不如曩日之多故諸鄉之田歲歲有旱處比年以來冒占不已今則湖盡爲田矣以夏蓋湖推之諸處可以類見槖所知者止上虞餘姚其它四邑皆不可知新昌嵊縣無湖上虞餘姚所管陂湖三十餘所而夏蓋最大週圍一百五里自來蔭注上虞縣新興等五鄉及餘姚縣蘭風鄉此六鄉皆瀕海土平而水易泄田以畝計無慮數十萬惟藉一湖灌溉之利今既涸之爲田若雨不時降則拱手以視禾稼之焦枯耳其他諸湖所灌注皆不下數百頃在餘姚若汝仇牟山燭溪上林余支千金漁浦黄山樂安等湖所灌田動以數百頃植利人戸倚以爲命而乃盡奪之一遇旱暵非惟赤子饑餓僵踣道路而計司常賦虧失尤多雖盡得湖田租課十不補其三四又況毋遇旱歲湖田亦隨例申訴官中檢放與民田等耶見上虞丞言曽蒙上司差委相度湖田利害因點對靖康元年建炎元年湖田租課除檢放外兩年共納五千四百餘

石而民田緣失陂湖之利無處不旱兩年計檢放秋米二萬二千五百餘石只上虞一縣如此以此論之豈不較然民間所損又可見矣但當時以湖田租課歸御前與省計自分兩家雖得湖田百斛而民賦虧萬斛嬖倖之臣猶將曰此百斛者御前所得也不知湖田何以有此省計虧羨我何知哉今湖田租課既充經費則漕臺郡守固當計其得失之多寡而辨其利害夫公上之與民一體也有損于公有益于民猶當爲之況公私俱受其害可不思所以革之邪橐得之父老云本州之湖其自然可以爲田者唯有鑑湖高卬去處蓋不失水利兼與民田亦無相妨其它皆隨湖廣狹以定植利之頃畝尋常湖水平堤旱歲常憂不足愚意欲望執事斷以不疑除鑑湖外諸縣湖田悉罷之以便民誠不貲之利也紹興二年上虞令趙不摇言縣所管夏蓋湖爲田不便吏部侍郎李光奏一方利害無甚于湖田乞比較與湖爲田以來所失常賦孰多孰少自政和以來以湖爲田者乞復爲湖得旨張守具經久利害以聞限三日知越州張守言上虞縣夏蓋湖改爲田者一千三十一頃二十四畝餘姚縣汝仇等湖一十三所改爲田八十一頃四十九畝二年内暗失米四千二百三十六石八斗有零民間所失當復數倍復廢爲湖自此兩縣可望全熟委是經久有害無利奉旨依仍自三年正月爲始

按夏蓋湖從來不過以兩邑爭水爲利害近年海寧沙漲數十里海水從夏蓋衝入湖堤決於荷化蕩汎濫湖中杭江之水盡爲鹹鹵上虞餘姚慈谿鄞縣鎮海五縣之田不可下種沿江之民鑿土井以飲食其害甚大郡守李公鐸親至決口築堤數里民始得淡水而耕之其功過於湯紹恩之築三江閘矣

海隄　海在治北四十里東起上林西盡蘭風七鄉一十八都之地悉瀕于海水經云餘姚故城背海趙俶賦維會稽之東陲兮表姚丘之崇崇瀕海陬之垠堮兮壯有虞之支封海水北薄海鹽東逼定海之蛟門西過纂風亭入鱉子門逼於錢塘

江暑薄涼微天雨初霽海中有蜃氣夾雲而興倏忽變幻殊爲奇觀秋冬值風雨之候又時有海氛彌望蓊鬱商賈或泛海取捷謂之登潬宋燕肅曰潬者海中沙也錢塘海門之潬亘二百里登潬趨餘姚者一由錢塘江過鱉子門一由海鹽澉浦並至于東山之四門或收於懸泥山宋元時海舶並入梅川之陳家浦遇風恬浪靜瞬息可濟亦時有覆舟者海水南有斥地縱十數里橫亘八九十里其產魚鹽蟛蛤稻黍菽麥瓜蔬木綿蘆葦諸鄉細民生業其中然海壖鹵脆潮流溢決數十里之地爲海所漸寖入內地蕩民居害嘉穀前代苦之於是作隄禦海宋慶曆七年縣令謝景初自雲柯達於上林爲堤二萬八千尺其後有牛秘丞者又嘗爲石隄已乃潰決于是歲發六千人人役二

十日費緡錢萬有五千僅補罅隙民褻而害日甚慶元二年縣令施宿乃自上林而蘭風又爲隄四萬二千尺其中石堤五千七百尺歲令令丞簿尉分季臨視廟山三山寨官月各遣十兵與鄉豪邏察有缺敗輒治仍請于朝建海隄倉歲刮上林沙田及汝仇桐木等湖廢地總二千畝課其入備脩隄費（海隄倉及各湖廢地今無一存者）至寶慶及元大德以來復潰決海壖內移八鄉之地悉漸於海至正元年州判葉恒乃作石隄二萬一千二百十一尺下廣九十尺上半之高十有五尺故土堤及石堤缺敗者盡易以石蓋沿海壖之南東抵慈谿西接上虞袤一百四十里初名蓮花塘今俗呼爲後海塘宋時分東

西部自雲柯以東者號東部塘始築於景初謝景初董役詩五行相交陵海
水不潤下處處壞堤防白浪高於馬董衆完
築塞踐履率曠野使人安其生兹不羞民社其雲柯以西者
號西部塘西部之內曰謝家塘在治北四十里曰王家塘在治北四十一里
曰和尚塘在治北四十二里皆前人觀水勢底止因便宜分部築之
長短高下異形至築恒所築則因舊爲新包山限海綿亙爲
一無復部分明百餘年來所以無大害者多恒之功然民皆
習安利排海壖而居堤日削不完成化辛卯海溢民多溺死
正德壬申海又大溢溺死者無算於是始興人徒築之成化辛卯
知縣劉規主簿張勛董役正德壬申巡撫都御史
陶琰檄縣丞楊昌廷及崇德縣典史李溢董役堤僅完年
久又多毀缺每三秋值大汎潮天嘗連雨東北風張甚海鷗

咻咻夜鳴海鷗俗謂之大水鳥瀕海而居者多憂海溢隆慶己巳萬曆乙亥壬午復大溢農書云冬至後七日逢壬主海翻騰其言頗驗故海堤不可不謹也先是海塘未完築土隄于內地以防潮汐溢決其制隨地形上下散漫不一曰散塘今皆不治及海塘漸固潮漫郤沙壖日墳起可藝永樂初始於舊海塘之北築塘以遮斥地曰新塘以別於舊塘云已而沙壖益起海水北郤十里許其中俱可耕牧成化間水利僉事胡復于海口築塘以禦潮曰新禦潮塘自是斥地之利歲登而國家重鹽法亭民苦煮海天順間寧紹分司胡琳請以新塘至海口之地盡給於竈永爲鹽課根業毋令軍民侵漁之詔可乃

豪强罔利者告訐無已弘治初詔侍郎彭韶整理鹽法議非竈戶敢有侵地者每畝歲科銀八分謂之蕩價給竈補課而强豪愈益爭不解羣竈苦之其明年紹興府推官周進隆察民竈之情相地淺深於新塘之下築塘界之塘以南與軍民共利其北惟竈戶是業爭緣是得息因稱塘曰周塘今按沿海共七塘一大塘二新塘三周塘四夜塘五湖塘六二新潮塘七三新潮塘界牌離六七里岑原道曰自梅川以東其間四五里內並可爲田患在水泉寡不救然今塘南田者遇旱即夜穴塘引海溝水灌之誠令鈌古塘張斗門南北通水互灌可以兼利是塘北亦有水泉地稍不足則于並山頗高處引湖渠備旱如新海湖及海湖並取諸海地脩禦潮塘令高完于浦口多張木門春雨水溢決使入海秋冬築之以障潮汐如此則塘北之地漸爲沃壤畝可萬計畝收一鍾則北鄉民食可坐足矣其北偏不可

田者相其地形令水工準高下博議利害穿大河東注觀海西注臨山接于㴩浦令通轉輸免內河勞費利軍國通商旅其水又足以溉田又一勞永逸之大利也葉憲祖曰窃見禦潮塘北沙塗漸漲去海踔遠非若昔時石隄之下即鯨波巨浸也以故塘南一帶頗爲膏壤梅川上林宜禾稼地重孝義開源等鄉以木綿豆麥爲利樹藝既殊水利亦異滸山而東各于田下濬新河益深畜陂澤視爲已業滸山而西原有溝渠相通南北旱可互灌潦可洩水若木綿荳麥其利倍于嘉穀而水泉似可少緩因地制宜規畫已盡非復曩時比矣至古塘下穿河東西橫亘舟楫轉輸商民並受其利嘉靖乙卯倭舟泊海涯北鄉首受其獻邑令李伯生請于古塘下開新河以備倭東自觀海西達臨山相距百餘里闊二丈深一丈許路口各置柵門鄉兵巡邏守禦亦隱然有金湯之勢而患熄備弛豪強擅填塞以廣其私畝河之故道猶未盡沒也開之而用以溉田一利也潦雨接旬暴水忽漲水有所洩二利也便舟楫通轉輸三利也海上卒有警長河之阻足備非常四利也（宋王安石海隄記）自雲柯而西有隄二萬八千尺截然令海水之潮汐不得冐其旁田者知縣事謝君爲之也始隄之成謝君以書屬予記其成之始曰使來者有考焉得卒任完之以不隳謝君者陽夏人也字師原景初其名也其先

以文學稱天下而連世爲貴人至君遂以文學世其家其爲縣能不以材自負而忽其民之急方作隄時歲丁亥十一月也能親以身當風霜氛霧之毒以勉民作而除其蓄又能令其民翕然皆驩趨之而忘其役之勞遂不踰時以有成功其仁民之心效見于事如此亦可以已而猶自以爲未也又思有以告後之人令嗣續而完之以永其存善夫仁人長慮卻顧畜民之蓄如此其至其不可以無傳而後之君子考其傳而得其所以爲其亦不可以無思而興時予嘗以事至姚而君過予與予從容言天下事君曰道之闕大隱寄聖人之所獨鼓萬物以然而皆莫知其所以然者蓋有所難知也其治政教令施爲之詳凡與人共而尤丁寧以急者其易知較然者也通塗川治田乘爲之隄防溝澮渠川以禦水旱之災而興學校屬其民人相與集禮樂其中以化服之此其尤丁寧以急而較然易知者也今世吏者其愚也固不知所爲而其所謂能者務出奇爲聲威以驚世震俗至或盡其力以事刀筆簿書之間而已而反以爲古所謂丁寧以急者吾不暇以爲吾曾爲之而曾不足以爲之萬有一人爲之且不足以名于世而見謂材嘻其可嘆也夫爲天下國家且百年而勝殘去殺之效則猶未也其不出于當時予良以其言爲然既而聞君之爲縣其至則爲橋於江治學校以教養縣人之子弟

既而又有隄之役于是又信其言之行而不予欺也已爲之
書其隄事因并書其言終始而存之以告後之人慶曆八年
秋記後論海隄記餘姚爲紹興壯縣岸大海者八鄉分東西
二部綿地一百四十餘里舊有長堤蔽遮民田孝義龍泉雲
柯三鄉沙漲土高無風潮衝决之患開原東山蘭風梅川上
林五鄉間有缺壞實爲民憂慶曆七年縣令謝景初自雲柯
至于上林爲隄二萬八千尺王文公記之後百五十年爲慶
元二年縣令施君宿又自上林而蘭風爲堤四萬二千尺其
中石堤四所爲尺五千七百又其創建者也邑人求記于予
謝之曰令尹之功固佰諸前人前有文公之記何敢爲第二
碑請不已則曰文公之文不可及姑記其實則可爾余外祖
汪公思溫宣和中嘗爲是邑倚燭溪之湖建承宣之亭後伯
父琚從兄銖皆嘗爲之婦家王氏自尚書侯而下四世寓邑
中熟知海隄之爲害而近世猶甚大率歲起六千夫役二十
日計工一十二萬費緡錢萬有五千民力不堪曾不足支一
歲焉施君始至詢究利害得其要領選鄉豪公直強幹人所
信附者十五人分地而共圖之尉曹趙君伯威復協力佽助
務爲久計以蘇民瘼益在承平時提刑羅公適知縣秘書丞
牛君當伐石爲堤今計百年蕩在海塗乃按迹取之得其故
石創業二千七百尺用工二十萬三百六十而東部之田始

有薇障其西部之謝家塘王家塘和尚塘悉爲紹熙五年秋濤所決于是復度爲石堤三千尺鄉民趙明釋子行球董其役約費甚重縣不足供列于府監司提舉常平劉公誠之首助穀三百斛勉爲之凡所陳請率應如響通守王公介幹辦公事王君柄左右尤力令得展布而隄用告成其高一丈石厚一尺爲一層用石三萬尺縣出緡錢四千三百有奇縣之士大夫與其鄉人助工三百萬費尤未足也然則茲役亦甚重大矣思其重大而愼于守護縣之官分季臨眡廟山三山兩寨官月遣十兵巡之鄉豪仍伺察焉稍損缺卽白諸邑補治之復議剷上林游沙田二百三十畝及汝仇湖外之地六百八十三畝桐樹廢湖七百四十五畝凡爲田一千六十八畝又將盜求賣土以足二千畝之數築倉于縣酒務之西儲其歲入以備修隄之用歲省重費民遂息肩而劉公復請諸朝乞以其田準常平法一毋他用仍禁官民户之請天子輒報可吏民祇拜明命刻之堅珉竊惟令之宰劇縣者簿書期會日不暇給如水利之政迺了目前姑以辦聞其至誠愛民而才智足以行之如施君者幾何人哉君湖之長興人司諫之子司諫用不盡其才君能世其家其治縣百廢具舉銖積寸纍以成是役中間易地之行咸恐敗于垂成及其來歸爲之愈力百年之害一日以除夫天下之事害不極則利不興

今民困已甚令以深長之思而與民庸賢部使建白甚明而
聖明勤恤民隱遂濟登茲若有數然庸作爲詩章使後人歌
以守之俾勿壞其詩曰舜江之爲邑兮處越之封八鄉瀕海
兮水浴日而吞空古有長隄兮庸蔽遮乎一同人力有限兮
海濤之來無窮濤來如山兮駕以颶風堤遂缺壞兮葺不可
障而泥不可封民將爲魚兮良田墊于馮夷之宮歲歲勞費
兮民告以鞠凶萬五千之緡錢兮十二萬之民工惟令之賢
而才兮有尉曹之和衷築土系石兮折彼巨之衝矗如長城
兮繚海南之西東部使者主之于上兮飛章徹于九重仰明
聖之憫矜兮朝奏而暮惟民欲之從墾田倍于千畝兮藏其
收于廩中禁豪右之侵漁兮惟脩堤之是供化斥鹵兮士膏
隆隆變歉歲兮爲年之豐良耜爰畟兮多稼芃芃養之積之
兮將櫛比而墉崇惟後人之勉勉兮用心以公視此隄之缺
兮謹顧顧而彌縫念經始之艱難兮尚圖功于厥終樓鑰海
堤後記景初治堤凡二萬八千尺王文公記之厥後增築視
舊倍蓰堤或罅弊不堅受潮之齧隳摧頹圮甚則蕩析民田
漂沒廬舍于是歲役夫六千人人役二十日率于農隙脩築
吏或苟且董治不堅役罷堤壞徒耗財力慶元二年令施宿
始因歲役革具就實既竣事則圖所以永其存蓋東之爲雲
柯梅川上林在承平時嘗有牛秘丞斲石爲堤歲久堤移石

亦湮沒命工求之於淖乃具得之爰相舊規畢力疊纍既壯東偏矣西之爲蘭風東山特當濤勢衝突徒恃土隄俱不能久則又計工採石鼎新改築蓋爲費者八千緡而西偏石隄復立焉深惟厥終俾民蠲役經營海塗開墾曠土總之得田千六百畝有奇乃建海隄倉用其租入隨時補葺力不下困隄亦固完自是歲省民夫千有二萬提舉常平劉誠之以事請于上報可而顯謨閣學士樓鑰爲之記元陳旅海隄記餘姚北枕大海其地曰蘭風東山開原孝義雲柯梅川上林者皆潮汐之所爭也當宋爲縣時慶曆七年知縣事謝景初自雲柯至上林爲隄二萬八千尺慶元二年知縣事施宿自上林至蘭風爲隄四萬二千餘尺中石隄四計五千七百尺餘盡累土耳施令以土累者易敗當每歲勤民糜財乃請于其上之人置隄田二千畝以得于田者時其敗而治之而寶慶中民淪于海者殆百家土隄雖僅治不足恃也皇元陞餘姚爲州州視縣得展其所爲然未有能除民所甚病者蓋海塥自寶慶內移六德以來復益衝潰今塥去舊涯之墊海中者十有六里歲揵木籠竹納土石潮輒齧去之謝家塘南爲汝仇湖大將千頃餘支湖連之其大強半州西北田悉受灌注海旣迫湖奪爲廣斥而潮勢卬于平地鹹流入港遂達內江田失美溉故連歲弗獲而殫民力㬱農工與風濤抗而卒不

漸益四十年矣及元至元之四年四月方成隄六月復大壞紹興路總管府檄委州判葉君恒治之君視壞堤自開原至蘭風見凡土爲者皆闕惡愀然曰是則爲民甿也有窮已乎遂與其鄉老人議爲石隄宜則又曰攻石費鉅出錢大農當煩文書遲歲月比得請州其沼矣若等能與我共爲之乎今費雖鉅常歲之費則省而若與子孫奠居無虞也聞者咸曰民志則然白于府府亦聽民所爲于是有田者願計畝出粟或輸其直以力至者亦喜于服役君屬民高年者與正于里者嘗出納以塗作又請于府免民他科徭以悉力是役宣閫亦下書毋以他事使葉判官輒去州君先使人浚河渠復廢防畜湖水伐石于山以舟致之分衆作爲十有五所所有程督君往來蒞之其法布杙爲趾前後叅錯杙長八尺盡入土中當其前行陷寢木以承側石石與杙平乃以大石衡縱積疊而厚密其表隄上側置衡石若比櫛然又以碎石傅其裏而加土築之隄高下視海地淺深深則丈餘淺則餘七尺長則爲尺二萬一千二百十又一也其中舊石塘之危且闕者亦皆治完之至正元年二月癸亥成是役也用民之力而民不知其勞賦民之粟而民不知以爲費往往喜而言曰餘姚自今其有州乎吾歲歲困于禦海自今其遂休乎因運石以治川澤遂得沃吾田浮吾舟乎州士楊璞以教官謁選京師

致其長老之言以求記葉君鄞人字敬常國子生釋褐授是官在成均時余忝師屬最相親能深知之天下之事葢未有不可爲者不知所以爲又使人得以其私欲而撓之是以爲之而難成也敬常清謹而詳練清謹則守嚴詳練則慮周慮周而守嚴則得其所以爲又無有能撓之者故于人所難成者而能成之餘姚自前代至今豈無用意于是隄者而其迹泯矣數百年之久惟謝施二令與敬常之功稱焉而敬常所爲視二令葢尤倍也則求世之能爲如敬常者豈不亦甚少哉余故著其所以能者爲世道也敬常到州當大火後能莅其長舉百廢作譙門製刻漏起舜江樓新捕盜司廨倉廒至申禁令興教化鋤奸抑強以保寧善良事多可紀者而隄則其大云至正二年三月望日記〔王沂海隄記畧〕餘姚濱海之田歲墊潮汐判官葉君恒作石隄以捍之爲尺二萬一千二百十有一既告成而他土隄之差可緩而未甃以石者則所未暇也時宋公文瓚守紹興嘉葉君之功而恤其將代請浙江行省丞相及部使者俾得終其役而葉君謝事矣未幾完者都來代宋公因督完者都成之繼宋公之後者爲泰不華公其督成是役亦竊究心焉乃又作石隄三千一十有四尺總爲尺二萬四千二百二十有五自是以往民不病海而歲入倍他壤葉君之功于是乎大矣事有可繼君子繼之不必

其舉于巳若完者都豈非善繼者乎然則變因循以就功效偉績展其才濟其志亦宋公泰不華公有以成之也然則交之際舉其不繫乎人哉（汪文璟海塘記）曩余佐治是州每歎二三月鳩人夫聳木石以脩海隄民苦之余盍從事于是亦不過脩舊趨急以紓目前未有以大慰于民也今二十年自翰林復來是役之不復講也數年矣小民晏然得及時以勤業爲吏者無往來督責之勞葉君石堤之功于是里談家誦樹祠刻石而不能自巳也嗚呼是可謂有功于州民者矣父老爲余言石隄既成昔之衝齧墊溺之處沙塗遂壅亢葦叢生綿亘數十百里若有天助然亦異矣余既嘉葉君之功又自愧其不能及日與判官楊君及州之民巡行堤上視損缺罅漏者補而築之而立石州門之左以示來者庶幾久而不壞焉至正七年三月十五日記

閘

在雲樓鄉之一都者曰運河新閘大江口壩上運河十八里其塘起自塘上至慶源橋僅百丈而內障河水外捍江濤閘則備旱岸水以資溉浸然堧而善圮河水立涸豈惟病旅且

以病農明萬曆丙申里人陳太宰有年周憲副思宸白於分守道吳獻台檄下衆議將壩夫新認役銀并鹽埠共計緡錢百二十千爲椿石費半載而工告成迺立石壩上周憲副爲文以紀其事在通德鄉之三都者曰李家閘宋建隆三年建今廢已久二石柱尚存緣溪流遷徙不常不敢議再建曰周家埠閘節剡湖之水緩注于江旱時極爲有益在龍泉鄉之一都者曰石堰閘西南受姚江之潮灌於龍泉諸鄉其東受横河游涇之水行之於江實餘姚東北方水道咽喉而其水門窄隘潮水無大出入司閘者射商舟之利縱閉不時旱澇無所於救曰南湫閘節燭溪湖下原之水使不下傾於江曰

東橫河閘節燭溪上原之水使不傾於下原在梅川鄉之二都者曰匡堰閘節游涇及上林湖之水水門亦頗隘不能洩游源諸澗暴水曰水窖閘今廢在上林鄉之一都者曰白石堰閘節上林上墺二湖之水在二都者曰雙河閘曰洋浦閘今廢東界于慈谿之鳴鶴鄉水自上林西南行六十里經四堰四閘始達于江東注鳴鶴地卑易流不十五里已達于海唐景隆元年乃剏二閘於漾塘之南曰雙河北曰洋浦洩上林暴水宋乾道九年開慶元年元天曆間皆脩治之以故上林嵩鄉寡水患明永樂初西廢上林之岑家埭宋時嘗置此埭以絶梅川游涇之水東廢鳴鶴之黃泥埭置松浦閘水東行益利而慈之豪

猾者故欲塞雙河閘輒下土石以射鹽夫負販之利每霖雨
水暴至盡淹上林諸鄉禾稼廬舍正德十一年里人毛鳳何
明孫俊始白其事於御史臺慈人忿爭之積歲不解更延按
御史成英劉廷簠檄台郡守顧璘杭郡同知丁儀臨治之於
是觀地形考便宜咸謂雙河置閘有利餘姚無妨慈谿乃匯
唐宋以來之蹟復爲石閘餘姚人世守之且與慈谿併力疏
浚洋浦使永無塡淤反壞之害然累年爭且未息在慈人則
曰雙河原有破山洋浦二閘洩水入海卽今洋浦已漲爲桑
田高亘一二十里倘議開浚非萬人之力不可慈人肯併力
而均徭乎吾有以知其不能也則雙河之水將安歸哉見上

林地高鳴鶴地低貪負販之小利強鄰壞以必不可受之害非計之得矣在燭溪鄉之三都者曰礶山閘南通江潮直至黃清堰北受燭姥湖及新湖之水春夏閉以利農秋冬開以出商而市猾故爲築塞恣其需索商民兩病萬曆二十七年居民嚴史澤等呈縣遂立石示誡然此弊蓋不特礶山一閘爲然也

梅川鄉二都徐家塔之東北曰勾元閘係徐氏新建下截勝山後不測之鹹潮不入於田畝上滙勝山前之蓄潴平流悉奔注於閘以佐湖水之不及里人徐岳徐嚚捐貲倡助地方咸頼之

陡門在燭溪鄉曰菁江陡門在梅川鄉曰廟山陡門在治山鄉曰諸郎陡門曰孫家陡門在鳳亭鄉曰黃莊陡門在雲柯鄉曰背山陡門在雲樓鄉曰橫河陡門在上林鄉曰孫家陡門曰焦家陡門曰孟家陡門在孝義鄉曰仁風陡門在龍泉鄉曰沙河陡門

壩曰大江口壩亦名下新壩在治西南三十五里雲樓鄉左江右河河高於江丈有五尺明越舟航往來所必經然壩高舟難猝上又候夜潮乃行率夜半始羣至壩下至則各登涯爭先縋纜毋相持或竟夜不運一舟遇雨雪衣服濡濕饑寒傴縮股慄不禁多釀爭端議者曰下江船不分晝夜隨潮行至

壩下上河別易小船以行則行旅無所疾苦而爭端息矣

新修餘姚縣志卷之四終

新修餘姚縣志卷之五

安邑康如璉修菴纂

## 災祥志

志之志災祥猶史之志五行也然邑之所重在水旱札瘥水旱札瘥不能必其無苟有以備之則不足以爲災是以卦之吉凶也占者有德以勝之則凶可爲吉無德以當之則吉可爲凶其理同也是在循良撫摩善於挽回天心耳

晉太康四年夏螟化鼠食稻建興元年冬十一月戊午己巳庚午大雨雷電民多震死大興四年秋七月大雨饑太寧二年虞潭率鄉勇以討王含沈充咸和九年三月丁酉地震咸

康元年至三年連歲旱餘姚特甚米斗直五百人有相噉者

隆安三年孫恩來寇謝琰劉牢之討之琰爲所敗死之四年

十月寧朔將軍高雅之及孫恩戰於餘姚敗績劉牢之擊之

入海

唐開元十七年八月大水大曆二年水災元和元年大疫十

二年水災太和二年大風海溢四年五年皆大水害稼開成

四年旱咸通元年剡賊裘甫自稱天下都知兵馬使改元羅

平三月癸酉自上虞入餘姚殺丞尉六月觀察使王式討甫

擒之甫從賊劉從簡率壯士五百奔至大蘭山據險自守七

月丁巳諸將共攻破之從簡走台州爲其下所殺餘姚民余

澤專魚鹽之利冒名至縣令豪縱州不能制式曰甫竊發不足畏若澤乃巨猾也竊治其奸榜死十一年有大鳥四目三足鳴於山林其聲曰羅平乾寧三年三月錢鏐攻餘姚降之天祐元年大雪舊志於唐止載錢鏐一事如裘甫事在通鑑亦不及何也

宋天禧元年蝗明道二年八月大水漂没民舍七年七月大風雨海溢溺民害稼大饑景祐四年八月大水嘉祐六年七月淫雨爲災熙寧八年旱元祐八年海風駕潮害民田元符二年十月朔江河水溢高丈餘有聲數日乃止宣和二年方臘從賊來寇越帥劉述古敗之於南門橋六年水災建炎三年五月蝗纍至害稼六月縣治雨血沾衣秋民驚竄徙村落

十二月高宗駐蹕邑中按李正民航海記車駕以十一月二十八日離越十二月五日至明州則駐蹕餘姚當在二三兩日也舊志云車駕駐邑金兵尾之縣令李頴士把隘官陳彥張疑兵禦之而後帝如明州非也金兵至姚在帝如明州之後旋幸明州金兵至姚把隘官陳彥屢獲首級十五日再攻餘姚破之火其廬舍令丞皆奔節級周珉殺縣武尉屠其家四年二月金兵始出境令丞歸視事斬珉舊志有四月既望帝自明如姚非蓋帝從海道入溫州以至越州未嘗再過姚也紹興元年大饑疫二年薦饑六年饑五年旱九年十年薦饑斗米千錢人食草木十八年七月大水害稼十九年大饑二十四年旱二十七年大水二十八年大風水二十九年螟薦饑三十年秋旱隆興元年八月大風水饑乾道元年寒敗首種損蠶麥大饑大疫三年

淫雨淳熙元年秋大旱三年八月淫雨四年九月丁酉戊[illegible]
大風雨駕海濤敗海隄二千五百六十餘丈溺死四十餘人
七年夏大旱八年五月大雨水漂没民舍大饑蠲田賦身丁
錢九年又饑十四年旱紹熙四年四月霖雨至于五月壞圩
田害蠶麥蔬稑大饑五年七月乙亥大風駕海濤壞堤傷稼
慶元元年無麥二年大水四年六月霖雨至于八月嘉泰二
年蝗四年旱開禧元年旱嘉定二年夏大水壞田廬害稼穡
三年螟六年十二月風潮壞海隄亙八鄉九年大水十五年
霖雨爲災寶慶二年秋大風海溢溺居民百十家嘉熙四年
旱饑淳祐二年大水三年八月蝗景定二年水咸淳七年五

月大風壞民居八年八月大水十年四月大風拔木德祐二年正月承宣使張世傑師至焚邑廟學俱燬三月復至軍大掠

元大德五年海溢六年五月不雨至於六月七年海溢十一年大旱饑疫至大三年七月大雨水害稼至元二年文廟火四年六月海溢至正十二年夏旱十八年方國珍據邑有之十九年夏旱九月戊午方氏築城二十年夏旱兵時國珍侵據紹興屬縣已有上虞而院判邁里古思遣部將黃中取上虞來攻餘姚方氏悉力禦之中還將益兵古思爲拜住哥所害中復讐因拜住哥紹興遂爲張士誠所有以上虞爲界餘姚仍屬方國珍二十三年夏旱饑二十四年湯和征方國珍自紹興渡曹娥江進攻餘姚降其知州李

畬舊志作李楣此據實錄書

明正統七年秋海溢十二年蝗八月海鰌暴於塗長千丈割其肉餘萬斤潮至復去景泰五年十二月至二月大雪害麥七年夏旱饑天順元年大旱饑二年三年旱厲饑五年夏旱蝗八年七月海溢九年雙雁鄉洪水壞田廬八月海溢十二年七月大雨水害稼沒石堰塲官鹽數十萬引成化七年九月海溢溺男女七百餘口大饑穜稑幾絕十七年十八年十九年皆大水饑二十三年秋大旱饑人化爲虎七修類稿云成化間餘姚通德里有王三者每夜出曉還其子跡之已變爲虎而足尚未全自後遂不復還弘治元年大饑二年饑四年饑七年七月海溢十月至十二月不雨八年正月

至二月不雨十一年六月平地水湧高三四尺饑十二年春
不雨冬大寒姚江冰合十三年三月至五月不雨江南火焚
三千餘家傷一百八人流火過江北焚二百餘家十四年秋
旱蝗大饑十五年無麥七月大雷電海溢十八年九月地震
鷄雉皆鳴哅有妖民驚衆晝夜禦之踰月乃息正德元年夏
旱饑三年夏旱大饑四年七月大水十一月大冰害豆麥橘
柚五年大水饑六年八月虎入治城巡撿高寧射殺之七年
七月大水海溢山崩隄决漂没廬舍人畜夜燐火被海有兵
甲聲大饑十年春雨雹傷麥殺禽鳥夏上林鄉地出血冬大
水無麥大饑斗米直銀一錢三分十二年四月地震螟害麥

十二月至閏十二月大雪十三年秋海溢十四年夏旱饑大海溢訛言鷄䲧盡殺之十五年夏旱大饑嘉靖元年夏龍見於附子湖壞舍拔木秋龍見於孝義鄉二年夏旱饑日本入貢道出餘姚同類相攻殺民兵十餘人三年蝗大饑四年夏旱疫六年春夏大水[illegible]海溢大饑[illegible]蝗害麥蝗害稼十年八月大水十二年十三年薦饑十八年旱十九年夏蝗禳之即散秋大水二十三年旱二十四年大旱斗米直銀二錢二十五年海溢二十六年陳氏一鷄生三掌見留青日札二十八年雨血於梅川徐珮家庭中盡赤二十九年疫三十一年旱李樹生瓜三十二年倭自勝山港登陸掠第四門攻臨山衛城

陷之三十三年倭大掠梅川上林龍泉諸鄉三十四年倭至近郊斷黃山後淸橋以禦之不得薄城而去其冬自奉化至四明山之斤嶺居民被禍甚慘太學生謝志望與戰死之參將盧鏜追之戰於梁衕倭盡焚其廬舍以去三十五年倭掠樂安湖乘夜至城下門啓將入有大呼寇至者始閉門拒之尋亦引去三十七年訛言有妖徹夜禦之月餘乃息三十八年三十九年皆旱四十年秋澇四十三年夏大旱隆慶三年颶風海嘯漂沒人畜無算萬曆元年旱三年海嘯壞廬舍四年虎亂七年旱九年冬東門外居民蔣氏地出血十年旱十四年地震十五年春有虎從水門入城十五年秋淫雨冬大

風折木十六年春大饑嫠雁民殺子而食夏旱十七年大旱
七月地震十八年十九年薦饑二十一年旱二十三年春雪
彌月不霽二十六年旱二十九年訛言倭至冬多虎天啓七
年七月大水崇禎元年七月二十三日海溢漂沒廬舍人畜
無算七年八月大水八年地震十三年文廟柏樹見雀鬥十
四年正月雨雪不止六月蝗大饑十七年旱
大清順治三年餘姚內附城隍廟火四年甘露降於化安山松
樹五年四月雨雹十一年十二月大寒江木皆冰十五年七
月大風十八年大旱饑康熙二年六月大風潮三年八月大
水四年五年螟薦饑七年六月地震生白毛九年六月大風

害稼二十八年北鄉胡氏牛產麒麟二十九年七月八月大
風雨山山出蛟崩決湧紅水者千計平地水高丈餘漂溺民
居無算禾稼無子粒大饑冬大寒江水皆凍三十年有年一
康熙二十九年水災捐米賑濟列後

總督部院輿　捐米貳百伍十石
巡撫都察院張　捐米貳百伍十石
布政司馬　捐米叁千石
塩法道任　捐米陸百伍十石
本府李　捐米壹萬貳千石
本縣康　捐米叁百石

訓導方　捐米拾石

蔣錫祉捐米壹千石　徐之煌捐米伍百石

徐世傑捐米肆百石　蔣　珍捐米肆百石

景王祐捐米肆百石　高選之捐米肆百石

高青陽捐米肆百石　徐景濤捐米叁百石

謝楚玉捐米貳百伍十石　聞人其昌捐米貳百石

聞人鎮捐米貳百石　蔣　芳捐米貳百石

聞人伊捐米貳百石　謝　理捐米壹百捌十石

陳益生捐米壹百伍十石　陸時成捐米壹百拾石

施　進捐米壹百石　楊圭章捐米壹百石

朱子範捐米壹百石　魯五聚捐米壹百石

姜芳侯捐米壹百石　徐　燭捐米壹百石

張本信捐米壹百石

壹百石以下不及徧載

新修餘姚縣志卷之五終

# 新修餘姚縣志卷之六

安邑康如璉修菴纂

## 食貨志

在昔餘姚之賦比之三吳似稍輕然田土斥鹵所出不能償其所勞故多貧而無積聚即歲遇豐穰亦必出而就食四方一遭水旱則亟入幾何而爲吏者緩之謂拙於催科急之又傷於撫字葢駸駸有兩難之勢焉

### 戶口

晉太康志餘姚戶三千七百伍十

宋　大中祥符四年戶二萬一千六百有三丁四萬一千九百一十有三　嘉泰元年戶三萬八百八十有三丁三萬二千

一百四十有五不成丁一萬二百三十有四

元至元二十七年戶四萬三千八百四十有七口二十四萬二千六百九十有一丁未戊申饑疫耗戶二萬一千四百四十有七

明洪武二十四年戶五萬一千一百八十有八口二十萬陸千五十有四　永樂十年戶五萬五千三百九十有二口一十八萬二千三百四十有九　弘治五年戶四萬一千四百一十有九口一十萬五千一百三十有二　弘治十五年戶四萬一千八百三十有五口一十五萬四千七百四十有七正德七年戶四萬一千八百四十有一口一十五萬六千五

百二十有四舊志曰是年春籍民數其秋海溢民溺死以萬計後十年宄損折矣乃戶口反增於七年其僞妄相加檢覈失眞至此　嘉靖二年戶四萬一千八百四十有八口一十五萬八千三百六十有四男子一十一萬二千五百八十八口婦女四萬伍千七百七十六口　嘉靖四十二年知縣周鳴塤覆實成丁男子伍萬玖千捌百壹拾柒丁　萬曆二十五年知縣馬從龍申飭條鞭覈丁炤額鄉民伍萬叄千捌百肆拾叄口每口科本色米壹合肆勺叄抄捌撮柒圭貳粒伍黍柒粞肆粃折色雜辦民壯均徭等項銀共壹錢壹分壹釐肆毫叄絲玖忽捌微壹釐肆渺捌漠陸埃捌沙　隅民伍千玖百柒拾肆口每口科折色雜辦民壯均徭等項銀共壹錢叄釐貳毫伍絲壹微捌釐玖渺伍漠伍埃伍纖玖沙　鄉宦舉監生員吏承農民竈戶等項每丁例免雜辦民壯均徭銀玖分柒釐柒毫叄絲壹忽叄微陸渺壹漠伍埃貳纖陸沙

大清康熙五年原額市民人口陸千貳百玖拾今清出壹丁鄉

民人口伍萬叁千伍百貳拾柒口今清出壹丁共伍萬玖千捌百壹拾玖丁口

田賦宋紹興十六年墾田伍拾陸萬壹百壹拾肆畝貳角壹拾叁步淳祐四年田伍拾肆萬柒百玖拾畝貳拾陸步有奇咸淳四年田伍拾伍萬玖百貳拾叁畝壹拾伍步有奇地壹拾肆萬肆千叁百柒畝叁角肆拾步有奇山肆拾貳萬伍千叁百捌拾肆畝叁角有奇其夏稅絹壹萬貳千肆百貳拾貳疋壹丈柒尺有奇紬玖百柒拾疋叁丈伍尺有奇綿伍萬陸千貳百肆拾叁兩柒錢捌分有奇秋糧苗米額管叁萬貳千伍百柒拾伍石伍斗有奇坍江海移捺海塘等米玖百叁石

伍斗有奇職田米壹千捌拾伍石肆斗柒升折變帛錢叁萬伍千伍百柒拾陸貫陸百伍文折紬綿伍千柒百玖拾柒兩折稅絹麥壹千陸百肆拾伍石柒斗玖升折苗糯米叁千叁百叁拾捌石捌升

〔元〕至元二十七年田伍拾伍萬玖百貳拾叁畝壹拾捌步有奇地壹拾萬肆千貳百柒畝貳角伍拾壹步有奇山肆拾貳萬伍千叁百捌拾肆畝壹角肆拾步有奇〔經界圖記〕周官司徒之職設載師掌任土之法縣師掌邦國都鄙稍甸郊里之地域均人掌力政至於遂人則以土地之圖經田野所以爲其民計者至深且遠自秦壞先王之法阡陌既開而天下不可得而治矣故孟子之論仁政必自經界始元有天下四方之賦各因其舊至於治野之說有不暇詳延祐初下經理之令而郡縣並緣以厲民至有弄兵於草間者上下憂之遂不克竟至正二年禮

部侍郎泰不華公出守紹興思有以均其賦役謀於同僚亦
皆曰然迺以餘姚州田賦未均屬同知州事劉侯顒其事初
大德四年是州常覈實田稅繼而籍燬于火執事於鄉里者
往往增虧田畝之數變亂賦稅之實於是富而強者享其利
而安處貧且弱者罄其家而無告積弊蝟興莫此爲甚侯受
檄已來出宿公宇日一還問大夫人起居而已晝夜悉心鬚
髮爲白田壹區印署盈尺之紙以與田主謂之烏有凡肆拾
陸萬餘枚田後易主有質劑無烏由不信也州民常以其所
有田詭戶名至是思有奪之者乃自陳繼是自陳者萬人或
舊無糧今自寔多至五百畝者至於消積久之爭者柒千餘
事侯開諭之無不感悟父子兄弟復還其天者盖多有焉其
站戶田迷而復歸者壹萬柒千貳百貳拾餘畝俾得田之家
助其役其畫田之形計其多寡以定其賦謂之流水不越之
簿其所畫圖謂之魚鱗挨次之圖其各都田畝則又所謂兠
簿者焉至於列其等第以備差役則又所謂鼠尾册者焉計
其凡陸千貳百伍拾餘帙綱目必張如指諸掌侯既受代而
上官挽留使竟其事然後去然其號令之行於下如始至官
非有以服其心孰能臻此嗚呼侯之於其民可謂能爲之長
慮却顧者矣侯名輝字文大　人嘗任風紀沉厚而精練盖
其少孤勇於植立故能堅善刻厲以成事功去是州而[illegible]

於天朝不遠矣屬余以使至耆宿楊仲等請爲文刻之石使來者考諸至正四年六月既望經筵檢討危素書其夏稅秋糧壹萬伍千玖百柒拾肆石玖升捌合官租米叄千貳百肆拾貳石肆合民苗米壹萬貳千柒百叄拾貳石九升肆合中統鈔肆百伍拾貳錠貳兩柒錢肆分夏稅鈔肆百叄拾伍錠叄拾壹兩叄錢肆分秋租鈔壹拾陸錠貳拾壹兩叄錢玖分財賦錢糧秋米肆千柒百叄拾肆石穀壹百捌拾石陸斗伍升捌合夏稅麻布貳疋

明洪武二十四年原額官民田共伍千捌百貳拾伍頃柒拾柒畝玖分伍釐柒毫叄絲官民地柒百柒拾貳頃柒拾叄畝柒釐柒毫叄絲山壹千玖百肆頃柒拾伍畝壹分捌釐池蕩

其壹頃捌拾陸畝玖分叁釐其夏稅麥貳千玖百肆石伍玖升貳合八勺鈔千玖百壹拾肆貫伍拾柒文秋糧米伍萬陸千叁百叁拾伍石玖斗壹升肆合貳勺鈔肆千貳百肆拾貫壹百壹拾叁文　永樂十年官民田共伍千捌百叁拾貳頃玖拾捌畝柒分叁釐柒毫叁絲官民地共柒百柒拾捌頃陸拾叁畝貳分陸釐柒毫貳絲池蕩共壹頃玖拾畝捌分陸釐陸毫其夏稅麥貳千捌百肆石伍斗柒升貳合鈔陸千壹百柒拾柒貫捌百伍拾貳文秋糧米伍萬柒千伍百伍拾陸石肆斗柒升柒合鈔肆千捌百肆拾貫貳百捌拾玖文　宣德正統景泰天順以來無可考　弘治五年官民田共伍千捌百叁拾陸頃　拾捌畝叁分叁釐肆毫有奇官民地共柒百玖拾捌頃柒拾畝玖分有奇山壹千玖百肆頃柒拾叁畝有奇池蕩共壹頃玖拾

畝壹分貳釐其夏稅麥貳千柒百伍拾肆石鈔陸千柒百柒玖斗玖升玖合六勺鈔拾壹貫叁百陸拾柒文秋糧米伍萬玖百肆拾玖石鈔肆千捌百陸拾貳叁斗壹升壹合肆勺鈔貫貳百貳拾柒文弘治末及嘉靖初亦無可考　嘉靖四十二年如縣周鳴塤奉文丈量將官民田地扒平一則起科田共伍拾玖萬叁千陸百柒拾捌畝柒分柒釐地共柒萬捌千捌百伍拾捌畝伍分伍釐伍毫又申議與力二差一槩徵銀僱募役法始平著爲令〔翁大立均徭或問〕少傅商渠呂公讀禮家居聞賦役不均民間甚苦以役法質于少司空笑齋龔公謂必弛其力差悉用僱直庶幾均平無偏累遂白當路下其議邑侯周君君乃遍計官民田額凡伍千捌百肆拾貳頃捌畝有奇除免竈田貳百玖拾陸頃叁拾壹畝外每畝科銀捌厘地額除辦鹽蕩地外官民地凡柒百捌拾伍頃壹拾貳畝有奇每畝科銀肆厘人丁除優免外約該差肆萬壹千丁每丁科銀伍分共徵銀陸千捌百玖拾貳兩玖錢玖分零以待一歲僱直議既

定或有難之間於予曰均徭戶分三等計丁驗糧行之既久今欲改之何居予曰有國有家者不患寡而患不均吾邑科第之家以百計雜流舉監生員吏承以千計竈丁計壹萬肆千有奇優免日衆則詭寄日多良民守法者編徭日重此患在不均一也北方門丁事產四者兼論毎以門銀爲上產銀最下地土猶致拋荒吾邑有職役者始登版籍無職役者毎多隱丁故編役則專重田產其他海防兵費雜辦均輸皆從田出遂致田日賤而民日貧此患在不均二也輸編甲分優免者少則差徭稍輕優免者多則差徭愈重在歲額不可增減而役銀則歲輕歲重此患在不均三也海防輸委不繼凡弓兵皁隸𡐓夫之類扣銀以助軍興而積年攬役者額數雖減役銀倍索故官司有減之名徭戶受增之害此患在不均四也館夫庫子斗級鹽捕向爲重差役銀寔少軍興以來浮冗百出有役銀壹兩而支銀數十兩既破其家矣一經查盤軍徒雜坐復賠累其子孫此患在不均五也有此五者閭閻日悴故相公倡議衆庶翕從始一槩徵銀公卿以至吏承照例免丁不免田產此吾輩捐已利以惠竆閻相時宜以救斃法豈以厲民乎哉曰若然民則受惠矣士夫之族免田有差載令甲也今不免無乃非制乎曰否考諸會典隨朝官免雜泛差役此洪武十三年令也在京文武官員家除里甲正役

外一應雜泛差役俱免此正統元年令也其云優免盡專朝
人丁如日其人既爲京朝官矣其父兄子弟僕從並得免差
初無免田之說是時在方面猶且未及況雜流吏承乎其後
優免冐濫以田准丁遂滋詭寄之弊至嘉靖乙巳該科申明
始定免田等差與丁均配聊以救弊云爾豈初制哉若生員
僅免家丁尤有考據國初免廩膳宣德三年始免增廣皆云
免其家差徭二丁也北方生員僅免供丁可爲印證今之免
田及以田准丁者亦豈初制哉曰竈戶每一子丁十年免田
貳拾畝蓋爲國初竈戶日夜辦鹽候商領支如商人後期則
鹽觔銷耗復辦賠納最爲劬苦自彭惠安公議徵鹽價而引
鹽則令商人自買遂使竈戶無煎辦之勞有蕩地之利故其
利既數倍於齊民而其丁亦數倍於舊額觀版籍之內軍匠
日絕竈丁日增竈戶田多民戶田少蓋不惟詭田而又詭丁
也不免庶絕詭弊況士夫不免竈戶豈得免乎曰士夫不能
世官竈戶乃其世業今仍每丁每年免田貳畝積之十年正
合原免之數所以處竈戶者善矣曰然則巡鹽應捕何可廢
也曰國家疏通鹽法專爲濟邊苟國課無虧而民情甚便則
善之善者也吾邑三面濱海並產鹺鹽一面阻山不通舟揖
引鹽不到民間無食淡之理舟楫不通自來無越境之販今
若肩挑者勿禁而徑於徭銀內徵抵應捕鹽觔銀兩以解運

司如戶口食鹽之例於民不甚便乎曰庫子斗級錢穀重寄今令僱役可乎曰予嘗讀律矣庫秤斗級僱役侵欺並以監守自盜論如其不許僱也律文何以該載況今在京各部在外兩司庫子莫非僱役各省斗級亦多召募彼豈不思錢穀爲重哉曰斗級之害難以縷舉若沿海軍儲並徵折色則斗級可無設倉官且冗員矣議革何如曰不可軍儲解折則官吏軍旗交通對支貧軍愈餓曰然則如松江故事令沿海官旗詣縣領糧何如曰此雖便民於軍不便蓋官旗糧長對支淮折金山衛軍亦嘗臨城呼譟矣必也做京邊直隸事例設立軍斗有司給與僱直稍寬其費或查軍旗置有民田附籍里甲者選募以充亦給其直庶軍民交便而又每石加耗伍升每歲掃盤蓆板之費並付軍斗孰有不願充者哉曰預備倉斗級繁費亦甚今以縣前鋪司兼攝何居曰吾姚輕犯付鋪羈收燈油之索勢難盡禁故鋪司每每營充今斗級既增其直倉鋪比屋相聯復聽近行事例每石加耗伍升每歲除耗壹升柒合三歲之後聽於正米除豁查盤官勿得細苛雖使兼攝人猶營充也曰他省驛傳亦有官吏自支者然吏皆避役官多在逃今革去館夫可乎曰此爲官錢有限而糜費無經官卑則橫索者易肆其虐路衝則協濟者不敷其用而查盤官又刻意誅求今本縣監臨該驛無冐破之弊廩糧所

色使客無横索之擾況縣驛兼支舡馬並折吏承夙弊今赴
縣給領此弊頓除故予在南畿須有長單刻有板榜至今稱
便日門皂兵夫閑民受僱各增其直何居日此法未行科索
徭戶重者以一取十輕者三倍今官給其直而又少之則庶
人在官不若傭賃爲活矣亦豈可繼之道哉日備差銀兩起
於何時應否裁革日各省編派之後皆有餘銀或名聽差或
名編剩明立文案以待支銷吾姚自巡按冷塘周公行縣多
編以備坊牌羊酒之費起此厲階對川王公繼之謂非事體
令將此銀預備織造意則已公弊則未革遂致前此編徭者
有外備差內備差之名今織造銀兩每年坐派丁田此項差
銀誠爲可革日均徭十甲一輪亦令甲也今歲歲徵銀可乎
日政貴有恒尤貴通變故琴瑟不調甚者必解而更張之匪
得已也予嘗歷四方見均徭之法有三年一役者有兩年
一役者有行十段錦之法者歲編一段者有輕差歲徵僱直
重差始僉閭右者有人丁事產以備歲編門銀以待撮派者
豈必十年一役哉日徵銀誠便矣立收頭則侵分尅減歸庫
藏則那移借貸聽對支則抑勒准折甚有官吏不廉則虛錢
寔領將如之何日收頭誠不可不立對支誠不可不聽惟做
投櫃之法隨糧帶徵定更番之期按月給領雖軍興重務不
得那移若有羨餘必登循環卷籍歲經查盤仍每年攢丁申

報守巡以杜冒濫則縣官縱萌不肖之念者豈得恣所爲哉曰數弊革矣玩愒既久寧免無弊乎竈丁免矣士人不免寧免無怨乎曰天下事有利必有弊若弊少而利多興利爲便有恩必有怨若恩多而怨少任怨何妨今周侯慶田均則民易輸糧無不均之弊審戶定籍丁糧相配無不均之里編徭徵銀悉從僱募無不均之役孔子所謂均無貧也少傳公倡議衆庶翕從主在恤民匪云變法曰通行天下可乎曰未可南北風氣異宜齊民異俗南方重人丁則貧民日蹙北方重地土則富民自徙貴在有司師其意耳不然王荊公役法非不善而何天下受病也　隆慶元年知縣鄧林喬始議行一條鞭法

申文　卑職以菲材備員劇邑蒞任以來民間投牒大半辯理錢糧不曰多科則曰重徵不曰謀收則曰侵盜流禍孔棘莫能盡狀大畧有五弊焉夏稅秋糧及三辦內織悉名色不下三四十項每項給一示某件壹石抽銀幾錢幾分某件一畝派銀若釐幾毫在官者或能抄記鄉落小民何由識其要領以致奸猾設計巧算以小呼大以無捏有倚項數之多逐件科斂贓耗一入手則浪費無存其弊一也及僉審收頭則人人[illegible][illegible]有利者百計謀收有害者千方規避公庭之請托無休[illegible]之賄賂雜進其弊二也凡遇比併錢糧必有收頭數十人

執一簿虎視於邑堂而每里長一人皆俯伏於下一一登答竟數十人而後已一有失錯即以收作欠以多報少儒弱者銜恨倍償儇利者紛紛告擾其弊三也收頭收銀入手或置產娶妻妾或白身納吏甚或挾妓酣歌爲樂輕用官錢而莫能償竟死刑獄其弊四也若官府不知民隱則任其開數變賣一准其詞即視爲奇貨無產稱爲有產賣過混開重賣巧攀讐家硬指愚弱借民還官復半肥已奸起於一人而殃流於萬衆其弊五也有此五弊則通變宜民之法似不容緩就經做效直隸等處見行事宜將各色額稅併爲一主徵收名曰一條鞭在派徵則攢爲一總在起解則照舊分項盡除贈耗革去收頭各里長領小户自行投入縣櫃惟起解錢糧於糧長中闔選數人逐項領解議行未幾衆皆稱便具申三院司道本府覆議行之

一派徵之法將該徵夏稅秋糧鹽米等攢爲一總内除本色米麥某項某價照舊上納外其折色某項某項各若干每石該折銀若干通計銀若干該縣田地若干每畝該寔徵銀若干共該銀若干其均徭里甲三辦均平等亦攢爲一總其某項各該銀若干通計共銀若干然後通查該縣田地山若干人丁除例該應免外見在若干每丁該銀若干田地山各若干每畝該徵銀若干共該銀若干二總應徵銀兩再算每田地山一畝該銀若干每丁該銀若干

連前項正銀遍該若干編泒已定卽行炤數備細造冊一本
開寫榜文一道申送分守道查覈明白果無差錯關防印記
發回一面將榜文張掛曉諭百姓通知一面查造冊籍逐戶
塡給由帖用印鈐蓋着各該里遞分給各甲人戶照帖承辦
依期赴納一收納之法預先查照由帖造收納文冊一本
用印鈐蓋置立大木櫃一箇上開一孔可入而不可出者仍
酌量縣分大小都鄙多寡縣小者止一簿一櫃大者作二簿
二櫃或三四隨宜曲處每櫃卽選擇寔歷吏中之勤愼者一
名糧長中之殷實者一名相兼經收毎次印給收票一百張
私記小木印一箇木櫃立於縣堂上聽令各該里遞帶領納
戶親赴交納先是吏與糧長公同查對簿內及由帖納戶本
名下丁糧及折銀數目實該若干相同無差隨卽驗銀足色
兌銀足數眼同包封上寫某某里某甲納戶某人銀若干仍着
納戶將簿內本名下塡寫某月某日交納足數訖下註花字
爲炤吏同糧長將納完銀數塡入收票內某月某日吏某人
糧長某人公同驗納訖亦註花字爲炤銀令納戶自行投入
櫃中並不許吏與糧長經手如有加收重稱刁難勒索者許
卽時稟告究治毎十日掌印官同管糧官及經收吏役糧長
開櫃清查一次照簿對封炤封驗銀如果無差總算該銀若
干折放一處毎百兩權作一封暫寄官庫以待臨解傾銷另

貯一匣另置印簿一扇登記每次清查銀數又行另選吏一
名糧長一名如前經收十日清查一起解之法如遇某項
錢糧應解將前庫寄銀兩照簿內收過日期挨次順支若干
應貼路費若干當堂傾錠封付解人凡銀至伍百兩以上差殷
佐貳首領官叁百兩以上差殷寔候缺吏壹百兩以下差殷
寔糧長仍查照貼解銀數給與使費解送至府轉文呈司交
納責限納獲批收銷繳俱不
許再僉收頭解戶等項名色　萬曆九年行丈量知縣丁懋
遜復量復田共伍拾玖萬玖千柒百柒畝柒分貳毫壹絲壹
忽地共柒萬玖千貳百伍拾玖畝伍釐伍毫肆絲　萬曆十
三年台州府同知奉委臨縣清理田地減谿槩縣䖍田陸
百捌拾玖畝陸分陸釐叁毫捌絲伍忽又告谿重量錯訛并
剗谿汝佽等湖田共壹千捌百捌拾貳畝貳分玖釐肆毫捌
絲玖忽共谿田貳千伍百柒拾壹畝玖分伍釐捌毫柒絲肆

忽查出壓科地陸畝伍分捌釐玖毫柒絲玖忽　萬曆十四年知縣周子文立碑於縣儀門下田共伍拾玖萬柒千壹百叁拾伍畝柒分貳釐伍毫肆絲陸忽每畝科銀陸分壹厘伍毫麥米壹升玖合叁勺地共柒萬玖千貳百陸拾伍畝陸分肆釐伍毫壹絲玖忽每畝科銀貳分肆厘貳毫麥米玖合柒勺山共壹拾玖萬壹百肆拾捌畝陸分壹厘貳絲每畝科銀壹厘壹毫學山柒拾叁畝陸釐陸毫叁絲陸忽每畝科銀壹分叁厘米柒合柒勺蕩叁百柒拾畝玖分捌厘肆毫每畝科銀壹分貳厘貳毫米柒合肆勺立碑後復准告谿牟山等湖田共貳千貳百柒拾畝柒分柒釐壹毫地共壹百陸拾壹畝陸分叁釐叁毫實存田伍拾玖萬肆千捌百陸拾肆畝玖分柒釐貳

亳叁絲柒忽地柒萬玖千壹百肆畝壹釐貳毫壹絲玖忽
萬曆二十五年知縣馬從龍江起鵬相繼查覈實田伍拾玖
萬伍千捌百壹拾柒畝陸分肆釐肆毫肆絲陸忽比前出田玖百伍拾
貳畝陸分柒厘貳毫玖忽實地柒萬玖千陸百陸拾捌畝陸分伍釐貳毫
壹絲玖忽內呂文安告豁墳地玖拾貳畝叁分不派稅糧比前出地肆百柒拾貳畝叁分肆厘山蕩數
仍前　額派糧則田每畝科本色麥米柒合玖勺貳抄伍撮伍圭陸粟陸粒捌黍
貳粞玖糠柒粃折色銀叁分柒厘捌毫陸絲肆忽肆微柒塵陸渺叁漠叁埃肆纖伍沙兵餉銀肆厘玖毫
壹絲伍忽玖微陸塵柒渺陸漠肆埃柒纖肆沙馬價銀壹厘柒毫壹絲陸忽貳微貳塵肆渺陸漠柒埃陸纖叁沙
驛傳銀貳厘貳毫伍絲柒忽柒微貳渺柒漠玖埃伍纖陸沙農桑絹折銀貳忽柒微玖渺伍漠捌埃
捌纖玖沙京費銀壹毫伍絲叁忽叁微玖渺壹漠柒埃叁纖伍沙額坐二辦銀陸厘叁毫肆絲肆忽

陸微玖塵伍渺伍漠肆埃貳纖貳沙雜辦銀伍厘捌毫伍絲玖忽陸微叁塵肆渺柒漠叁埃捌纖叁沙民壯
均徭銀柒厘貳毫貳絲捌忽伍微柒塵柒渺壹漠肆埃肆纖玖沙已上除本色共銀陸分
陸釐叁毫肆絲叁忽零凡優免田去雜辦民壯均徭銀壹分
叁釐捌絲捌忽零通計折銀叁萬玖千叁百玖拾玖兩貳分
玖釐肆毫叁絲壹忽零外孫忠烈毛忠襄功臣田壹千肆百
伍拾肆畝每畝科除麥米納銀肆分貳厘玖毫共銀陸拾貳兩肆錢貳分
玖釐陸毫零呂文安棨田肆百玖拾柒畝陸分依准詔典每
畝止納京折銀貳分玖毫共銀壹拾兩肆錢肆分捌釐零　地每
畝科本色麥米肆合叁勺捌抄捌撮叁圭柒粟貳黍叁粞伍糠壹粃折色銀貳分壹厘壹絲壹忽
伍微貳塵肆渺柒漠[illegible]埃肆纖伍沙兵餉銀貳厘玖毫壹絲伍忽玖微陸塵柒渺陸漠肆埃柒纖肆沙均徭

銀貳釐玖毫陸微玖塵陸渺肆埃柒纖玖沙已上除本色共銀貳分陸釐捌毫貳絲捌忽零通計折銀貳千壹百叁拾肆兩捌錢捌分玖釐叁毫陸絲玖忽零　山每畝科折色兵餉銀壹釐肆絲捌忽肆微捌塵柒渺柒漠叁埃捌纖捌沙共銀壹百玖拾玖兩叁錢陸分捌釐肆毫捌絲陸忽零　學山每畝科本色米壹合壹撮柒圭柒粟玖粒叁黍叁粞壹糠玖粃折色銀壹分伍釐壹毫柒絲捌忽貳微伍塵貳渺玖漠肆埃叁纖壹沙共銀壹兩壹錢玖釐壹絲零

蕩每畝科本色米叁合柒抄陸撮捌圭壹粟陸粒叁粞貳糠柒粃折色銀壹分壹釐伍毫伍絲柒忽陸微陸塵玖渺陸漠陸纖叁沙共銀伍兩叁分壹釐壹毫陸絲伍忽零

額徵糧款夏稅麥貳千柒百伍拾伍石叁斗伍升壹合壹勺

內京庫麥壹千柒百捌拾肆石玖升折色每石折銀貳錢伍分常豐二倉麥肆百伍拾石本折中

半折色內扣倉官俸貳拾貳石每石 常豐三倉麥肆百貳拾
折銀捌錢餘每石折銀伍錢伍分 壹石貳斗
陸升壹合本折中半折色內扣倉官俸叄 儒學倉麥壹百石
拾貳石每石折銀捌錢餘折伍錢伍分 每石折
銀捌 泰積庫麥租鈔壹千叄百伍拾叄錠肆
錢 拾玖文每貫折銀貳厘 秋糧米伍萬
玖百柒拾貳石玖斗壹升壹合叄勺內京庫米壹萬壹千壹
拾壹石叄斗
伍升折色每石 南京水兌正米壹百柒石捌斗陸升柒勺每
折銀貳錢伍分 石耗米貳斗伍升連耗折銀
柒錢給發糧戶解到附京產米地方 各衛倉米捌千玖百陸
買米上納有餘扣追還官作正支銷 拾柒石陸斗
伍升肆合每石耗米貳 孤剩米陸百叄拾肆石肆斗捌升伍
斗伍升連耗折銀柒錢 合壹勺分爲二項 一項貳
百柒拾伍石肆斗貳升壹合陸勺零每石折銀柒錢 一項
叄百伍拾玖石陸升叄合肆勺每石折銀陸錢二項俱交太
倉銀庫 本府預備米叄千叄百伍拾貳 常豐四倉米肆千伍
解納 石每石折銀伍錢 百壹拾
叄石叄斗捌升捌合本折中半 常豐五倉米 肆千柒百伍拾
內折色每石折銀伍錢伍分 貳石陸斗玖升

共合本折中半內折色每石折銀伍錢伍分　協濟寧波府廣盈倉米壹萬柒千陸百叁拾叁石肆斗柒升伍合每石折銀伍錢伍分　泰積庫米租鈔壹千壹拾肆錠壹貫捌百肆拾文每貫折銀貳厘

已上夏稅秋糧通計本色麥米伍千陸拾捌石陸斗柒升合叁勺伍抄伍粟折色銀貳萬肆千貳百叁拾玖兩釐肆毫柒忽　鹽糧米折銀柒百叁拾捌兩壹錢柒釐貳毫零內本府顏料米貳百貳拾玖石壹斗柒升每石折銀陸錢　儒學倉米貳百伍拾石每石折銀捌錢　存留倉米伍百捌拾石內官俸壹百伍拾陸石每石折銀捌錢餘每石折銀伍錢伍分　常豐四倉米柒拾柒石肆斗陸升肆合零每石折銀伍錢伍分外本色炤額　鹽鈔折銀叁拾貳兩玖錢陸分玖釐捌毫零內京庫鈔折銀壹拾陸兩叁錢捌分陸厘伍毫每兩外加路費壹分貳厘　本府泰積庫鈔折銀壹拾陸兩叁錢捌分陸厘伍毫零　額辦銀

伍百叁拾柒兩捌錢陸釐玖毫內皮張銀肆兩貳錢桐油連墊庫
加派銀共壹百玖拾伍兩捌錢陸分伍厘叁毫藥材正料連貼路費銀共伍拾兩伍錢
壹分貳厘肆毫弓箭弦條銀貳百捌拾柒兩貳錢貳分玖厘壹毫玖絲坐辦銀叁千貳
百叁拾兩玖分貳釐壹毫內水牛底皮改年例牲口銀玖拾捌兩
伍錢果品銀肆拾叁兩玖錢蠟茶銀并加派共叁百陸拾陸兩陸錢貳分貳厘伍毫篆笋
銀并加派共壹拾叁兩叁錢叁分叁厘貳毫曆日銀伍拾貳兩叁錢伍分叁厘叁毫淺船料
銀玖百玖拾陸兩壹錢玖分玖厘肆毫漆木料銀壹拾兩捌錢柒分貳厘壹毫四司工料銀
陸百叁拾兩軍器料銀壹百肆拾捌兩貳錢捌分壹厘叁毫段疋銀捌百柒拾兩叁分貳毫
雜辦銀伍千壹百肆拾叁兩玖錢肆分肆釐捌毫民壯銀
壹千貳百伍拾貳兩捌錢柒分內抽取民壯銀肆百柒拾伍兩貳錢柒分

實役民壯壹百貳拾名每名工食銀陸兩鹽捕捌名每名銀柒兩貳錢

均徭銀叁千玖百壹拾伍兩壹錢陸分肆釐　隨糧帶徵銀伍千捌百壹兩陸錢貳分陸釐壹毫零內兵餉銀叁千叁百肆拾捌兩柒錢陸分肆釐伍毫　馬價銀壹千壹拾玖兩貳錢柒釐伍毫　驛傳銀壹千叁百肆拾兩柒錢柒分貳釐玖毫　農桑絹折銀壹兩陸錢壹分叁釐柒絲貳忽　解京路費銀玖拾壹兩貳錢陸分捌釐零

右每歲徵銀除優免外通計肆萬肆千捌百玖拾壹兩捌錢玖分柒毫叁絲伍忽零

遇閏加徵稅糧項下銀共伍拾叁兩叁錢叁分伍釐玖毫零槩都隅人壹丁派銀捌毫玖絲零

平徭項下銀共伍百肆拾陸兩叁錢叁分肆釐陸毫每額徵銀壹兩派銀壹分五釐壹毫零

五歲一徵胖襖銀共柒百壹拾叁兩壹錢叁分伍釐係里

甲坐派每田壹畝派銀壹厘貳毫捌微零

歲額外賦沙地壹萬捌千伍百肆拾肆畝玖分捌釐壹毫肆絲貳忽每畝徵銀叁分共銀伍百伍拾陸兩叁錢肆分玖厘肆毫肆絲貳忽陸微

水鄉蕩價每丁徵銀壹錢伍分共銀壹百玖拾兩壹錢貳分肆厘捌毫　已上二項俱解運司竈戶出辦

原派門攤銀無閏柒拾肆兩玖錢伍分貳毫叁絲陸忽有閏捌拾柒兩玖分壹厘伍毫

加派

間架銀壹百柒拾壹兩　已上二項并解稅府鋪戶出辦

匠班伍百貳名每名納銀肆錢伍分水鄉肆厘伍毫共徵銀貳百貳拾捌兩壹錢伍分玖厘解布政司類解京匠戶出辦外存留曆日小錄匠叁名正銀壹兩叁錢伍分水鄉壹分叁厘伍毫聽候供役不納班銀

砵蔴銀無閏徵銀貳拾陸兩捌錢壹分伍厘貳毫玖絲肆忽叁微路費銀貳兩陸錢捌分壹厘伍毫貳絲玖忽有閏徵銀貳拾玖兩貳分陸厘肆毫貳絲路費銀貳兩玖錢貳厘陸毫肆絲貳忽解布政司轉解京戶房承辦

漁業課鈔無閏壹拾叁兩伍錢伍分伍厘捌毫捌絲有閏壹拾肆兩叁錢叁分肆厘叁毫陸絲解布政司漁戶出辦

萬曆四十七年加餉銀柒千玖百

壹拾柒兩伍錢伍分零田每畝加銀玖釐柒毫玖絲伍忽地
每畝加銀玖釐山每畝加銀柒釐貳毫貳絲伍忽壹微　崇
禎末楊嗣昌又加鍊餉田每畝共科銀至壹錢叁分
大清順治初年市丁陸千貳百玖拾每丁科銀玖分捌釐共銀
陸百壹拾陸兩肆錢貳分鄉丁伍萬叁千伍百貳拾柒每丁
科銀壹錢柒釐米壹合伍勺共銀伍千柒百貳拾柒兩叁錢
捌分玖釐共米捌拾石貳斗玖升伍勺　田伍拾玖萬伍千
捌百玖畝壹分陸釐肆毫肆絲陸忽每畝科銀陸分捌釐柒
毫米柒合玖勺叁抄共銀肆萬玖百叁拾貳兩捌分玖釐零
共米肆千柒百貳拾肆石柒斗陸升零　地柒萬玖千伍百

柒拾陸畝叁分伍釐零每畝科銀貳分柒釐柒毫米肆合肆勺共銀貳千貳百肆兩貳錢陸分零共米叁百伍拾石壹斗叁升零　民山壹拾玖萬壹百肆拾捌畝陸分壹釐貳絲每畝科銀貳釐壹毫共銀叁百玖拾玖兩叁錢壹分零學山柒拾叁畝陸釐陸毫叁絲陸忽每畝科銀壹分伍釐貳毫米叁合壹勺共銀壹兩壹錢壹分零共米貳斗貳升陸合零　蕩叁百貳拾叁畝叁分捌釐零每畝科銀壹分伍釐陸毫米叁合壹勺共銀伍兩肆分零共米壹石貳合零　田地山蕩人丁共銀肆萬玖千捌百捌拾伍兩陸錢叁分零共米伍千壹百伍拾陸石肆斗貳升貳合零　其後加入南糧正耗米玖

千壹百貳石肆斗捌升零每石原折銀柒錢今定壹兩伍錢增折價銀柒千叁百兩捌錢伍分零　軍儲秋米伍千壹百伍拾陸石肆斗貳升零除解本色外其叁千玖百柒拾叁石肆斗肆升零每石折銀壹兩該銀叁千玖百柒拾叁兩肆錢肆分零　餉銀柒千玖百壹拾柒兩伍錢伍分零　遞增胖襖軍器弦箭三項共銀捌百玖兩肆錢陸分零又萬曆崇禎間剗削牟山汝仇等湖田共捌百伍拾陸畝零告豁蕩柒拾伍畝零共缺額銀陸拾兩陸分零此兩項於正銀壹兩派銀壹分柒厘肆毫叁絲零已上加入正數內共該銀陸萬玖千捌百捌拾陸兩玖錢伍分零扣優免銀叁千貳百伍兩壹錢肆分零實徵銀陸萬陸千陸百捌拾壹

两捌錢肆釐零　市丁每丁徵銀玖分玖釐柒毫捌忽零鄉
丁每丁壹錢壹分貳絲零　田每畝徵銀玖分捌釐陸絲玖
忽玖微　地每畝徵銀肆分伍毫柒絲零　民山每畝徵銀
玖釐叁毫陸絲壹忽零學山每畝貳分伍釐柒絲柒忽零
蕩每畝徵銀壹分捌釐貳毫伍絲捌忽零
康熙三年　欽行丈量原額田共伍千玖百伍拾捌項柒拾
捌畝叁分柒釐肆毫肆絲陸忽丈出田壹畝叁分壹釐叁毫
每畝徵銀壹錢叁釐貳毫米叁合捌勺內孫忠烈毛忠襄優免田壹拾項伍拾叁
畝每畝徵銀柒分肆釐壹毫呂文安京折田肆項玖拾柒畝
陸分叁釐肆毫玖絲每畝徵銀叁分壹釐伍毫新田陸拾分
畝貳分壹釐每畝徵銀壹錢貳釐
伍毫貳絲伍忽徵米皆同一則田共徵折色銀陸萬壹千[illegible]

百貳拾捌兩肆錢壹分貳釐伍毫柒絲伍忽本色米貳千貳百陸拾貳石肆斗伍升壹合捌勺地捌百貳拾玖項貳拾貳畝玖分貳釐柒毫壹絲玖忽丈出地玖拾叁項肆畝陸分壹釐肆毫陸絲貳忽每畝徵銀肆分壹厘伍毫米貳石內新墾沙地貳拾肆頃捌畝叁分新墾大工湖地玖頃叁拾捌畝貳分柒厘伍毫每畝徵銀叁分柒毫米玖勺伍抄共徵折色銀叁千柒百玖拾玖兩貳錢伍分柒厘陸毫玖忽本色米壹百捌拾石捌斗貳升柒勺陸抄肆撮

山壹千玖百貳項貳拾壹畝陸分柒厘陸毫伍絲陸忽每畝徵銀叁厘貳毫內學山柒拾叁畝陸厘陸毫叁絲陸忽每畝徵銀貳分貳厘捌毫米壹合伍勺共徵折色銀陸百壹拾兩壹錢肆分壹釐肆毫陸絲伍忽本色米壹斗玖合伍勺玖抄

蕩叁項貳拾叁畝叁分捌釐柒毫捌絲丈出蕩肆項貳拾
畝每畝徵銀貳分叁釐伍毫米壹合伍勺共徵折色銀壹拾
陸兩肆錢陸分玖釐陸毫壹絲叁忽本色米壹石壹斗壹升
伍合捌抄　人丁共伍萬玖千捌百壹拾玖丁口市民人口陸千貳百玖拾壹每口徵銀玖分捌釐鄉民人口伍萬叁千伍百貳拾捌每口徵銀壹錢柒釐米壹合伍勺共徵折色
銀陸千叁百肆拾肆兩伍釐本色米捌拾石貳斗玖升肆合
伍勺　以上田地山蕩人丁等項內除紳衿本身優免銀捌拾壹兩捌分捌釐實徵銀柒萬貳千壹百壹拾捌兩貳錢柒釐貳毫陸
絲伍忽加入積餘米易銀伍兩伍錢肆分零又額外歲徵鹽
課漁課壹千貳百肆拾捌兩壹錢陸分伍釐玖毫零通共實

徵折色銀柒萬叁千叁百柒拾壹兩玖錢壹分陸釐柒毫零
實徵米貳千伍百貳拾肆石柒斗捌升玖合貳勺零內收零
積餘米伍石伍斗肆升零每石折銀壹兩充餉外共實徵本
色米貳千伍百壹拾玖石貳斗肆升伍合柒勺零　起運原
額銀肆萬玖千伍百柒拾伍兩伍錢伍分零今以留存項內
節經裁減改作解部充餉實該起運銀陸萬壹千叁百玖拾
肆兩柒錢壹分零　存留原額銀貳萬叁千肆百兩壹分零
節經裁減今實該存留銀壹萬壹千玖百柒拾柒兩壹錢玖
分零　閏月地丁銀每兩加徵捌釐壹毫玖絲貳忽外賦漁
課加銀貳拾兩捌錢捌分零共加閏銀陸百壹拾壹兩陸錢

捌分零起運銀叁百玖兩柒錢肆分零存留銀叁百壹兩玖錢叁分零　米俱存留漕運月糧貳千伍百石餘壹拾玖石貳斗肆升零　額外匠班銀貳百貳拾捌兩壹錢伍分捌釐

康熙二十八年歸縣石堰場蕩銀伍千貳拾伍兩伍錢叁分零　循荒銀壹千肆百貳拾伍兩肆錢叁分零　車珠銀壹百玖兩陸錢陸分陸釐零

鳴鶴場杜家團三管銀肆百貳拾兩壹錢陸分零　循荒銀壹百壹拾叁兩壹錢柒分零　車珠銀玖兩陸分陸釐零

鮎子瀝施恭愍祀地柒拾畝銀貳兩壹錢零　米陸升零

新修餘姚縣志卷之六終

# 餘姚縣志卷之七

安邑康如璉修纂

## 風俗志

世變江河風俗日下顧在姚則有昔勝今今亦勝昔者風從上被俗由下成高髻紫衣疇唱而和隨俗雅化吾以責君子之德風焉

**歲時**　元日設影堂朝家廟往來賀歲六日除影堂立春前一日知縣率屬迎春於東郊設勾芒土牛（按支干爲顏色大春牛腹中藏小春牛數十）裝春官充以丐者沿街貯水俟其過以潑之淋漓委頓以爲夏雨之徵布種於縣門側豐歉水旱鄉人取驗於是旁邑亦

有觀者天啓壬戌春官失期不至另裝一人已而原裝者又至其秋季寓庸調繁來祁逢吉部選來一邑遂有二令崇禎戊寅春官仆地其夏劉令惟芳不祿人益以此奇之明日打春破土牛聚小春牛以充饋遺八日婦女謂之頭八十三日燈節復設影堂街坊市鎮張掛燈火遊人往來金鼓間作其燈或紙或紗不出二品無他奇巧之觀也其花爆則好事家自製亦不敵於外方二十日後徹影堂二月放紙鳶病者以此爲禱淸明揷柳滿簷上塚者紛然滿野三月二十八日東嶽生辰自十二日至二十日禮拜之會分爲數十社每社數十百人鳴金曳幟而唱佛號邑中叢祠無不遍至婦女亦於此時燒香入廟人衆聚觀遍國若狂近北鄉正月有三官禮拜二月有觀音禮拜

立夏嘗青梅煨麥端午其節物爲蒲艾繭虎其飲食爲花糕巧粽雄黃酒十三日關壯繆生辰里社亦多拈香賽戲七夕不甚作但市肆賣糖餅謂之巧果七月十五日名中元節僧寺作盂蘭盆齋人家亦以此日用素食祀先或剪紙牌就祭寺中其近水之處則放水燈中秋賞月雖雨亦爲之重九不登高但爲花糕飲食而已士大夫則間有修故事者十月中迎桑神以大纛爲導紙傘隨之其初甚盛今亦少衰冬至祀先不相慶賀十二月二十四日祭竈掃屋市井迎儺以鑼鼓遍至人家乞求利市除夕設影堂燒燈貼門神割牲送年少長聚飲謂之分歲邑中歲時之事甚爲簡朴以視武林荆楚

直不滿其一哂也

四禮（冠禮）久廢（婚禮）六今之過帖卽古之問名也今之過聘卽古之納徵也其迎盤卽古之請期也至於納采卜吉親迎今皆不行然姚俗以過帖爲主自過帖以後卽不得再有變易求婚者賄囑丐婦左右讚鼓以誘其一諾旣入牢籠雖欲悔而不可得矣曾子問之言豈教天下以薄道也婦入門卽行廟見三日而見舅姑其贄以女紅（喪禮）饋食不用朔望而用中陰浮屠氏之教也合作功德繼之螺鈸自士大夫以至庶民其不惑者鮮矣古之居喪者以衰斬功緦爲其文以不飲酒食肉居內爲其實卽文實未能盡稱猶不敢顯然爲之也

今優笑在前衰斬舄之毫無愧色昔者功緦之喪麻葛不辨絹布同條猶尚譏之今皁帽而易負板豈名教者所樂聞乎卜其宅兆而安之程子五者之論可謂至矣龍穴沙水君子猶謂其近利今閩巫理氣邪說忽然大行置高山平壤不用而投骨於腐塗崩沙亦何忍焉

祭禮以忌日生辰及墓祭爲重時物之饋間或行之春秋二祭行之者鮮矣山野之民則有羹飯本其已故者盡書之祭時羌盃杯箸雜置案間不分位次但跪讀其名號而已所謂禮不下庶人也

墮民宋南遷將卒背叛乘機肆毒及渠寇以勤捕就戮其餘黨

焦光贊等貶爲墮民散處浙東之寧紹其類有二一曰丐戶擔船抬轎其妻伴嫁收生一曰郎戶吹打迎送剃頭剔脚良家吉凶之事皆來供應如婚喪起造男女結隊索取酒食衣物居處特異其製狗頭帽橫布裙低屋小扉子孫不得考取入學仕進良民不通婚姻詳載別賤錄

新修餘姚縣志卷之七終

# 新修餘姚縣志卷之八

安邑康如璉修菴纂

## 物產志

邑產故無奇如野有稼山有材海有鹺則俯仰之筴歸焉然不甚稱饒惟瀕癸林立人席其珍足供薪爇他邑遜是矣不乃猥瑣凌雜何足以辱掌記多識則可志物產

穀之品秔糯麥豆粟秔(宜炊)蚕熟者曰蚕白蚕紅晚紅泰州紅野紅細稈紅上虞白黃巖稻晚熟者曰蚕白䄻(俗呼芒為䄻)晚白䄻黃䄻縮頸白羅村白湖州白九里香光頭九里香八月白晚青糯(宜釀)趕陳糯蚕黃糯水偎糯矮黃糯光頭糯旱田糯天藩

糯珠子糯金裹銀泥裹變畔社蚕珠【麥】大麥蚕晚二種糯麥紅穀堪作
酒六稜麥小麥赤白二種娜麥穗如大麥種異者蕎麥品下者雀麥大麥
立夏前熟稻新陳不續屑之作飯昔朱晦翁訪孫季和于燭
湖侍以麥飯朱賦詩云葱湯麥飯兩相宜葱補丹田麥療饑
莫道儒家滋味薄
前村猶有未炊時【豆】蚕黃豆晚黃豆烏眼豆白眼豆青豆褐
豆赤豆菉豆赤小豆白小豆羅漢豆油豆虎斑豆羊角豆琬
豆江豆亦曰裙帶豆茶豆毛豆刀鞘豆白藊豆赤藊豆【粟】秈粟稻
粟糯粟狗尾粟木粟穄粟稷也
麻之品堪食者曰胡麻芝麻堪績者曰苧麻葛麻黃麻
蔬之品白菜芥菜白芥菜葉苦不可食子治痰油菜子可打油春月食其心曰菜禾禾木銀也
凡草大多禾故曰禾貢而上鉛沿而下萵苣菠薐莧菜馬齒莧薺菜甜菜芹菜

春菜偎人菜春夏雷雨驟作傀產白水山崖石立蘇可得移時亡種苦蕒茼蒿葫荽萊菔俗呼蘿蔔其子入藥胡蘿蔔色黃似葫荽蹲鴟俗呼芋艿水陸二種薯蕷即山藥蔓菁相傳劉綱夫婦植于龍泉山移他所輒不榮列僊傳云綱婦飛昇屬綱以菜熟爲期即龍泉山蔓菁云宋朱翌詩天上佳招飛鸞鸞人間春色到蔓菁石耳石芥竝產四明山笋詳竹瓠子茄子黃瓜絲瓜肴瓜甜瓜南瓜北瓜冬瓜西瓜產眉山者佳今剡畧如枕者更勝葱韭薤蒜薑

果之品梅施宿云餘姚有古梅老幹奇怪綠蘚封枝苔絲四垂疎花點綴他處所無桃其實特大者曰半斤桃夏白桃夏紅桃鷹嘴桃十月桃毛桃品之最下者杏曰杏梅杏桃李曰粉翠李茄李麻李麥李青甜李黃蠟李瓜李柰亦間有之櫻桃花紅蒲萄楊梅產燭湖山者最佳其種曰荔枝爲上湖南次之早酸

爲下（明孫文恪陞詩）萬壑楊梅甸紫霞燭湖佳品更堪誇自從名繫金閨籍每歲嘗時不在家柹俗作柿非柿音肺削木片也曰方柹綠柹朱紅柹牛心柹寒柹丁香柹石榴梨棗栗

銀杏柑橙香圓橘產東山謝氏園者曰謝橘小而甘金橘金柑柚亦間有之

枇杷榧子櫧子梧桐子青櫺子味甘堅不易破產四明山陸龜蒙詩山實號青櫺環岡次第生外形堅綠殼中味敵璚英墮石樵兒拾敲林宿鳥驚亦應僊吏守時取薦層城（皮日休詩）山風熟異果應是供真僊味似雪腴美形如玉腦圓銜來多野鶴落處半靈泉必共玄都柰花開不記年

水實之品蓮子菱芡粳性堪入藥

花之品玉蘭木筆繡毬海棠杜鵑瑞香蠟梅色黄長春剪春羅荼蘼薔薇玫瑰石巖水僊山茶山丹碧桃絳桃牡丹芍藥紫薇紫荊千層榴火榴玉甌金絲映山紅丈紅芙蕖即荷萱葵木槿

桂亦名木犀紅黄白三種　菊佳種甚多競栽爲玩　芙蓉　洛陽　棠棣　玉簪　午時紅　夜落金錢　月季　鳳僊　鷄冠　蝴蝶　罌粟　紅花作染　綿花作絮或紡爲布

草之品　芝　蘭　蕙蕙生深谷中然治南大江乃獨産蕙因名蕙江其西南竝江有浦乃産蘭今其地曰蘭墅　長生草一名卷栢産四明山拔之久而枯沃之以水輒榮　稗草　蓆草　燈心心曰燈心　鼓椎草　車前草　旱蓮草　馬鞭草　馬鬛草　魚腥草　鴨跖草　金線草　蘆　芧　蒲宋縣尉楊襲璋留家于汝湖之東植蒲數里遂名其地曰東蒲有詩云海上寇空千載穴湖東樹老幾行蒲　萍　藻　蒿　蓼　蘋　莧　苔　蕨根可作粉　菖蒲亦名蘭蓀　芸即七里香　上青下白草　三葉白草生水濱春夏水足三葉盡白不則止白一葉或二葉占之絕驗

藥之品　白朮　芍藥　茯苓　天南星　貝母　山查子　黄精　節子根亦名根子　石燕龜産四明山　禹餘糧石類　竒糧　香附　茴香　蒼耳　白蘇　山茱萸　薏

薏仁金櫻子益母草豨薟草谷精草山梔艾金銀花五加皮何首烏沙參瓜蔞百合苦參香薷薄荷紫蘇紫荷車亦名金線重樓惡實半夏草麻天麻天蕎麥芭蕉紫花地丁女貞實蔓荊實槐實天花粉栢子仁蒼朮金星草葛根桑寄生穿山甲香蛇産臨山歡喜嶺虎脛鹿茸

茶之品杖錫瀑布嶺建隆界者佳並稱四明茶化安次之童家畧又次之雨前摘四明茶芽瀹以山泉綠波微動香風徐來其味淡而永越產首推日鑄未知孰勝孫因賦云若餘姚之瀑布兮尤茶經之所誇嗟陸羽之不逢兮宜鑑味之絕少昔見貢尋罷

竹之品筋竹苦竹淡竹燕竹燕來時筍出故名箭竹毛竹或作貓又作茅筊竹

作紙龍鬚竹鳳尾竹斑竹紫竹慈竹筍繞竹母亦名孝竹筀竹亦名筎竹篠竹勁堪作筏又桃枝石竹小而密植爲籬筍惟慈苦二竹不可食毛筍未出土曰潭筍味佳又毛筍脯燕筍乾嫩而淡者佳

木之品松栢櫟榧櫧橡似栗而澁樫似栢而香梓樟豫合歡木犀昔龍山朱氏庭中有白木犀忽吐丹花占曰此狀元兆已而王海日華宅其所果然狀元梔子楊椰冬青黃楊槐榆桑柘烏桕黃楮楝楓梧桐又桐子可爲油檟楮樗櫟朴檀楷木槿皂莢四明山祠宇觀有皂莢樹絕大劉樊于此飛昇焉呼爲昇僊木（宋孫應時詩）劉樊蟬蛻此登僊老木當年已揷天僊骨半枯猶秀潤蒼皮新長更榮鮮蟠桃待熟三千歲銅狄重摩五百年化鶴未歸山寂寂徘徊誰與問因緣櫻櫚杉檜松身栢葉

羽之品鷄鴨鵝鴿燕雉雀鴉又寒鴉比鴉小烏孝烏也與鴉殊鵲又山鵲

鶯即倉庚一名黃鸝詩人謂之黃鳥鵯鵊俗呼鴉舅翡翠練雀鳫鷺蘆鷄戴勝即鳴鳩又名布穀杜鵑一名子規鵙鸛鶏鷹鷗鳩一曰鶻鳩月令稱鳴鳩斑鳩項有繡文善食半夏鵓鳩灰色無繡陰則逐其配晴則呼之語曰天將雨鳩逐婦斲木鵓鴿畫眉鴝鵒俗呼八歌白頭翁黃頭山和尚百舌桑扈鵲紅鴉多雨則鳴鴛鴦鳧野鳥鵝鶘鷗咻咻夜鳴輒大水

〈毛之品〉馬驢騾牛羊犬豕猫豺虎貉鹿麂〈孔曄記云〉龍泉山有三足白麂按列僊傳葛僊翁於女几山學道常凭桐几已而僊去几化爲三足白麂今龍山有葛僊井遂傳有三足麂焉狐兎獹狗竹狗獾猪猭猪獾狸玉面貍雪中取者最腴獺田鼠松鼠野猪大者二三百觔山氓野僧釁之不以入市猿山家謂之鞠猴陸龜蒙〈詩〉何事鞠猴名先封在四明但爲連臂飲不作斷腸聲野蔓垂纓細寒泉佩玉清滿林遊宦子誰爲作君卿〈皮〉日休詩羨鞠猴可碧巖千萬重煙蘿爲印綬雲壑是隄封泉遣狙公

護果教獮子供爾徒如不死應得躡玄蹤近獵得異獸如羚羊狀者

鱗介之品

石首魚來自定海邑後海亦間得鯔魚其色黑如緇頭微匾杭人謂之蛇頭魚瀕海處多有之槩不如姚產佳桃花時猶勝（明）謝文正遷詩我家舊住東海濱盤飧市遠惟鮮鱗腐儒麄糲自安分筵前不慕羅綺珍十年謬竊黃扉祿堂膳虛叨大官肉太牢滋味違賤腸翻憶魚羹常不足秋風蕭瑟吹早寒蓴鱸野興歸張翰壚梅調劑邈無效迴思鼎耳殊汗顏江湖悠悠隔霄漢從今取足魚羹飯食芹知美敢忘　君欲獻無由發長嘆（孫文恪陞詩）思歸夜夜夢鄉居何事南宮尚曳裾家在越州東近海鯔魚味美勝鱸魚其子曰鱭子亦道地佳品

鱓魚類緇而小梅魚類石首而小鯧魚鱕腹細鱗麥熟時出俗呼麥匾鰶魚彈塗善跳亦曰跳魚箬獺狀類箬即比目魚鯉分三色自出黃山港至汪姥橋曰姚江其鯉口尾青自橋而西至西石廟曰舜江其鯉口尾赤自廟而西曰蕙江其鯉口尾白而微黃共在一水中而分界不亂（明）許穀詩江流一派碧波浮分出三江各自流何事潛鱗亦三色揚鬐分界不同游（皇甫汸詩）三江橫貫兩城中同是潛鱗色不同更道芳州多蕙草幾

叢花發倚春風　鯽魚燭溪上林二湖產者佳　鰣魚名惜鱗魚產臨山後海不多得　時魚其大如筯小麥熟時一時有之故名亦呼小麥魚產積慶寺前溪舊志即作鰣魚者非　銀魚產石䲶橋之東傍南岸江水中四五月間有　鯗有江鯗海鯗鱖魚鮎魚烘魚橫匾無鱗黃色濆海人烘乾食之　青魚鰱魚池塘間所畜　白條魚鯿魚鱧魚黑色善食魚俗呼烏鱧魚　鰕鱔鰻箭鰻產海壖其大如箭味甘美　黿鼉鱉蜂螺蟶蜆蛤蜊黃蛤吐鐵狀類蝸而殼薄吐舌銜沙沙黑如鐵至桃花時鐵始盡吐乃佳醃食之（宋厲無咎詩）免冠思脫三塗難吐舌甘從五鼎烹　蟛蜞似蟹不可食昔蔡謨誤食蟛蜞君子譏其不熟爾雅諺曰揀蟹得蟛蜞　蟛蠘蟹沙蟹黃甲蟹本蛑蝤其甲黃俗呼黃甲　紫蟹紫色苦楝花時挾子而至語曰苦楝開紫蟹來　白蟹稻蟹九月團臍十月雄　鼃俗呼田鷄　蝦蟆子曰科斗

蟲之品　蠶再蠶曰原蠶　蜂家畜曰蜜蜂　二者民利存焉餘緐不具載

貨之屬鹽　通商利民海濱上產　自梅川之白沙而東者色白質鬆味差濟宜食自開原之道塘而西者色微黑質重其味鹹然醃物不敗　按亭民煎鹽之法舊制每丁沃沙日晒沙白用鐵刀刮起聚而苫之乃淋鹵取滷然後試以蓮子每用竹筒一枚長寸許取老硬石蓮三枚納筒中探滷三蓮橫浮則極鹹謂之足蓮滷未盡之頭滷一蓮橫浮次之若三蓮俱直浮其滷薄不可用竹盤者以竹為盤中爲百耳以篾懸之塗以石灰纔足受滷燃烈焰中滷不漏而盤不焦為一盤可煮一十道近亦稍用鐵盤

綿布　葛布　苧布　絲綢　綿紬　靛　菜油　柏油　燭

炭　秘色磁器初出上林湖唐宋時置官監窯尋廢

新修餘姚縣志卷之八

新修餘姚縣志卷之八終

卷八

# 新修餘姚縣志卷之九

安邑康如璉修菴纂

## 學校志

古云詩書禮樂國之洪源也

聖天子大敷文教雖荒陬僻壤之士莫不蒸蒸鬱興況姚七固

文成鄉也其學術衣被天下固首爲文獻之邦乎

先師廟宋初在治西二百步舊志言漢書黃昌居近學宮而昌故址在今治西南隅黃橋側則學宮又疑嘗在江南按漢廟學之制不同而孔子亦未嘗遍祀於天下其所謂學宮者非如今之一邑一學也慶曆中詔天下縣學士滿二百人竝得立學姚令謝景初建之其制頗隘元豐元年邑人將仕郎莫當以私財市地與令黃鑄

移學東南隅去治一里伍拾步其舊址東西闊二百八步南北深八十八步今南步如故而東西止四十六步通計六畝三分二厘開四衢於左右前後各廣三步以來四方學者前衢之南鑿泮池東南廣四丈一尺南北深四丈二尺東衢之盡少南跨浦爲欞星橋其西臨直街爲明倫坊崇寧中置學長學諭直學齋長齋諭各一人生員五十人建炎兵火獨廟學不燬紹興五年令徐端禮七年令趙子潚增治講堂齋舍十五年尉史浩建射圃於泮池之南作二亭曰觀德曰繹志淳熙五年令趙公豫重修慶元五年令施宿建直舍爲致齋攷課之所又作外門垣墉咸淳九年令趙崇簡重修朝奉郎黃震記咸淳九年冬金華趙侯爲餘姚宰修泮宮成明年春走書屬震曰教化治道之大原庠序教化之先務故董仲舒謂守令爲民師帥我朝立法守令

亦無不以學事繫銜學校非守令之責而誰責世降以來爲令者苦財賦學事往往不暇省朝廷爲別設官以主之令益得以諉其責學事又日益以壞如吾邑學廩歲收五百石有奇公厨至不舉烟學官至老且厭吾爲此懼亟起而身任其事墍釐節費捐俸以倡學官前序諸生繼捐廩給以助乃新禮殿增之欄楯乃改兩序以便出入而繪從祀於夾廊使見喧褻若儀門若講堂若齋廡下至庖湢垣墉壹是咸新先賢祠昔之散處者今亦創一堂於東序而合之規模顯設氣象宏大匪惟新舊殆且增飭今而後將與三三子日講習於斯願予有以發其意震惟邑之以餘姚名以其爲帝舜舊地也設學校以教人自帝舜命契爲司徒始舜之教人也使父子有親君臣有義夫婦有別長幼有序朋友有信人之所以異於禽獸家之所以和國之所以治皆不越此五者今之學即古之學也今之教即古之教也今之不古若者何也古無利祿之誘今利祿誘之也然利祿何足以誘我哉人之窮達制於天而利祿之有無係于命不以求而得不以不求而喪吾惟即父子而父子在所親即君臣而君臣在所敬即夫婦即長幼即朋友而各盡其所當然者于以從容乎義理之常而安行吾平生之素苟能此道而大者立矣則課試可也科舉可也亦帝舜敷納以言之遺意也未害其爲教也雖今猶古

也否則其爲利祿可以求而得其謂讀書可爲釣致利祿之
具疲其神于破碎之學窮其力于聲偶之文父子君臣夫婦
長幼朋友五者之大倫反不知實踐而無所愧則雖游於斯
息於斯弦誦於斯口談義理皆非其實亦胡取乎學校之教
舜之所以始於虞庠者豈若是其然也侯今興學於舜之鄉
亦惟以舜命司徒之教人者教人人各以舜之所以教人者
自勉曰舜何人哉予何人哉則旂鸞戾正于魯僖　有
光矣因以爲記侯名崇簡其政稱是邑人併祠之　德祐二
年火元至元十四年令杜仲仁重建二十八年廉訪使王侯
按視建屋壹百二十九間復置學職縣陞爲州州守高慶仁
張德珪李恭學正楊友仁累修之〔黃文獻縉新學詩序〕餘姚
廟學而新之予友彥實既爲作記歸美其守長邦人士樂君
之志有成而懼來者之弗嗣也復相與播之聲詩以垂無窮
之思焉昔者魯修泮宮孔子不書而史克頌之㮣美其君而
爲之師者弗與也何楊君之得於羣公者閎俊若是哉記春
秋之所不書法之變歌詩人之所克頌情之不可已也情之
不可已而至于法之變夫亦禮以義起者也凡磬歌之容冄

黝之麗紀詠備矣故予爲本
詩春秋之旨系之末簡云

重紀至元二年復火守汪惟正

劉紹賢重建 韓性記 餘姚爲縣時立學縣東南一里所按越郡志宋元豐中知縣事王鑄之所定也至元十三年歲在丙子燬于火縣尹杜仲仁創建焉縣陞爲州知州高慶仁等屢修崇之後六十年當至元二年閭里爆災學復燬知州汪侯惟正經始未就是歲十二月奉議大夫劉侯來知州事喟然歎曰罹火禍民舍如晨星州官署居不完力誠有不逮也惟學校之建風化之源長吏之職其可以緩劬勞殫慮爲邑人先章逢樂輸其有斤斧板築不絕聲明年十月學成禮殿尊崇講堂高朗門廡齋舍嚴邃蠲潔致敬有所鼓篋而來者如歸士民瞻仰歎息羨其規模之宏駿其成就之速乃相與謀勒文以示侯之績夫教學古所甚重也士不可以一日而廢學上之施教其可一日而廢哉學校教學之所生也上庠下庠之制肇於有虞司徒之職典教之官雖設於上古之時著在聖經實自虞始餘姚在東南以舜氏得名故自漢以來是邦名世之士若嚴子陵虞仲翔御見于史傳元夫魁人近世彌盛豈非學校之功哉考重華於數千載之上茲學之建非獨爲州之所瞻仰而已侯名紹賢字良弼滓海人便宜仲祿之孫也

至正八年守汪文

環增建養蒙齋成德齋文會堂東西二坊門爲屋八十八楹

〔汪文𤇍記〕至正八年冬十一月新建成德養蒙二齋及文會堂東西坊門凡八十有三楹既成會儒者及諸生以落之先是後至元丙子學燬于火幾盡知州汪侯惟正按其舊規創而復之既而侯去繼其任者劉侯紹賢復爲兩齋重廊以環屬倫堂之左右於是學制麤備然而朔望二丁之會主祭之官相禮之士雜遝廊廡以爲期集更衣之所齋舍雖設隘陋淺逼不足以容學者況小學有師而大學弗置于教闕焉非所以長育人才大其所就之意至正六年四月文𤇍始至州既視事首謁夫子廟時學正徐君夔老儒者趙君珪等爲余言之於是以衆所推鄭君㚟趙君由浩主大小學事師道既立教養一新負笈而來者于于也方議廣齋舍築賓館以大其規會令下權息土木之役越二十年而至于今而克成也嗚呼古之學者陋巷環堵而講道不輟固未嘗以所居之崇卑動其心也然而泮宮之修魯人至形之歌詠蓋上之人鼓舞作興之典著於是焉況其隘陋而就寬厰其於藏脩游息之所亦不可謂無助然則是役也詎容已哉夫守令者民之師帥也昔之爲師帥者躬行于上以端其本任賢取友以輔其教而後治化成風俗美若單父之彈琴武城之弦歌皆是

物也文璟不斂豈能端本以稱師帥之任州之賢者幸而猶之庶幾誘掖作成感發興起以無負國家崇化育才之美意而有以繼言宓二子之躅此區區之心也若夫潛心大業孜孜不怠以要其成則誠有望於諸生之自勉云學正徐君雙老未幾以病去權其事者汪君焱大學訓導鄭君燹亦以憂去繼之者楊君燧

二十三年儒士貢顲以私財重修

劉仁本記今天子進浙江行省方平章國珍爵司徒保厘東藩之明年為至正二十有二年司徒檄介弟國珉樞密副使分鎮越之餘姚州又明年州之學宮修葺一新爰釋奠于先聖且落成之其學官蔣嚴泰省宿鄭燹持狀來請日副樞密公既鎮我邦伏謁先聖廟禰然就把藉圖籍修遂以規畧命今都事栗某與前知州董完哲溥化學正鄭涔畸則有若儒士黃顲者在列願悉出已貲力輸土木之工費一毫不假于官役既作知州王溶議復其尸稍酬之而慕資毛永龍霖力勉成之禮殿門堂齋廡庖舍以及垣墉黝堊之飾靡不堅緻具備厥功茂矣經始于是年二月底就于今年正月願著于石以垂後觀仁本載辭弗獲迺歷考學之廢興于往諜而識之餘姚舊為縣宋初有文宣王廟在縣西二百步迨元豐間縣人莫將仕者割已資買爽塏之地於舜江之南一里所别剏新搆又穿四道揭明倫之坊以

來四方之學者旣南渡建炎之變井邑遭燹而學宮歸然獨存邑宰趙子潚輩增葺於紹興初禩施宿又復廣之于慶元之末於是作人造士文教之興莫氏之後有文清公叔光中書舍人子純皆擢高科顯仕振名當代入我國朝燬于德祐丙子旣而重建暨縣陞爲州屢加修治而又燬于重紀至元丙子今所存者則知州劉紹賢所建汪文璟所闢也顧茲兵興有事邊鄙餘姚在虞守戒嚴之地而修崇文教若此有非他郡縣所能企及也然余聞學校之設始於有虞之尊賢尚德自水土旣平夏禹朝諸侯于會稽執玉帛者萬國餘姚獨先囿於禮樂衣冠之化漸仁磨義淪入骨髓詩書俎豆之氣彌芳雖歷世亂離奔走靡爛而又弗即廢置此無他學校之政實繫人心關世教拯時溺爲甚重也　明降州爲縣改學官爲教諭一員訓導二員廩膳生二十員增廣生三十員附學生無定員洪武二年降卧碑制書三年六月頒鄉射禮儀永樂十一年教諭林觀上言學壞詔有司修治中爲文廟五間高五丈有奇祀先師孔子旁列四配十哲並爲王侯像祭

器牲幣祝號咸具嘉靖十年詔易像以主去其封爵改文廟曰先師廟　由廟甬路而南爲戟門五間甬路左右爲兩廡各十一間嘉靖二年東廡壞知縣丘養浩重建廡之北東爲神厨西爲祭器庫各四間　戟門古爲鄉賢名宦二祠戟門之前爲靈星門三座臨於泮池池南少左爲射圃東西各深五十八步南廣九步北廣十步史浩二亭久廢嘉靖十四年推官陳讓作亭曰正巳亭三間今亦廢

廟之北爲明倫堂三間堂南之左右爲進德齋爲修業齋各三間皆宣德七年知縣黄維重建正德六年明倫堂壞知縣張瓚新之嘉靖九年作七箴碑亭於堂之北刻御製敬一箴五箴解　晝齋以南倶爲號房初十八間後十二間今廢皆正統四年知縣

盧祠重建撤堂之右爲膳堂亦祠重修廢堂之左爲講堂景泰五年知縣詹源澤始建各三間今皆廢成化十年知縣劉規覩永樂以來所建置署壞其所修復特多　由明倫堂扁道東折而南並靈星門之東爲儒學門正統七年教諭王懋改建初址一間廣爲三間萬曆間教諭錢紭選又改爲樓　儒學門內折而東爲啓聖公祠三間嘉靖十三年知縣顧存仁以學倉舊址改建後有池有亭初爲宰牲亭十四年存仁改建爲一鑑亭　其北爲教諭廨訓導廨一在進德齋北一在修業齋北各三間俱歲久就圮嘉靖十九年通判葉金新之今又圮　隆慶二年廟學圮知縣鄧林喬重修萬曆十一年又圮知縣丁懋遜修

大清順治九年知縣胥庭淸重建胥庭淸記姚邑文學自明萬曆十一年知縣丁公懋遜重修之後迄今七十餘載歲月既深殿垣圮廢順治六年冬十月予受命視事謁文廟顧瞻左右由甬門至聖宮明倫堂兩廡廟舍之屬惟見荒瓦頹楹衰草滿目嗟乎天道人事之變固無窮極何以前有所承後無所繼乎姚邑數罹兵火饑饉荐臻當此傷殘慘痛而議及於此未有不哄其迂且拙者然予以爲極敝之時正不能舍此親上死長之義而別爲理道於是銖銖而集之寸寸而進之寒暑三易心力既竭乃得聖廟重修倫堂再建東西二廡每廡十一楹西廡盡廢今補之儀門側新建齋盥二室東西齋舍既廢學師寓於民舍今重建齋各樓三楹廳事三楹更名歐冶翟門人材濟濟咸歸教育經始於春落成於秋釋菜之日

氣象一新庶幾告無罪于守土也

康熙六年知縣潘雲桂重修二十九年大圯知縣如璉與教諭沈煋方運昌協力捐俸新之煋獨以已財創修啓聖宮

學田　學故有土田山林陂蕩凡八頃有奇宋乾道四年前縣尉

史浩爲丞相守越市良田取其歲入以給鄉賢之後貧不能爲喪葬婚嫁者附於學謂之義田田之課入屬之縣主簿給散屬之鄉賢士大夫廢學
官帷養士不得移支
慶元五年冬令施宿亦市田養士元州守李恭播田數百畝益學者廩餼泰定初守羅也速反見至正中守郭文煜皆淸其侵占者邑人史華甫捐田五十二畝贍學孫元蒙記

餘姚爲越支壘興時爲縣國朝陞州設官五品以長之其政所施加於舊矣至正九年夏四月大梁郭侯以奉訓大夫來知州事仁聲惠政洋溢遠邇尤注意於學校首謁孔子廟畢明倫堂進諸老而問焉咸言學故有田歷年既久歎弊日滋以故廩食不足春秋釋奠取給臨時稍食弗克教養失實將無以仰稱昭代右文之意侯喟然歎曰此吾責也是不可以緩即推擇儒士之公廉誠篤者分歷諸鄉履畝考覈或見侵于豪右或竊種于頑民或以磽易腴或以廣爲陿至是旣得其實皆按籍復舊及秋輸粟於倉庾無敢後者於是節其入以爲出衰其羨以備用凡祭祀之物營繕之須師生之廩稍

莫不充然有餘而非復曩時之弊矣侯慮天久遠而復爲湮沒也則又編爲成數著爲定法刋之於梓俾凡隸儒籍者家喻戶曉更相察糾以絕欺弊其慮亦弘遠哉開元孝義二鄉有海漲塗田每歲亭民據之以專菽麥瓜蔬之利侯乃命吏彊理計二百四十有一畝悉以贍學助養士此則規措得宜而愜乎公論者也州治之南有史氏華甫宋太師浩之裔聞侯以興學爲心慨然捐田五十有一畝歸之學會歲之入得米三十有五石此亦政化所及而發于良心者也夫旣有以養矣則又延聘師儒增廣子弟員以廣其教考問學業以要其成侯之究心于學校嘉惠於諸生者甚至矣侯名文煜字彥達始以王邸說書授侍儀司典簿累遷華要今知姚其政績多可紀姑述興學崇化之事庸爲楷法且鐫其籍於碑陰俾來者有所考焉

自後歲久籍失止存二十畝三分明萬曆三年以修理學宮餘銀置田五十二畝三分零（陳恭介有年記餘姚學故有田贍士若增置以儲葺學則當新學之後六年李侯視事之四年也李侯之先鄧侯實首議議曰學所繇積圯坐費詘又憚歛會故茲屬有公地可鬻得藉手而新厥圯顧若異日何誠以所撙縮之贏市常稔田歲儲其入以時視葺贏且不竭學可永不敝

便議既畢協無何鄧侯內召去李侯乃竟成之國家右文作士竆徼下邑聲訓旁皇可謂綦隆然而諦觀庠校即俊國時有傚滮之嘆則何也天下之傳舍其官而日徵於簿書久矣簿書所不亟見謂闊遠而婾自恕陳有年曰學田何爲者也是裨教之郛廓也夫古王者立教則固有文寔矣詩於王者之所重則雖提空文以爲之郛廓而不足以造士欲舉王者之所重而蔑置其郛廓不之理則所重者將無所寄而能行王教遠矣其實可考見其在身心可內循而著且察也不得謂之終湮而今之日學曰學田云者良大夫方後先而理之士方儒冠鼓篋游且聽於其間也不得謂無郛廓可寄繇良大夫之舉以敬應國右文之治而原本於王者之教之所重士不當如是耶鄧侯名林喬內江人李侯名時成蘄水人

二十七年援例納監田一百八十畝没官田二畝二分零二十八年巡撫劉元霖市田一十九畝二分零三十年邑人駱尚志捐田四十畝共置田二百九十三畝八分零學山七十三畝零

萬曆乙丙巡按張公諱文熙廣西臨桂人范公諱鳴謙直隸
江陰人皆世所稱名御史捐俸重修
姚邑 文廟向無樂器今
康熙三十一年教諭沈焜奉
撫院張 憲頒禮樂考始遵式製備
計開
麾二首黃綾一畫升龍一畫降龍龍頭硃漆桿有硃漆架各
一節二掛泥金葫蘆紅纓九串龍頭硃漆桿有硃漆架各一
祝一座 瑟二張有架 琴四張有桌 笙四把 鳳簫
二管 簫四管 笛四管 塤二箇 篪二管 編鐘十六

龍頭硃紅漆架　編磬十六　鳳頭硃紅漆架　柷一座

敔一座　大鼓一架硃紅架　鼗鼓二面　硃紅架各一

即搏拊　簫籥三十六副俱龍頭雉尾　金漆大厨一口

始選樂舞生

修學記事

康熙丙辰夏余既赴試銓曹名列第六時江南同年歸孝儀允肅居首選越巳未孝儀竟掄狀頭余雖鎩羽心怦怦不能罷公車因改就教甲子冬得授餘姚學傅乙丑南還孟夏始之任入門惟見盈庭茂草滿目蕭凉內署宛如土窟危樓數椽搖搖欲墜覺繩樞瓮戶較此猶勝矣隨謁

先師周視殿楹廊廡皆剝落頹圮余戚然憂之因歎人材之盛衰由學校之隆替其信然哉曩時姚江學脉之傳衣被天下自虞仲翔之易擅東南嗣起者代不乏人三百年以來忠孝節烈之儒後先隨踵陽明先生又以心學振興絕響其他科

名炳耀指不勝屈近今人才寥落科名寖衰毋亦學宮之頹敗使然乎夫營室無功单子知陳有咎國庠爲圃元興憂道將喪且如黃冠緇流猶能令寺觀金碧廟貌巍峩吾儕讀書譚道曾若輩之不逮乎奈前此令姚者遞更變故不遑謀及以是因循每遇風雷雨雪塼瓦殘傍徨寢不安席者三載戊辰冬晋中康侯以經術爲吏治下車首重文教然未敢遽以興作請也會當嚴寒殿之二門前廊旋見傾倒東西廡日就塌崩至 啓聖宮則已撐拄如蝟不能旦夕留余更惕慄遂出已財首葺之佐余不及者田二尹也匝月方竣而大雪適尺宮之藉以不傾者幾希次年春諸生好義者相顧踴躍發

然謀大工余因與諸生約偕同寅方君詣邑長康侯商確各捐俸倡之銳意經始康侯復爲文以告邑之賢達一時士心欣動捐助有差擇諸生二十有二人董厥事謹刀布以索力拷鼛鼓以程工經營逾歲度支不下六七百金土木諸工各千有餘計其中拮据之苦與諸生備嘗之正殿榱棟朽者什三四悉易以美材兩廡且經改造較往時高可數尺許即廡之圍墻昔用土築今皆磚封增輝式廓既勝於前而堅固可久又過昔遠矣時適郡守李公行部至姚顧瞻色喜過加獎譽給匾額曰功隆學校更爲勸相振興之功塈成矣顧以是歲當賓興夏初奉檄科試暫輟鳩工期于闈事畢當慶落成

不意秋七月洪水橫決陵谷茫茫城不浸者三版雖幸
聖殿無恙而墻垣百堵一夕盡倒人心危懼方不保有室廬
何暇問學宮哉幸郡守李公再詣縣與康邑侯共圖賑濟民
獲安集余因殫力盡瘁先事版築五閱月宮墻復週他工務
未遑也今年秋幸書大有邑侯乃以一簣之虧復有輸助余
敢不竭蹷圖維以終其緒先是非無修學之舉往往以具文
從事卽有畚築不旋踵而卽燬今以精誠矢之無少漏卮諸
生董率之力居多矣用叙始末以告後起郡守李諱鐸寧遠
人世勳邑侯康諱如璉山西安邑人庚戌進士同寅司訓方
諱運昌嚴州淳安人歲薦董事諸生姓氏別有記 旹

康熙三十一年壬申孟冬署餘姚縣學教諭事海寧沈煋隨筆

修學同事官　縣丞田守一江南桃源縣人貢

典史王會光江南江都縣人

董事貢生徐景洵生員戴德顯　韓在朝

邵焴　鄒尚　史翼韓

邵丕基　朱荃　韓境

韓正觀　史在約　包尚信

鄔佩珍　郭紹青　朱輝垣

俞公昕　徐曰康　翁世勳

張維基　俞昌　邵基度

邵肇基

社學明洪武八年詔府州縣每五十家建一社學諸生一人領之餘姚於附近四隅三十五都各建學一所尋廢

義學宋邑人呂次姚建於東北隅明邑人黃伯川建於通德鄉今皆廢

書院高節書院在客星山嚴子陵墓左先是宋嘉定十七年郡守汪綱于墓左建高風閣其下爲遂高亭緑風亭耆雲亭咸淳七年沿海制置使劉黻邑人何林請卽其所爲書院本范文正記語名曰高節前爲夫子祠後爲夫子燕居爲義悅堂爲思賢堂旁列剛毅木訥四齋元大德三年州守張德珪重修別建大成殿殿後爲夫子祠東西夾室祀鄉賢至正八年

州守汪文璟重修作儀門創懷仁輔義尚道著德四齋凡祀事以山長一人領之明罷山長洪武中千戶劉巧住營三山所演武廳取用書院材料遂就湮廢

胡助重建高節書院記

高節書院者嚴子陵先生之祠也先生釣嚴陵嚴陵祠之矣餘姚其鄉里也而坟墓實在焉顧可反無祠乎謹按史傳先生諱光會稽餘姚人少與光武同學既光武即位變姓名隱去遣使往聘三而後至然不屈往畊富春山卒而歸窆餘姚之陳山宋咸淳中沿海制置使劉公黻即墓下建書院祠焉表之曰高節葢本范文正公記先生桐江祠堂之語國朝元貞大德以來雖更創治逮至正間已梁傾柱朽矣三衢汪侯文璟來守餘姚既奠謁即欲徹而新之于是首捐俸以倡僚佐士民聞者爭助其費會令下權息土木故遲之越二年乃拓舊址前出數十步因其高下爲儀門夫子殿懷仁輔義尚道著德四齋梯以石級夾以峻廊重修夫子舊殿以祀先生復義悅堂爲講會之所新清風閣以極遊覽之勝垣墉丹雘之功靡不畢備于是祠廟一新山川亦與有榮焉經始于至正六年八月五日明年七月既望落成董其役者權山長鉛山州教授楊瑛任簿書

出納之計者州司吏胡彥壽也汪侯遺書屬金華胡助曰願
記之蓋助嘗與侯同佐史事于朝而嚴先生之節又所樂道
焉者乃不以衰老荒落辭輒復之曰維先生出處去就世莫
能窺鴻飛龍卧隱然爲世道重竊嘗謂其非果于忘世者耳
方王莽寇竊之際四海横流生民塗炭三綱淪九法斁先生
以名節自任力挽而恢復之此其用志成功何如邪或者乃
以方諸雲臺要非知輕重者謂先生夷齊之流而同其功庶
幾近之蓋夷齊不食周粟師百世而未艾先生不屈光武化
東都而清風至今猶存雲臺諸人果若是班乎其繫屬天下
後世瞻仰衆矣而于鄉里尤勤勤焉空汪侯作新其故山之
祠也侯起家進士始佐此州有聞入翰苑著名會朝廷舉守
令而侯實再至焉非其尙賢敦化深于長民之道者無能爲
是役也助既爲之記又作詩使并刻諸石祀先生則歌以侑
觴云其詩曰姚江泱泱兮釣遊之鄉陳山蒼蒼兮衣冠之藏
先生之風兮齊聖先生之節兮高萬乘神無不在兮水行地
中潮生潮落兮道無終窮祠廟新兮肇民教客星炳兮貫林
谷春有芝兮秋有菊荐寒泉兮歌招隱之曲先生歸來兮白
雲藏山繼自今兮立懦而廉頑（陶安高節書院紀畧）高節書
院奉子陵嚴先生祀在餘姚州東北十五里運山環谷巒飛
嶂躍邃林豐草蒼翠眩目書院乘山腰隨地勢前低後崇其

理嚴潔門屋四楹中建大成殿兩翼短廡殿後爲子陵祠埭
衣冠像祠東西屋列秩鄉賢祠下左右爲四齋講堂四楹居
嗣後漢書逸民傳稱先生會稽餘姚人耕于富春釣于嚴瀨
年八十終于家今其墓在書院右蓋書院因墓而立以祀先
生也登墓道上東望山凹處如吻仰張天日晴朗凹外隱隱
見海初余以職在長教奉祠欲即書院齋居訓徒士類咸謂
山谷荒寂不可居時老儒趙君璋與圖智長老乘鐵舟善勸
歸一室留余有法性寺住持悅白雲者頴慧能文章每訪余
聽談易未幾浙東西學者踵至僧舍隘不能容遷姚江北官
舍每朔望向晨肩輿赴書院率士子拜謁具饍而退春秋廿
丁前期詣祠下行事余每往書院則出郭循田間小路行廿
里許有石梁跨溪水溪陰有綠風亭以先生嘗釣遊焉故名
循溪緣山有石磡濶三尺而修曲過三里當路有石基方可
八丈莓蘚斑斑昔人建亭播雲山蒼蒼之歌名蒼雲亭又二
里石路盡遂登山由土徑崎嶇盤折抵書院陰雨徑輒泥淖
或沮潦水行者告病時新用直學潘國寶者年少好學與其
二弟咸來從遊以錢五百緡修贄余拒不受因諷其甃土陘
潛生慨然出錢買石隆壞于陘而甃之下接石路上徹院門
環舍茂樹尤多楊梅學產歲利供朔望丁祀教官得祿強半
余治視事當癸巳九月三日所與交者前守郭彥達省掾李

元丹判官琵邦民學正劉中可及士人仕者劉彦質鄭學可李文衍楊季常暨其弟元慶趙維翰宋無逸維翰君墇子也文士則鄭元秉趙養直帥史王國臣漕史高仲寶方外則四明山宮主茅石田餘所識不悉載書院奉祀養士之費劉黻括慶元府莊米二百石定海縣田一百八十畝以充之其後郭文煜全止善並聚新舊之田得八百畝有奇士人童祥七妙真亦各割產以贍宋傳增地記國朝門□祠學所謂書院者例發官置師弟子員與州學等嘗詔有司以閒田隙地係于官□歸之學院以贍廩稍之不足然仕于州縣者往往局于米鹽獄訟之煩能致意學校以應明詔者蓋少矣至正九年夏河南郭公來守餘姚既于孔子廟學究其事力之所至矣復以州有先賢祠學日高節書院者乃漢嚴子陵先生丘墓所在而建者焉先生之風誠范文正公所謂大有功于名教者故縉紳大夫即其墓所建祠立學以致褒崇之意公又慮其田租之入尚薄不足贍學士于是爲嚴雲柯海廣之地得四百十有六畝繼數汝佐湖田又得四十有五畝悉以歸之高節之建始自宋咸淳中沿海制置使劉公黻至今八十有餘載矣

守是邦而圖增其產者前後僅數人郭公又士論之所歸者山長應君仲珍前攝書院劉君彥質謀刻石記實祈文于予予因嘆而言曰三代學校之法莫備于成周成周之時民皆百畝其田于其入學之費必有以自給故學官養士之法歉無聞焉後世貧富不均士之力于學者勢不能兼農工商賈而多阨于貧窶今聚而處之學院于其口體有所養矣然自學者而言則心志之養尤不可缺養其心志而無餒焉雖併日不食亦不能病其所學者矣范文正公之讀書南都學舍往往饘粥不充日旰始食亦嘗有廩稍之賴乎至其爲治則記嚴先生之祠因以廉貪立懦爲言故范公之志聞嚴先生之風士之肄業于斯者亦可以自勵矣以况郭公之能致意廩稍而内外得以兼養士亦何憚而不進于聖賢乎予既服公之爲人又重應君之請注此說以勉夫學于斯者郭公名文煜字彥達嘗仕于朝有聲矣其爲是邦治行甚優當有論著

怡偲書院在四明鄉宋修職郎孫一元建別有文會[illegible]

[illegible]文社今廢

古靈書院　在治北屯山之陽今廢至正二十二年餘姚州作古靈書院成孟春上丁行釋奠禮迺航海來京屬汝南危素爲之記古靈臺者宋樞密直學士知通進銀臺司兼侍讀判尚書都省累贈少師陳公襄所居之里也其地在福之侯官而書院作于餘姚者何蓋公嘗知明州餘姚其鄰境也故子孫散處燭湖之上曁曰大陳且百餘年矣十二世孫江浙行省左右司員外郎履常適以王事繇天台抵餘姚因與大陳族人源卽屯山之陽作家塾以奉先聖先師幷祀公焉買田百五十餘畝以贍其費聘名師以教子弟知州董完哲溥化爲之請建書院監察覈其實遂上其事于朝惟公文章功業載在史冊天下後世所共知之亦何俟乎鋪張贊述而後振耀于耳目也公之所以得顓祀于此者其扶名教表章經術非特立獨行自信不惑能如是乎當是時學者沉溺于雕琢之文孟氏之學不傳程周之說未著所謂知天盡性相率指爲迂濶而莫之講同志陳烈周希孟鄭穆始相與倡道于海隅聞者亦笑以驚守之弗變卒從而化號爲四先生云

姚江書院　在治南五里半霖鄉明崇禎十二年邑人沈國模史

孝咸管宗聖以周海門之傳共講於中前設　先聖四配主

後祀王文成而以弟子配享

豐樂書院在龍泉山爲郡守李公鐸建翰林院侍讀高士奇碑記康熙庚午歲浙東之水患姚邑爲甚懷山溢澤漂廬蕩野前此所未有也長白李郡公之救災亦前此所未有也水災之見于傳記者淮南子之歷陽水經之武强益州記之邛都餘姚亦幾同之其所不同者天生　李公以救此百萬生靈耳令使之城郭如故潢池寂然民得保其妻子無襁負流散之苦聚落烟火耕鑿如故由公之慮患周故其見效速也慮其饑也而爲之食慮其寒也而爲之衣慮其死也而爲之埋慮其食之無處也三分其粟越三月以給之慮遠者之不能自達也身至窮閻阨巷以致之慮受粟之猶不足也爲食于路以食之慮竈戶困也捐其正課以救荒之粟代之當是時公私赤立　公又自清俸以外一介不取惟有勸分之法其至誠之所感動金石爲開莫不輸寫心力義粟流行民以蘇息會計所發之粟其在餘姚者三萬數千餘石臧孫辰之王磐告糴晉惠公汎舟之役方斯蔑如矣民皆曰吾儕生死而肉骨者非　李公

耶公念念不忘我我恐忘　公耶黃童白叟數米而炊無不
曰此　李公以眼淚活我我儕其恐輕下咽乎洗釜然靄萬
姓必念　公數聲于是相與議曰周人懷召公之德常戒甘
棠之伐巴東念萊公之惠不忍雙柏之焚古今已來小善小
德而圖形立廟者多矣況　公之大有造于我姚乎其君子
曰　公之恩在爾心爾死在爾子孫其功業在史官無以像
爲也恐非　公之所欲聞也其小人曰此非爲　公也乃我
姚人之所自爲也古之人安不忘危今日之菑姚邑之危甚
矣數世而後見聞之所不及我儕子孫亦不知其祖父之阽
危如此也而攸焉思遲應几藉　公之風聲氣烈以傳其留
此一綫之緒者蓋非易易也遂率而成之値來年大稔衆皆
以爲　公誠之所感召因名豐樂書院在王文成公祠左近
始于二月初九日落成于七月初一日　公名鐸字長白遼
東世家其政績甚多其救菑亦非一邑別有大手記之余餘
姚人但述姚之私議云

〔邑侯康公救菑記〕康熙庚午秋餘
姚大水平地高丈餘山山出蛟崩決湧瀑者無慮數千處流
屍如葦禾稼滌地惟時康邑侯以省試承檄當入闈校文侯
痌切民災慟辭於各上臺而返於是撫軍張公以姚災入告
藩臺馬公郡侯李公各極力設法賑濟田得遞減賦之恩民
得完家室之聚姚邑忘菑頌侯者曰校士榮典也世固有營

求之而不得者矣侯以名進士爲上臺所首屬而乃以姚菑故甘棄之如遺此真姚邑之父母哉余曰固也昔趙公救越菑曾子固記之縷理髪櫛可爲後來救菑之準然其時僅以越州救越州耳當姚水降割野無青草家室如洗非一邑之所能自救而侯血誠所感 各上官俱竭心爲姚民請命其所造於吾姚者更大此則頌侯者之所未及者也余固樂爲表記之侯安邑人諱如璉字修菴康熙庚戌進士 黄宗羲記

典籍 周易註九卷日月變例六卷春秋外傳國語註解二十一卷論語註十卷史記註二十八卷周易集林律歷一卷虞仲翔集三卷吳虞翻 尚書釋問一卷毛詩釋十八卷孝經註三卷周官駁難五卷贊鄭玄論語註九卷論語新書對張論十卷安天論虞喜集十一卷志林新書二十卷後林新書十卷晉虞喜 會稽典錄二十四卷晉書五十八卷虞預集十卷晉虞預 虞氏

傳十二篇晉虞預投壺經一卷投壺變一卷晉虞潭五經論譔十
卷會稽記二卷宋虞愿虞氏家記五卷家譜一卷宋虞賢法書目
錄二卷上法書表一卷齊虞龢后妃記四卷妬記二卷集二十
卷齊虞通之虞羲集九卷虞炎集七卷古今鼎錄一卷立代論三
卷陳虞荔帝王世紀音四卷騁馬四位法一卷長洲玉鑑二百
三十八卷類集一百十三卷隋虞綽君臣諡議一卷大唐書儀
十卷筆髓論一卷帝王畧論五卷集三十卷兎園策十卷北
堂書鈔一百七十三卷唐虞世南古周易章句十卷周易古占法
一卷古易攷一卷易傳外編一卷春秋傳顯微例目五卷論
語傳二十卷孟子章句七卷玉泉講學一卷四聲韻一卷京

氏參同契律歷志註一卷大元經註十四卷大元經補贊四
卷南齋小集十卷戸口田制貢賦書四卷乾道賑濟錄二卷
淳熙雜志四卷醫經正本書八卷程迥王逨集二十卷經說
五卷史說五卷奏議八卷臺評三卷詞垣草十卷進講餘抄
五卷遵拙齋雜稿二十卷經筵東宮故事四卷胡沂虞谷奏
事六卷本草單方三十五卷王俁通鑑撮要十卷莫叔光賢訓
編胡宗汲妻莫氏燭湖集孫應時歷代帝王纂要譜括二卷幼學須知
五卷孫應符平庵集四十卷趙彥械菊磵集十二卷高九萬越問一
卷孫因經傳攷疑八卷秘書錄十三卷岑全讀易管見五卷
繫辭舉易一卷孫榮叟古易集傳十二卷山水游記二卷家範

五卷楊子祥魯山集四十卷陳開先半村集十卷胼元古見山集梁仲凱以上宋毛詩名物類攷二十卷西園集十二卷楊燧山輝集十卷鄭葵栲栳集四卷岑安卿野舟集四卷徐良杞備急救人方八卷苗仲通脾胃後論一卷項昕以上元素問鈔十二卷十四經絡發揮三卷難經本草二卷傷寒論二卷診家樞要一卷醫韻四卷本草發揮四卷本草韻四卷醫學引斅四卷醫學蠢子書五卷滑壽庸庵稿三十卷宋僖百國傳一卷錢古訓雲航集八卷張壹民菊東集八卷黃珏和順英華錄五卷李應吉易學提綱四卷周易圖釋十二卷聲音文字通一百卷正韻七十二卷六書本義十二卷正轉音畧一卷字學源流一卷六書指南

六卷童蒙集句一卷南宫續史斷三卷歷代譜系讚辨畧一
十六卷造化經綸圖一卷戒書補一卷南遊紀詠集五卷考
古餘事一千篇趙謙 元詩體要二十卷宋公傳 周易說四卷春
秋說五卷周禮考正六卷王傑 四書啓蒙十二卷景星 四書
便覽十四卷夏艮輔 觀易鈌疑十二卷毛吉 通鑑編年六十卷
易窩雜言一卷余誠 好奇生集二卷岑黼 慈山雜著一卷徐守
誠 錦囊清事集二卷岑宗鷃 指南集四卷岑如謙 絶句精華十卷
過齋集十二卷朱棠 餘庵稿五卷邵宏學 雪崖集十八卷愼節
稿十二卷岑琬 竹齋稿八卷王倫 野航集十卷周熙 愛竹稿
八卷楊軾同 炙轂集十卷岑拱辰 蘭室遺稿四卷胡恭 雪湖詠史

錄四卷馮蘭嘗齋集二十卷魏翰靜庵遺稿五卷陳謨謝文
正公集四十卷謝遷龍山稿十五卷諸書雜錄二十卷垣南
草堂稿十卷王華孫忠烈奏議四卷孫燧五經臆說四十六
卷傳習錄四卷陽明文錄二十四卷武錄二卷撫事節畧二
卷奏議八卷王守仁難素箋釋八卷本草攷証二卷針經訂驗
一卷黃淵本草權度黃濟之秋泉遺稿四卷楊鑑古訥子一卷
開元日訓錄三卷學鳴集二卷楊祐小野集四卷豐富集四
卷宋元集四卷倪宗正啓蒙故事八卷陳叔剛宋元二史闡幽復
齋日記許浩簡庵文集詩集各四卷三省經營集二卷陳雍
師硯集皇華集銀臺寓稿陳嘉猷肥遯齋稿留園集濟美集謝丕

東溪類稿于震　青園日錄黃尙質　專城稿　牢盆集　朮山集嚴時泰
鷄鳴集　茹茶錄張懷　西槎集楊撫　允庵詩集　青瑣疏畧張逵
期齋集　奏謝稿　館閣漫錄呂本　緒山文集錢德洪　橫山文集徐愛
東閣私抄黃文煥　文恪集孫陞　國朝文獻翁大立　一齋存稿　和唐
音楊音　陳太常集陳贄　餘力錄疑盧璘　載記存疑　受欺稿陳塏
支湖雜說胡鐸　易經心說諸燮　釄醋集　百子集胡玠　說約編
鈎玄篇　趨庭集胡安　今山集一百卷胡瀚　姚邑賦一卷蔣勸能
工部集　起漕稿葉逢春　性善解　周易辨疑　太極通書釋張岳　青
錦園集　續集　白雲初稿　入蜀記共三十六卷葉憲祖　居業編　居
業次編孫鑛　黃忠端公集　說畧黃尊素　信心錄盧望　憂患學易

四書會通黃宗炎　縮齋文集黃宗會　讀史謬論　大學絜矩解　河圖說鄭伯乾

以上明末兵燹版俱失

新修餘姚縣志卷之九終

新修餘姚縣志　卷六

# 新修餘姚縣志卷之十

安邑康如璉修菴纂

## 古蹟志

詩人多弔古之作非地以人勝哉遺風餘韻草木皆香而且子長記許由之墓昌黎弔田橫之塚故古墓附焉

嚴陵塢在客星山下

黃昌宅在邑治西南一里黃橋之南水經江水又東逕黃橋下注臨江有漢蜀郡太守黃昌宅橋本昌創建也昌為州書佐妻遇賊相失後會於蜀

皂莢塢在仗錫西嶺之下大蘭之支山也以劉綱樊夫人昇

仙得名宋孫應時詩劉樊蟬蛻此登仙老木當年已插天仙
骨半枯猶秀潤蒼皮新長更榮鮮蟠桃待熟三千歲
銅狄重磨五百年化鶴未歸
山寂寂徘徊誰與問因緣

虞國墅在羅壁山漢虞季鴻之別墅也至晉而郗愔卜居之
有郗家池

虞國宅在倉前水經注江水又經官倉倉即日南太守虞國
舊宅號曰西虞以其兄光居縣東故也是地即雙鴈送故處

賀墅在雲樓鄉晉賀循所居

謝安石故居在四明之東山

日門館在太平山梁杜京產講授之所陶弘景碑曰吳郡杜
徵君拓宇太平之東結架青山之北爰以幽奇別就基趾棲

集有道多歷年所元末劉履亦避地於此自號草澤閒民補註選詩樊樹鹿亭俱詳山川志

**阮家池**在治西南三十五里梁文宣太后令嬴故宅

**虞家城**在梅川鄉明宋信記余避難梅川時胡處士達道嘗謂余曰鄉有虞家城者父老相傳爲虞世南宅基吾壯歲猶見其遺址高一丈許厚三丈餘吾祖母出其地余因與其從子惟彥過其處則其址之存者厚如處士往歲所見高則四尺餘耳周圍度之爲丈百有五十旁近居者多虞氏按輿地志及孔曄記漢日南太守虞國宅在餘姚嶼山南郡志謂治之東北三十里有嶼山今所謂虞家城正在其南二里許國宅此無疑謂其宅在治西一里靈緒山南蓋郡志誤也郡志既誤而此相傳爲世南宅基者意世南亦居是地鄉人自其盛者傳之耳按酈道元水經注云虞翻嘗登是山望四郭戒子孫曰可留江北居後世祿位當過於我聲名不及爾然相繼代興居江南必不昌諸虞氏由此悉居江北又云山南有百官倉即虞國舊宅據此則緒山別稱嶼山而郡志沿之殊不爲誤且虞氏奕世貴盛多開第宅據翻

之言固有居江南北者又不特專此城以居也顧其城厚完非永與輩其力或不能辦此

向家池在治南一里許相傳宋向敏中故里

世友堂在燭溪湖西北宋嘉定間孫祖祐建

更好亭宋高宗嘗幸龍泉寺登此遠望嘆曰更好因以爲名

喚仙閣在龍泉寺後本王安石喚取仙人來住此之句

陳侍郎槖故居在通德鄉剡湖碞

莫子純讀書墩在上林鄉栲栳山下

孫應時故里在燭溪湖

孫子秀別業在四明之姚巷其故所種荷池久已爲田而尋禾之中時抽荷葉數莖其根未嘗有藕蓋數百年不絶也

孫常州嚞故居在四明鄉梁衢其石鼓猶存

方山京故居在四明鄉

岑安卿故里在栲栳山下

楊璃後清漁舍在後清門外

楊瑛故居在陳山

楊氏嘉樹軒在梅川匡山楊璉故居也

雩詠亭在秘圖湖北元越帥劉仁本建劉仁本敘至正庚子春仁本治師會稽之餘姚乃相龍泉之左龍州署之後山得神禹秘圖之處水出巖罅瀦爲方沼疏爲流泉卉木叢茂行列紫薇間以竹篁彷佛乎蘭亭景狀因作雩詠亭以襲之合甌越來會之士得四十二人同修禊事取晉人蘭亭會圖詩缺不足者各占其次補之總若干首因曰續蘭亭會云

〔戴九靈流寓〕在石堰秦湖

〔考古臺〕在鳳亭鄉馮村明趙謙讀書處

〔毛忠襄宅〕在毛村

〔孫忠烈故里〕在燭溪湖東北一里許地名孫家境

〔謝文正故里〕在第四門

〔祭忠臺〕在龍泉山〔明倪宗正詩〕滄江落日祭忠臺動地風雲鬱未開忠節重爲天下惜英魂疑向朔方來玉堂茅屋心相感白鶴青猿調轉哀片石嵯峨倚峯頂野僧時上掃莓苔

〔瑞雲樓〕在龍泉山北王文成所生處也〔錢德洪記〕瑞雲樓者吾師陽明先生降辰之地也樓居餘姚龍山之北麓海日公微時嘗僦諸莫氏以居其父竹軒公與母太夫人岑海日公夫人鄭娃先生既彌十四月岑夜夢五色雲中見神人緋袍玉帶鼓吹導前抱一兒授岑曰與爾爲子岑辭曰吾已有子吾媳婦事吾孝願得

佳兒爲孫神人許之忽聞啼聲驚寤起視中庭耳中金鼓聲隱隱歸空猶如夢中蓋成化壬辰九月三十日亥時也竹軒公異之卽以雲命名後先生五歲尚未言有道士至其家戒竹軒曰天機不可洩竹軒覺之乃更先生名自是諱言夢矣先生一日忽誦竹軒公所讀過書公驚問之曰聞公讀時口雖不能言已先默記矣及先生貴鄉人指其樓曰瑞雲樓海日公旣得第先子復僦諸莫氏居焉弘治丙辰某亦生於茲樓及某第進士樓遂屬諸先子先師之生協諸夢天命至人誠非偶然某不肖辱登先師之門而生也又辱與諸樓今幸遺址尚存恐後世失所稽證使先生弧矢之地泯焉無聞似不可以無記敢敘述遺事謀諸左右使行道之人過茲地者指之曰此先生平鄉敞邑也庶其有覩宮牆而興思者矣此亦公之餘教也

中天閣在龍泉山取方干中天氣爽星河近之句王文成嘗講學於此

陳恭介故里在江口千村

黃忠端故里在通德鄉黃竹浦（山陰劉宗周過弔詩云）疊嶂出江汀江流去不平千秋知已哭一夕送君行骨與冰霜競冤隋雨露清空遺明主恨破柱有平稜

施恭愍宅在龍泉山前

晉井在東門外盧氏掘地得井其井欄皆燒就上有咸和年號

漢嚴光墓在客星山華清泉東轉數十百步躡而上復數百步山岡環合東望山凹處如吻隱隱見海墓故有唐碑曰漢嚴光墓今已不存正德八年同知屈銓復立石曰漢徵士嚴光之墓（宋史浩詩）玉匣蛟龍已草萊一丘馬鬣尚封培雲臺若也表名姓千古誰知有釣臺（陳允平詩）山高石怪水泠泠三尺孤墳葬客星遙想廢原松檜色曉煙昏雨為誰青

虞國墓在雙鴈鄉

唐學士汪亮墓在四明鄉石井山

德輿丞胡宗伋墓在翁湖山

尚書孫松年墓在澄溪

趙秀王墓在從山宋孝宗本生父

通直郎王鎮墓在樂安山

孫介孫應時墓在游源竹山

李莊簡公光墓在姜山

趙知府彥嗣墓在鳳亭鄉

趙知府師龍墓在石堰

吳虞翻墓在鳳亭鄉羅壁山下

宋權侍郎陳橐墓在通德鄉化安山

尚書胡沂墓在龍泉鄉燭湖之澄溪

莫殿撰子純墓在烏戍山

中書舍人王鉌墓在雙鴈鄉橫溪

餘姚尉楊襲璋墓在開元鄉

莫將仕郎當墓在菁江

倪侍郎思墓在賀溪

胡侍郎衛墓在吳山孫嶴

趙轉運善譽墓在龍泉山

王尙書俁墓在冶山鄉

毛大理遇順墓在淳熙嶺

韋太韋璞墓在通德鄉八堡畈

建康節推趙懷英墓在通德鄉福泉山

秘書郎岑全墓在上林鄉古嶺

史學士嚴之墓在燭溪湖梅梁山岩之爲資政殿學士

修職郎孫一元墓在四明鄉金雞山赤水原

孫大卿子秀墓在四明鄉

統領陳升墓在汝仇湖赤嶺

元蕙庵黃叔英墓在游原竹山

汪知州文璟墓在東山夏公嶴

學錄岑賢孫墓在金家畈

李知州恭墓在燭溪山楞枷峯

岑安卿墓在上林鄉包嶴

岑教授翔龍墓在上林鄉石嶴

胡景莊胡秉義墓在游源山西園

餘姚州判黃茂墓在通德鄉太白浦

學正楊燧墓在梅川鄉匡阜南山

明趙考古謙墓在塢山

參議王綱墓在禾山

參政錢古訓墓在客星山

于家大墓在治西南隅山川壇之右于忠肅公祖墓

毛忠襄公吉墓在豐山

胡中丞東皐墓在方岡山

謝文正公遷墓在杏山以下皆近時賜葬可考者

史侍郎琳墓在玉泉山

謝侍郎丕墓在東山余李墩

嚴侍郎時泰墓在克山

孫忠烈公燧墓在慈溪龍山

魏尚書有本墓在鳳亭方家嶴

侍郎劉季箎墓在豐山

御史潘楷墓在黃山

參議牧相墓在余山

倪知府宗正墓在羅璧山

黃文僖公珣墓在彭山

朱中丞晃墓在游峙山

胡太僕鐸墓在東山南嶴

陳尚書雍墓在蓮花峯

王文成公守仁墓在會稽蘭亭山

陳中丞克宅墓在雲樓鄉陸家園

陳光祿煥墓在姥嶺

顧侍郎遂墓在烏戎山

楊侍郎大章墓在羅壁山

龔侍郎輝墓在四明山上北

呂文安公本墓在姜山

孫文恪公陞墓在燭溪湖

趙端肅公錦墓在會稽蘭亭婁家塢

陳文僖公陞墓在慈溪龍山

胡祭酒正蒙墓在慈溪鐘家門山

孫清簡公鑨墓在山陰梅山

陳恭介有年墓在上黄山

孫文恭如游墓在燭溪湖

黄忠端尊素墓在化安山

施恭懋邦曜墓在大黄山

孫光祿如法墓在山陰鳳凰山

孫太僕鏦墓在燭溪湖

邵侍郎陞墓在堅粒山

翁尚書大立墓在大黄山

附漏澤園宋元時在龍泉山明移置大小黄山已移塔子嶺地遠且厯弃骸莫揜丙午水災之後漂淌[illegible]

骸載道生員邵丕基捨地
六畝爲義塚亦在塔子嶺

新修餘姚縣志卷之十終

新修餘姚縣志　卷一

# 新修餘姚縣志卷之十一

安邑康如璉修菴纂

## 祠祀志

姚俗故不尚鬼遵制典修秩節者多有之顧壇墠漸殘于歲月獨龍山諸祠望之翼翼差增勝耳其他香火里人率憑狐社而緇流鼓煽甚有踰梱至者亦近日之濫觴也

壇曰社稷壇在西門外一百五十步今址周圍九十七步八尺

風雲雷雨山川城隍壇在新城南門外百步

邑厲壇在治北武勝門外燭溪鄉

廟曰城隍廟在治西二百步宋末移建治東二十步元至正二

十五年明正德七年皆重修嘉靖十九年通判葉金於廟之東南隅建齋房五楹萬曆十五年知縣周子文改建於廟後設東西廡其後知縣黃琰復新之於其西建生祠

大清順治三年廟火里人以僧董其事同知王應井每里輸銀三錢助之廟前有銀杏大數十圍數百年之物也近爲雷火所燬

（汪文璟重修記）城隍廟在州東北二十步故老相傳宋淳熙間封崇德王至正二十年加封崇德昭應王越三年九月知州王侯琛來涖是州政簡而役均民安而吏肅水旱疾疫有祈於神輒應侯於是樂民之和感神之德而後上之賜也乃捐俸以率其僚屬父老大修厥廟易其朽蠹破壞而增其未備者於是門廡殿寢內外一新復於殿左搆龍祠飾觀音像以便祈請從民志也工既訖父老請記余嘗求之是州當是時朝廷以六事責守令勉勵之詔日下恒懼無以稱上意以爲政煩而訟夥使小民失職其責在已至於水旱疾疫蝗蝻之不時其責在神在已者不敢不盡心在神

敢不告焉以是三年之間幸無災害以戕其民蓋嘗列神之功以請於朝未報也至正十九年分行樞密院都事謝侯理以分省之命總制州事留心民隱於是邊圉未寧軍旅擾攘屢禱之神告民賴以安連歲夏旱無不應祈而雨乃弁前事以請遂有加封之命王侯能寬易不擾以臨其民承事不怠以奉其神故廟修而神歆其祀神悅而民受其福比於黷祭諂祀者蓋不侔矣傳曰明有禮樂幽有鬼神禮樂者所以治民之本也不修其本以治其民而區區焉飾土木陳牲牢以徼鬼神之祐是謂舍本務末也今王侯莅職既久政化既孚而後從事是廟以昭上之寵以報神之貺其於爲政可謂得矣詩不云乎嗟爾君子無恒安息靖共是位好是正直神之聽之介爾景福故父老之請爲書其事而竊取古人賦詩以終其意焉廟修於至正二十五年四月十有五日成於十二月一日

〔嚴時泰贍田碑〕正德間城隍故祠以歲久就頹邑宰張侯瓚謀新之時公帑乏羨與得緇流之有戒行者丐施而難其人衆咸舉吳山寺僧文顯是爲日彰上人至則首出衣盂長物以倡一時施者響應不踰年而落成侯嘉之遂俾守焉既頓錫因語衆曰吾非田無以安此然不可復望之檀越終當自置耳乃以所携餘貲與其徒德錦戮力一心凡世俗治生計苟無妨于律儀者皆不鄙而爲之亡何果克置常稔

田三十餘畝有奇計直幾二百金乃列其田之疆畔橫縱上於縣請給符牒以禁將來之鬻弁邑令顧侯存仁嘉歎亟命給之復稽舊籍而免其丁役焉於是上人喜振祇詣予請記顛末

臨山城隍廟

滸山城隍廟

舜帝廟在雲柯鄉歷山隆慶間居民張許二姓相爭析廟爲二於其西偏改祀太白龍神順治戊子重建未竟康熙十年劉部院巡海謁廟覩其傾圮命邑令潘雲桂重修宋林景熙詩老斷薰絃萬壑幽三千年事水空流袞衣剝落星辰古野廟凄凉鹿豕秋孝友風微惟古井神明胄冷尚荒坵九疑回首孤雲遠老眼班班楚竹愁

禹廟在治西北東山麓明楊鑑詩省方曾說狩南州親向塗山會列侯鳳輦已無歸國夢龍顏空有下車憂萬邦黎庶安溝洫千古椒漿奠冕旒遺像豈應空谷裏田翁野叟薦時羞

東嶽廟在黃山宋政和四年通直郎顧復幾捨址知縣夏元

覺苑建炎間燬市舶使史應炎移建今址爲邑迎春之所三月二十八日爲嶽神生辰前十餘日結社禮拜者至十萬人

漢高帝廟在白山土人以山形象虵立祠厭之甚爲無謂

嚴公廟在雲柯鄉嚴公山云子陵二十三世孫唐絳州刺史所立白雲峰有平石闊數丈刻嚴公山三大字於其上其後祠徙客星山廟遂廢

關王廟舊在縣西門內洪武二十年千戶孫仁徙置龍泉山嘉靖間邑人黎政管見郎中錢德洪葉選拓而新之三公分祀廟[illegible]并祀胡總督宗憲許副使東望李知縣鳳周知縣鳴塤[illegible]祠管完（明）翁大立記靈緒山西故有雲長關公廟曩歲倭寇[illegible]姚禱于公廟卒以卻賊於是當路暨邑父老議恢廟制而[illegible]先生大參管公見比部錢公德洪水部葉公選自祖父來嚴

事公者錢遺弟冠帶鄉賓德周管遺弟侯門教讀完董其役欒則捐負郭田若干畝爲士庶倡經始嘉靖丙辰六月積二十四年規制始閎

張僊廟在南湫

緒山廟舊在龍泉山（宋李泳記）有祝史黃廷獻來告曰餘姚縣緒山祠祀典於東晉咸寧暨本朝崇寧間嶶廟一夕夢禁中火有神人撲滅已而致恭曰臣越之餘姚緒山神也黎明有司不謹燬及內庭得暴雨乃已上驚異有旨下本道搜求靈跡究然邑上其事勅加咸寧應夢之號宣和方臘之亂二浙揺動綠林數千起剡中椎敚鄰將及境人情洶洶有異雲截道若不可進衆覘雲中鬼神兵幟可駭皆褫魄遁去至是安堵乾道三年玉牒趙彥仁緯與邑者艾有事祠下視棟宇歲久而像設湮闇風雨鳥鼠之所穿漏相顧嘆息發心裒貲爲倡俾和者成之凡錢貨工財之委應期皆至裒於春成於夏功不勞而廟貌一新嘉其始於克成卒相有休況於巖邑之鎮每事必禱頻歲以來陰霽時若旌厲潛伏生物豐厚而民獲奠居也自東晉以來歷千百禩前之靈貺在天陰覆而顯相者可謂盛矣余嘗祈請屢獲響

望乎鬱蒼之休嶙峋之居鞭霆駕雨神職是柄疇所奮奉罔敢弗從是用揭其威德曜於金石採諸謠語綴成頌歌使巫覡修祀之次婆娑按節以歌之則神之休光民之歸鄉盡善盡美永永無窮其可誣也歌曰山迷茫兮日曛木滃藹兮奔雲牲鮮肥兮酒齊奉元幄兮靈君（初獻）歲有秋兮多穰物茂遂兮時康民何報兮嘉惠薦時修兮芬薌（亞獻）坎侯作兮嚶嚶靈晏娭兮將與鳥鳶下兮人散月晶晶兮中庭（終獻）後廢遂移建於西門月城內康熙九年復徙龍泉山舊址

保慶寧邦王廟舊在江南之東宋紹興間知縣陳時舉移置南門橋左隋大業中陳杲仁禪將日孔大夫討東陽賊婁世翰降之唐光化中吳越王上其事累封寧邦保慶王

南雷瑞應王廟在雙鳫鄉晉咸寧間建舊在大小雷山爲溪流所壞徙於今所（去雷山三里）宋熙寧間歲旱知縣林廸禱之有

蛇見於木杪甘霖隨至其後遇禱蛇見卽雨賜額孚應廟記（元修）

至正六年夏五月不雨土田暵乾農夫告病餘姚守汪侯辰良與其監州帖倓士濫同知海君朝宗李君誠齋判官張君彥恭楊君嗣宗以及官屬議於庭曰吾守茲土時値歲旱民用愁苦其咎在吏我不可不爲民請按州志四明之山有北麓於州爲南山曰大雷小雷其神曰南雷之神起晉咸康閒得祠祀南有大樹數百圍空中可容數十人下窪爲微泉冷然居人或見異蛇緣上天必雨謂爲龍云凡民有災沴妖孽旱蝗水潦之災禱之無不應宋宣和閒羣盜方臘寇縣民號於神賊且至毒蜂徧野賊懼而遁神數爲民禦捍災患連著顯績宋嘉定初勅賜廟額曰顯應寶爲大神五月丁亥率官屬畢出請禱還及州而雨終日民猶以爲未足丙申守自往禱屛車郤葢叩頭自稱無狀願爲民請祠人爲卜日神嘉守意今雨且大至是日天無雲赤日赫然頃之雷雨作雨三日而後止甌窶汙邪皆生美禾是歲爲有年民甚德守乃曰非守之仁不能動神非神之明不能致雨今祠撓弗葺何名報神我將修樹祠廟刻石於門以昭神功且以彰守之仁衆皆曰然訖成因屬余記余曰夫守任之重也上以事神下以保民事神者不瀆保民者不暴不暴仁也不瀆敬也敬且仁以

祈於神神下報之不爽曰天遠仁乎哉天遠仁乎哉故余用民之請辭以銘其麗牲之石使視無極銘曰餘勾中間四明最大維北有麓靈如雲會其山雷山其神南雷珍木青㠗樹羽翠旗龍來蛇蜒雲符雨徵秀谷靈嶽陰翳青櫺偃闔蔽日雄峯造天璿房繭萏碧樓嬋媛神君來俟霓裳鱗駕夾其兩驂鸞雲上下徒御控摶雨在其橐玉虎流珍滿盈交作雨我百穀薦歲屢豐於皇加錫下報龍工姚有仁侯亟為民請事神有恪樑澤之柄施行入田美稼如雲首薦粢盛惟以報神

西石頭廟在治西二里

永澤廟在儒學旁元州判官葉恒築海堤民思其功請於朝廟祀之後廢邑人於開元鄉龍王堂私祀其像（王至廟記至正二十有七年詔封故餘姚州判官葉恒為仁功侯賜廟額為永澤侯字敬常四明人以國子高第釋褐官餘姚餘姚北際大海當潮水之衝齧者六十里有司役其民楗籠竹木而築土石以為堤風濤不可測或始成而即壞壞則內移以為堤歲或三四為民之力日益罷財日益耗而瀕海之地日益削矣侯至治視堤乃曰欲去此患非石堤不可然為費固鉅但併其數為

土堤之費則石堤可成矣於是請計田出粟擇人以司之而
侯則往來相度苦心勞力而督治之越三年爲至元改元之
歲而堤始成嘗具其事請國子監丞陳公旅爲之記以刻諸
石矣是後侯入官翰林轉職太學卒於鹽城縣令則去州已
十年民皆欲建廟祀而未有卒其事者越十五年而浙江分
樞密院經歷鄭公珩以分省命來督州事民以廟事告公公
遂白諸分省而率其民即州學之傍建屋四楹以祀侯又合
民之詞以請於朝故有廟額之命命下則鄭公已去太守李
公樞乃屬州人王至記其事繫以詩曰海於兩間爲物最鉅
洪濤奔衝土不能禦猗嗟葉侯官此海陬禦海以石紓民之
憂維此弘功曠古未有侯當廟食百世非久必乎斯民繼有
其人民爲報功廟食是勤煌煌封侯奕奕廟額昭我民情自
天寵錫民之報侯垂厥子
孫斯廟斯祀與隄永存

功海廟在治西北半里許莫詳何人傳其有功海上祀之

延順忠祐靈濟昭烈王廟在舊緒山廟下宋慶曆四年建今
廢

虞翻廟在鳳亭鄉石龜

謝安廟在治西北之東山

蕭帝廟在竹山橋

梁武帝廟在上林鄉

勝歸山廟祀晉劉牢之其後即爲禪院

越國公廟在四明山汪巷唐乾符間翰林學士汪亮建以祀其祖華嘉靖十九年裔孫汪停汪克章重修

干將廟在冶山鄉

石孝子廟在四明鄉祀石明三重紀至元中建嘉靖十九年提學張鏊行縣重修

斷塘廟在治西北六十里蘭風鄉斷塘村考桑神兄弟生于姚仕于唐成果于古虞羅巖絶頂顯靈于宋助濬黃河有功建炎問　敕封王侯先代立廟于石山奉祀甚盛蘭風地界海陬潮數爲患明初推官周公復築蘭塘以抵怒潮但塘逼海際坍塌靡定非神鎮之則隄難永固由是里民邵百常馮雪湖等議將顯順侯顯文侯文學侯黎陽郡王四神徙建于斷塘丘隴之上平洋一凸地傑神靈自昔迄今妖氛風淨鯨海波恬斥滷桑田民居樂土呼號祈報捷于影響里人邵鴻恩等頌績于邑侯李公成龍命載于志

祠曰名宦祠在文廟之右明嘉靖十四年知縣顧存仁建其祀二十三人吳朱然朱桓梁劉杳陳沈瑀宋謝景初汪思溫趙子潚施宿以上皆縣令元脫脫李恭汪文煥郭文煜皆知州宇文諒劉輝皆州同葉恒州判陶安山長明劉規胡瀛張瓚丘養浩周埴馬從龍皆知縣譚璋教諭

鄉賢祠在名宦祠後正德二年知縣顧綸重建其祀一十六人漢嚴光晉虞潭虞喜虞預虞愿唐虞伯施(學士)宋陳橐胡沂趙彥械孫應時王遂莫子純莫當(縣令)方山京盧亮(學士)莫叔光孫子秀唐震(見人物志者不書爵)元石明三明趙謙錢伯英錢古訓劉季箎李貴昌許南傑戚熙(教諭)毛吉陳詠朱縉史琳謝遷倪宗正王華黃珣孫燧陳雍韓廉王守仁牧相徐愛錢德洪夏淳(同知)聞人銓黃濟之翁大立宋冕胡東皐胡鐸于震嚴時泰楊榮黃肅(副使)黃驥孫堪陳克宅徐守誠邵煉魏有本張逵邵蕃龔輝管見周如砥呂攺(贈少傳)呂本孫陛孫墀陳陞孫鑨孫鋐(太僕寺卿)張岳陳有年諸燮邵陛葉逢春姜子羔(太僕卿)顧蘭(贈副

都御史顧遂　侍郎陳熺　知州陳煥　光祿寺卿陳墀　副使徐建　知縣周思允　知縣陳觀　參政胡安　參政鄒墀　布政鄒名　知縣徐紹卿　知府朱宇道　贈知府朱錦　副使施信　知縣鄒學柱　布政朱瀛達　副使徐震　知縣胡從政　運同周思宸　副使魯史　副使邵有艮　御史于重華　知府管宗聖　徵士陸一鵬　運使陸恒　知縣戴晨　贈按察司戴王言　布政俞瀾　知縣俞介　知縣孫鑛　黃尊素　葉憲祖　施邦曜　孫嘉績　熊汝霖　鄭光昌　郎中邵元凱　封太常卿鄔恩武　封行人鄔景從　副使聞人炳　儒士金蕃

嚴子陵祠　唐時在治東北之嚴公山，曰嚴公廟。後以其墓在客星山，徙祠於墓右靈瑞塔院之廡。嘉定十七年，郡守汪綱復徙法堂之左。咸淳七年，沿海制置使劉黻、邑人何林即其左建高節書院請於朝置山長一人領祠事元知州張德珪汪文璟劉輝郭文煜皆嘗重修入明而廢弘治中參政周木立祠於龍泉山顛以便春秋祭正德八年同知屈銓修之嘉靖三年知縣丘養浩徙於千佛閣左而客星之祠終不能復

趙考古祠在江南城內建初寺舊址也嘉靖中知府湯紹恩建祀瓊山教諭趙謙有司春秋祭

忠襄祠在汪姥橋之東天妃宮舊址也祀毛忠襄公吉有司春秋祭

倪宗正祠堂碑記廣東按察司副使贈按察使毛公弘治辛亥朝廷贈謚忠襄鄉邦像以祀之正德甲戌年開州劉君守達來尹我邑崇敬忠節首問公祠秉虔謁奠顧瞻左右尚缺貞石慨夫過茲祠者欽仰之餘曷由考識于是斷石爲碑命宗正秉筆爲記公名吉字宗吉自幼負氣節舉進士授刑部廣東司主事嚴明廉鯁訊囚多立驗錦衣官

校逮至者一懲以法不少假借爲所鄉中其毒幾死尋陞廣
東按察司僉事分巡潮惠二府時劇盜據險作亂公預謀制
勝連破龍歸寳龍石坑三峒功奏未報廣西蠻賊滋蔓高雷
廉三府尤苦之衆推公往治道路梗塞村落爲墟數百里無
人烟公攬轡四顧惻然不忍王恩覆冒之地置諸異域抵部
禁誅求解煩苛出民於豺狼之吻至雷州報賊刧大體村察
知康海縣知縣王麒忠勇可任偕往擊賊敗走之自是部內
稍寧條上方畧上嘉嘆陞本司副使降勅奬諭委總一方軍
務公感激思報惠州河源縣告急卽兼程進兵敗之鋪前又
敗之長峯逕口賊遁至清源縣守將遇之戰北公亟進援之
賊見其旗幟呼曰毛家軍至矣遂奔踰月新會縣告急公提
兵至火礎頰擒斬乘勝追至雷岫山夜號令諸將比明擊之
賊棄營走山上我師徃勝突入其營陣亂賊乘之刺殺前驅
潘百戶右哨閻指揮師遂潰公獨勒馬大呼曰劄住劄住潰
已不可遏從騎勸公退避公叱曰爾去我誓不與賊偕生益
奮而前揮刀斫賊力屈被害時成化元年二月一日也是日
晝晦烈風雷雨山谷振動七日得屍貌如生舁歸官吏士民
弔哭相屬時從車餘犒軍銀或寄付公家僮爲歸資是日公
降於童妻悉索以歸戛憲長曰吾平生玉潔肯含垢入地哉
閩晉駭覩事聞贈嘉議大夫本司按察使錄其子科今山東

擠[illegible]則使爲國子生考公未死以前其所爲嫉邪惡擠
貴[illegible]落固足以見其忠節之實行旣其死也其英爽之
耿耿者爲風雨雷霆不忍以死汚尤不能掩其忠節之實心
然則公其始終皎皎者豈特以一死爲奇哉歌曰龍山巃嵸
兮邦人仰止厥潤攸長兮姚江之水挺生公傑兮秉直如矢
仗節而死兮爲雷霆風雨有赫其靈兮遂禍善祉護持鄉[illegible]
兮佐尹
之理

忠烈祠在龍泉山卽舊千佛閣址爲之祀孫忠烈公燧有司
春秋祭祠右別爲三孝祠祀公三子都督堪尚寶卿堚文恪
陞

（黃芳）忠烈孫公祠堂碑正德己卯六月十有四日寧庶人
宸濠反都御史孫公死之越明年上嗣大統詔贈公禮部
尚書謚忠烈卽死所建祠曰旌忠衆心未厭知縣丘養浩請
於當道曰大名德祀於其鄉自古爲訓唐二顏張許以降鄉
有專祀所以廣勸也餘姚公生息地而祠闕焉甚無以妥幽
靈答明貺敢請僉曰諾乃卽龍泉山顛祠之額曰忠烈嶺南
黃芳稽其實曰公諱燧字德成別號一川居士先世富春人
十七世祖岳後唐明宗時爲三司使招討將軍卒葬餘姚子

孫家焉十世祖應時登淳熙已未進士倡道學於東南號庵
以遠紹伊洛稱之公由邑庠生弘治壬子魁浙江癸丑進
士授刑部主事累官至河南右布政擢都御史巡撫江西逆
濠匿逋畜奸睥睨神器歛怨聚賄以結禁近竊權寵而搖毒
以張其勢藩臬以正自持者斥逐相踵民滋困憊公既涖事
若負重履危惴惴不遑寧居曰殫我力爲爾餘非所計也迺
清政理餉戎備戢梭邏之橫弭商舶之害申郡邑科擾之禁
疏陶冶供上之節撤鹺利以廣用簡卒徒以禦寇修堤渠以
備旱潦時散貸以賑凶荒又謂非設險無以制變若建昌之
安義弋陽之橫峯皆阻而僻盜所憑也則縣之控之進賢南
康近而要喉舌地也則皆城之九江扼下流則建議重兵備
之權而饒州勢連畿輔議蒞兵備則疏留之體國宣猷靡有
遺力及權璫繼鎮江西與逆濠相倚爲奸利加之災沴民胥
失業濵湖數郡盜孽迭發公雖戡戢稍定而遺孽依憑大蠹
竄其林墓每兵集討定嘗然無跡偵卒主帥秘且憚之莫敢
竆逮時駕幸西北日遠公累疏竟遏不報憂悴成疾會逆濠
迹露朝勅大臣按之濠懼遂反矯誣主上協衆同亂公面折
之濠怒將殺公公與副使許逵奮詈不屈並遇害今省遠近
封守牧圉之臣暨民悲號震動環戟而待命巡撫南贛都御
史王守仁舉義師於吉安一呼而集者數萬遂入會城定反

亥旬日之間元惡就檻累年稔毒曾不得一逞而滅是雖天
威烈烈將士用命所致而公慮深備預臨難義烈之氣足相
鼓動亦不可誣也祠地縱若干橫若干門堂各三楹東西廡
各五楹經營皆養浩請公帑鳩工市材成之芳敬撮要畧勒
碑祠
下

謝文正祠在龍泉山祀文正公遷有司春秋祭前有褒忠祠
祀公元孫贈太僕寺丞志望

海日祠在新建祠東祀尚書王華

新建伯祠在龍泉山祀王文成公守仁有司春秋祭以門人
徐愛錢德洪配享

永賴祠在龍泉山祀呂文安公本有司春秋祭

三錫祠在龍泉山祀總督胡宗憲今廢

貞烈祠在南城石嵬橋西祀通判姜榮妾竇氏事詳載列女志

黃忠端祠在新城保慶王廟左祀黃忠端公尊素有司春秋祭〔巡撫張公鵬翮黃忠端祠堂碑銘〕康熙庚午七月餘姚大水漂沒民廬以千計黃忠端公之祠在黃竹浦亦沉焉於是縉紳大夫門生故吏各捐貲襄事遷其祠於新城南門之左按有明之亡由於天啓逆奄魏忠賢煬竈借叢擅作威福其時造符命頌功德者徧天下雖昔之獻諛新莽至於四十八萬七千五百七十二人不是過也又以嚴刑黑獄鉗鍵其不附已者公三疏劾奄濤言勁論朝端倚以爲重顧一時君子執利办以齒腐朽過分涇渭驅胥小而合之陰謀曰固公雖毅然守正不阿獨以爲乘墉問枿之奸豈口舌可除務在潛消而黙奪之故阮大鋮發難去國公挽之以濟時艱而左忠毅不可大鋮因呈身逆奄爲其謀主楊忠烈二十四罪之疏未上公諷之以楊邃庵之事忠烈不能從及萬郎中杖死公勸之去以韓文劾瑾之事明之忠烈遷延不自决遂及於難魏廣微以奄宗得相魏忠節將劾之公曰南樂之[illegible]

清流也彼恐墮其家聲猶有顧忌今若許楊幽脉國狗之爽無不噬也忠節不聽虛微遂取官籍姓名一一指摘之以授逆奄奉爲聖書流放殛殺皆由此出汪文言之獄逆黨定謀以入楊左公授書於鎮撫劉僑單辭不及而獄解僑頗洩其語於是逆黨謂諸公徒負氣易與耳惟黃某深沉有遠慮必爲吾濟患俟公出而復捕文言楊左六君子始不免焉乙丑之冬訛言繁興謂三吳諸公謀翻局用李實爲張永主之者公也逆奄聞之偵者四輩至吳茫無蹤跡逆黨懲前汪文言事忌公益深因譙呵李實使之出疏自解而七君子逮焉嗚呼自古邪正不兩立小人奸詭百出結黨援凭城社以肆其毒而君子獨挾其直方之氣不能藏器待時委蛇觀變何怪乎兔爰而雉羅禍其身以及於其國也公當逆奄之亂慮深計遠調其水火欲使金錢銅鐵無礙鑄鼎向使楊左諸公協從其計則傾否扶危之事猶可與幸於萬一而禍當不若是其烈矣其奈乎號莫濟一木難支卒以身殉之豈不悲哉公歿僅一年而逆奄與其黨皆駢首繫足以委於荒烟蔓草明向之氣燄熏灼蕃已澌滅而無復有存者而公以忠廣亮節垂芳於青史推重於寰宇即今將七十載適以支祁鼓浪祠宇湮流其下地襄工以竭蹶而不憚勞費者是秉彝好德人有同心公之靈爽豈以生死爲存亡乎祠既成乞言於余余

素景仰公者故樂道其事以想見其爲人乃碑而銘之曰滉瀁姚江理學是衍德業文章聿推新建繼此者誰黄公莫先公生不辰貂璫逞亂棄昇豨櫪一日百戰巖巖黄公犯顏直諫弁戒同列旁燭隱患哀哉貞士或壓或竄鶚鴞爭鳴卒及於難廟祀歷年俎豆於絫滛潦稽天功虐闍宦遷而新之桷榍輪奐傳之永久精誠靡散

施恭愍祠在驛東祀左副都御史邦曜係舊蕙江書院順治十年賜官地七十畝係鯉子湖久廢高阜以爲祭田有司春秋祭

## 寺

曰龍泉寺在龍泉山晉咸康二年建唐會昌五年廢大中五年重建咸通二年賜今額宋建炎間燬高宗南巡幸龍山賜金重建元至元十三年燬元貞改元重建有彌陀閣千佛閣蟠龍閣羅漢院上方寺中元院東西禪院鎮國院喚僊亭更好亭龍泉亭今所存惟山門大雄殿中天閣三官堂羅漢院

址殿爲習儀之所（唐虞世南碑）昔軒轅之臺表於大荒之野靈光之殿存乎曲阜之鄉然皆起滅不停
苦空無我遺風餘跡尚或可觀況乎佛刹淨居金剛福地百
靈之所扶持宜其踰億刧以永存歷三災而彌固者也龍泉
寺者晉咸康二年縣民王陽及虞弘實等之所建立二人以
宿植之因修未來之勝果爰舍淨財興斯福事雖弘壯未
極而嚴淨有餘其地勢則憑峻嶺以爲墉縈長江其如帶乃
於形勝之所式建方墳背𪭢面流亭然孤立譬崑峯之望坳
澤若圓嶠之汎滄溟棲眞之致莫與爲儔道場之建于茲二
百年矣值梁室版蕩大盜潛移四海沸騰九彝交亂其壯騎
之所憑陵戰馬之所轔轢燎原薙草邑無噍遺玉堂金穴餘
構莫存甲第高門尺椽皆盡浙河之左尤鍾其弊于時禹川
殿阜舉袂成帷雲棟風櫺雕甍綺閣皆蕪漫滌蕩萬不一存
潤屋爲墟暴骸如莽家靡餘爨路無行跡惟此伽藍巋然不
動清梵夜響和鈴旦揚行人宴嘿風塵無警或有履鋒介士
彎弧劒客莫不釋戈免胄望崖頂禮豈非慈悲幽贊功德名
符能伏獷𧂭善和怨敵斯固三寶之力不可思議但自剏立
以來多歷年所時經理亂道或汙隆冬室夏堂亟多頹毀禪
思或擾分衛罕周乃有清信士女咸撤布帛隨時喜捨步影
提楹資待無闕有仁慈焉有淨衆焉藉四部之護持起十方

之回向低頭合掌竝趣菩提彈指散花皆成妙道然佛法難逢人身易失傳火交謝念念不留閱水成川滔滔莫返寧可宴安巢幕甘寢積薪沉溺蓋纏不求解脫實宜共出愛網同護法城修福不捐至誠必感大悲汲引義非虛設庶憑願力俱證道場是用鏤之金石咸題姓氏貽諸不朽乃作銘云正教既隱像法斯備柰苑祇林香城金地鳥跂連屬鷄飛相次像設閒安斯爲佛事乃建靈塔傃江之泳棟宇既修雕龕斯整負嚴面壑棲雲倒景澹爾智留嶷焉仁靖方丈淨室四柱寶臺運遷時謝日往月來柱棟或朽蘭橑將摧珠幡掩色寶網凝埃篤以清信共弘利益或捨衣裘或傾粟帛造新葺故呈材獻石地擬金繩供同香積世諦虛假色相非眞棲托壽樹廻還苦輪惟我淨域出要良津勝業可久暉光日新維大周天授三載壬辰八月壬午虞南撰布衣董尋書嘉泰志云世南止日南蓋避太宗諱古禮卒哭乃諱世南卒於太宗時未嘗單名南此碑蓋書者追去之也紀元中天地日月字從武氏所製宋紹興更建碑刻字俱從舊獨篆額不存用進士虞時憲筆實永興公之裔云唐孟浩然詩停午聞山鐘起行散愁寂尋林採芝去谷轉松蘿密旁見精舍開長廊飯僧畢石渠流雪水金子曜霜橘竹房思舊遊過憩終永日入洞窺石髓傍崖採蜂蜜日暝辭遠公虎谿相送出

護聖廣濟禪寺在西門外元泰定二年建至正二十年燬尋復正德二年燬嘉靖四年重建遷西石山後其故址爲呂太傅衆樂園寺側爲藏閣接待行腳邑中唯此寺爲衝要楊珂詩安禪久卧松間榻訪舊還携月下琴人向寂寥秋易感病兼消渴暑難禁風生梵宇鈴聲入花落香臺露氣深澹泊賴公真性在曇靡想得會渠心

九功教寺在燭溪鄉齊建元中越州刺史榮顗捨宅僧眞建號休光寺唐會昌廢大中十二年重建周顯德五年吳越王改今額宋宣和二年爲睦寇所火尋復嘉靖間徐御史毀之重建

廣安教寺在蘭風鄉唐乾寧三年建號報恩寺尋廢漢乾祐

二年重建宋大中祥符元年改賜今額

白雲教寺在四明鄉

樂安教寺在雲樓鄉樂安湖後晉天福六年建號保安院宋大中祥符元年改賜寶積院明洪武三十四年重建

普濟教寺在上林湖山之西麓俗稱西山寺唐大中元年僧普光建號上林院宋祥符元年改賜普濟院

大清康熙初重修其天王殿有永錫庵墓田碑時宋景定四年也道玘祖賢二僧為其父母創菴割田以給僧有云與普濟院湖光共挹豈永錫之廢已久而寺僧誤實之此與或普濟已非舊基反承永錫之趾與（宋陳堯咨詩）山遠峯峯碧岑際葉葉紅凭欄對僧語如在書圖

中
普明教寺在雲柯鄉從山唐天祐間建號報恩宋祥符中賜
今額萬曆甲辰重修康熙甲辰燬於火庚戌重建
廣教教寺在東山鄉晉天福六年僧匡白得五石佛於土中
奏請賜號瑞明宋大中祥符元年改今額
超果教寺在鳳亭鄉羅壁山相傳爲晉郗愔之宅唐天祐元
年建號越安院宋治平三年改賜今額後燬嘉靖間佃其故
基移像設於莫家湖側崇禎中復建
積慶教寺在燭溪湖梅梁山宋史岩之功德院也寺前石碑
理宗書積慶教寺四大字又書賜史岩之四小字其下岩之

謝表碑已斷爲二時寶祐四年四月也餘雖傾廢而正殿存

順治間重修（黄宗羲詩）亂山草葢三間屋曾有先朝御筆排古跡至今留贔屭流年只好抹皮鞾松濤欲汎禪床去寒葉已將佛迹埋却爲一番多話舊反來牽課道人懷

勝果寺在燭溪湖宋紹興七年右從事郎張昉建

雲頂聖壽寺在雙雁鄉山頂至元十九年僧寶業建久廢崇禎末僧冰懷重建

普安教寺在雙雁鄉横溪晉開運二年建號興安院宋治平三年改賜今額景祐四年重修其後廢久

大清康熙九年邑學使景從重建昉建僧恒如

化安講寺在通得鄉後唐清泰元年建號化安院宋大中祥

符元年改賜普圓院明洪正間寺僧不法陸氏毀之
大清康熙六年黃忠端公夫人姚氏捨地重建以爲功德院
洋浦觀音禪寺在開元鄉道塘宋寶祐四年建今名洋浦庵
福田寺在臨山城內
寺之久廢者曰建初寺在西南隅稱江南寶地晉大和元年
號平元寺唐會昌間廢周顯德四年重建吳越王改爲興元
寺宋大中祥符元年改賜今額今廢爲趙考古祠
正覺萬壽禪寺在蘭風鄉元至元間建號正覺庵延祐五年
賜前號
明眞講寺在鳳亭鄉靈源山後唐長興元年建號四明院宋

治平改賜明真院元元貞至元再修（宋樓扶記）越多名山水經吾人遊覽處又輒不同過姚江而南村以許稱卽元度所居里里有古道場林訪許時嘗講經地二家金蘭遠今語尙未雪治平中賜今額參參數千載跡昭人昏危而不持鼓鐘幾於泯響嘉熙三年春白雲堂僉舉妙銛主斯席始至撫然曰晉韻縱遠台宗其可墜乎廢興有時我維圖其新首倡以躬聞之者咸用勸勵願力宏固不數載化蕪礫爲寶所內外粲整凡教肄所當有靡種盡完開門授徒法音演暢止者安便觀者眩駭莫不歆豔其成而誇其難噫事無難易存乎其人惟尙志乃克濟向使居其前者用心稍如銛何至盡廢踵其後者用心又皆如銛此山當大振慨世之人安陋習簡靡爛一律甚或瘠衆自肥視常住爲何事銛之事舉其果難矣或謂其飾塔廟崇肖像特爲福耳獨不聞積土聚沙刻影移畫惟値一因皆成佛道之語事卽理也理之所存偏在於事矧焦心而營隻手而成匪若叢林巨刹掊賦入之美勢家要第倚聲援之重已信而孚於人也則又豈不甚難矣哉余善潛山僧文珦道所以然相與嘉嘆余未識銛盍歸而語諸室廬宏矣器用備矣學者萃止擷其英而教育之母徒爲觀美人傑地靈今無異昔安知不有風期高亮之士如林公者才藻新奇花爛映發十地

頓悟三乘炳然神駿不混梵極凌霄肯作逝玩試譯厥旨淵
乎異時巖棹問徑倚松斟泉清風明月悠悠我思又安知元
度輩不在
人間耶

嶼山如意講寺在龍泉鄉嶼山晉天福六年建號保安院至
宋祥符元年改今額

天華禪寺在開元鄉梁天監元年建號天香院隋大業元年
燬周顯德二年改天華院宋大中祥符元年改覺明院崇寧
元年改賜建福院洪武間改前額

圓智教寺在縣東南隅齊永明元年建號禪房寺唐天寶四
年改大法寺會昌間廢咸通元年重建宋祥符元年改賜前
額建炎燬紹興末重建洪武間廢永樂元年重建已廢爲邵

中丞宅

吳山正覺教寺在雙雁鄉唐天祐元年建高麗僧永乾居之天福中吳越文穆王牓曰昭覺院宋治平三年改賜前額

西福昌教寺在梅川鄉烏山周廣順元年建號烏山資福院宋祥符元年改永樂院政和元年改賜前額今名西洋寺

東福昌教寺在上林鄉唐長慶四年建會昌廢大中二年重建宋祥符元年改賜前額

地藏尼寺在縣西南一里不詳始建歲月元至元十五年重建

普滿寺在客星山周顯德六年建號靈瑞塔院會稽續志云

寺有銅牌刻曰建隆二年建塔并屋舍宋大中祥符元年改
賜前額
靜凝教忠寺在蘭風鄉姜山唐時建號姜山院會昌廢晉天
福二年重建改報國興福院宋大中祥符元年改淨寧院隆
興元年李莊簡公光請爲功德院賜前額
應天鎭國禪寺在龍泉鄉唐大中五年建號聖德禪院咸通
十五年改賜前額
院曰禪慧院在上林鄉白洋湖上晉天福七年建號精進院宋
治平三年改賜前額
正法院在龍泉鄉元至正十五年建

極樂院在縣南一里漢乾祐元年建號彌陀院宋治平三年改賜前額今嘯隱庵即其故址康熙四年建

悟法院在四明梁天監元年建會昌廢大中元年重建號四明寺天祐八年吳越王改東明禪院宋大中祥符元年改前額明崇禎間移建梁衕溪口

隆慶院在上林仙居山梁大同元年建號上林院唐文德元年改仙居院宋大中祥符元年改賜前額俗謂之東山寺宋亡邑之縉紳至寺中哭臨元季兵興衣冠多避迹於此今名仙居庵

院之久廢者曰法性院在縣東二百三十步後晉天福七年

建改號觀音院宋大中祥符元年改賜今額元改爲天妃廟
明改爲毛忠襄祠
羅漢院在縣東一里餘梁大同元年建號棲閑院唐會昌廢
周顯德四年重建寺有沙門知白古羅漢塔記今改萬峯庵
報先院在縣南五里宋紹興三十一年建
清果院在上林鄉晉天福七年建號鹿田院治平三年改前
額
長慶院在梅川鄉唐長慶四年建號柯城道場院會昌廢大
中二年重建天祐六年吳越王改前額
嘉福院在龍泉鄉宋建炎間建紹興賜額褒忠禪寺

雙林院在縣東北四十里唐天祐元年建號雙桐院宋治平
三年改賜前額

庵日新庵在東門外澄清橋折而北

奉虞庵在雲柯鄉歷山元至大三年建久廢萬曆間里人陳
大生重建順治五年重修改名寧善庵

鹿宕庵在四明鄉元至正十八年建已廢明崇禎間僧高源
重建

孝義庵在孝義鄉道塘僧妙行建

維摩室在雙雁西舉沈國模讀書之所有瀑布七八尺名爲
石浪

知止庵在四明鄉宣家咨空林遠所創

香象庵在四明鄉僧達誠所建

指月庵在四明鄉高地嶺下明崇禎十一年僧語石建

角聲苑在南城

庵之舊有而廢者曰至善庵在四明鄉元至正十五年建福足庵在[illegible]黃山[illegible]正十九年建玉泉庵在燭溪鄉洪武四年僧自悅建崇福庵在龍泉鄉石堰妙蓮庵在龍泉鄉元泰定元年建小正法庵在龍泉鄉元統二年建頂峯庵在通德鄉陸家埠元至大二年建

庵之舊無而新創者城內外有報本庵邵氏所建棃庵棃憲使憲祖捨宅解園南城之西井頭庵後清門滴露庵陸浦橋潮音堂上林鄉有慈雲庵石人山庵泗水庵興善庵勝山庵梅川鄉有妙喜庵今山

庵積善庵眞淨庵法華庵擔山庵燭溪鄉有水簗墩弘福庵
雲柯鄉有般若庵萬壽庵報塘庵永修庵眉舒庵大塘茶亭
孝義鄉有甘露庵碧雲庵大乘庵語庵開元鄉有蓮芳庵道
塘庵東山鄉有湖地戚家庵蘭風鄉有海會庵龍泉鄉有田
谷庵雲樓鄉有永福庵在江口壩四明鄉有藥壺山碧雲庵鳳亭
鄉有般若庵茭池庵高露井庵石壁嶴庵賽天童在萬家嶴卞庵
雙鴈鄉有草庵僧克歸建蓮花岸庵通德鄉有旋井庵葉家嶴庵
黃箭山頂庵龍聽庵冷水庵石公橋庵朱洞橋庵
尼庵曰適庵在西門外邵太常秉節所建楊庵在三溪口不二庵在黃沙湖百草居
在積溪顧庵號堰尼庵雲麓庵在雙鴈鄉

觀曰祠宇觀初在大蘭山劉樊昇仙之後弟子立祠宇以奉其祀陳永定中有敕建觀因其舊祠故曰祠宇唐天寶三年遣使禱祠病其險遠敕道士崔街處士李建移置潺湲洞外一名白水宮宋龍虎山三華院吳眞陽號混朴子游歷至此止焉徽宗以凝神殿校籍召不起政和六年詔大其觀建玉皇殿榜其門曰丹山赤水洞天封劉綱昇元明義眞君樊氏昇眞妙化元君而眞陽授丹林郎禁樵採蠲租賦紹興間丞相張浚表眞陽爲眞人許歲度道士一人以甲乙傳次嘉熙初理宗禱於會稽之龍瑞宮竣事分金龍玉簡藏焉元毛永貞檄領觀事重爲修葺築石田山房於其側江西薛毅夫來訪永貞

首爲賦詩至京師告於文士各爲和之永貞又爲二圖其一曰原建之圖其一曰唐遷觀之圖刻於觀中明永樂十三年詔道士朱大方復繪圖以上蓋自陳以來千餘年祠宇觀如故今何一廢而不能復也

廣福觀舊在秘圖山下相傳張氏第七代眞人至此宋天聖中邑人建祠祀之號聖祖院熙寧二年賜額壽聖建炎二年燬以其趾廣縣治而移建於弓手營今治東五十步是也紹興二十五年重建三十三年改今額明成化間燬

思眞觀在大黃山宋開禧元年建今廢

宮曰天妃宮其舊趾爲忠襄祠移建於大黃山南里人朱氏建

碧霞宮在鳳亭羅壁山頂俗呼高廟爲祈嗣之所魏中丞有

本建

殿曰玉皇殿在大黄山頂 三官殿在西城下一在蔚山 其眞武殿在後水倉 藥師殿在方家嶴 地藏殿在孫家徑 梅山殿在九功寺側祀桑九相公 郡王殿在雲柯鄉

新修餘姚縣志卷之十一終

新修餘姚縣志　卷一

# 新修餘姚縣志卷之十二

安邑康如璉修菴纂

## 官師志

嘗見郡邑間馬廐多故令之祠碣石或德政之文嗟乎上之勾考不明變而爲毀譽毀譽又不明則將何所問哉姚之長令自吳朱然始而餘姚立縣自前漢已然當時亦必有統治者今不可考矣

### 題名

吳長　朱然　朱桓　呂岱

晉令　山遐　容䍃　孫統　許謐

謝勝 桑沃 楊端 隆安三年孫恩破邑署沈穆夫吳恩爲令謝琰劉牢之斬之

宋令 韓景之 張永 何玢之 劉仲道

沈伯玉 何恒 明震

齊令 左嘉 徐中庸

梁令 王籍 劉杳 閻潤之 郤桂林

賓階

陳令 沈瑀 展敬 斯干

唐令 李穩 一名隱 李悰 張辟疆 袁邠

謝夷甫

宋知縣 籍 天聖七年 謝景初 慶曆七年 陸煥 八年 江褒 皇祐元年

李庠 四年　王叙 五年　宋廣國 至和二年　裴彥輔 嘉祐六年

曾鯤 治平元年　施邁 熙寧元年　林迥 五年　黃鑄 九年

林豈 元豐五年　廖天覺 政和二年　范直隱 五年　丁寀 七年

汪思溫 宣和二年　江曉 六年　李頴士 建炎二年至三年夏金人破邑令丞皆奔金署

陳時彥 知縣事　葉烜 四年　蘇忠 紹興二年　徐端禮 三年

陳時舉 四年　趙子湝 七年　樓琚 十年　朱伯之 十四年

高敏信 十七年　李碩 二十三年　蘇忠規 二十六年　王將之 二十九年

趙綱立 三十年　王度 隆興元年　王涓 二年　王亜 四年

蔡憲 七年　許昌言 八年　留觀頤 一云觀順 九年　趙公豫 淳熙元年

樓鉌 三年　范直賓 四年　章澄 五年　張渭 八年

李祺壽十一年　萬倫十三年　婁處寅十四年　湯宋彥十六年

李申紹熙三年　施宿慶元二年　常禧五年　趙善湘嘉泰二年[illegible]至太守

何沆開禧元年　洪樟二年　宋深三年　趙希哲嘉定二年

朱拂五年　俞抗八年　王埏十一年　袁肅十五年

陳忠直十六年　王綸十七年　孟繼華寶慶元年　孟點紹定元年

趙汝㷗端平二年　王佖嘉熙二年　劉夔孫四年　陳允平淳祐三年

陳剛翁七年　李庚寶祐二年　趙崇倓景定三年　陳維嘉咸淳七年

趙從簡八年　馬廷許　韓持正

宋縣丞

馮榮叟　晏敦臨　黃仁儉俱紹興中

宋主簿

李子筠熙寧中　陳宋輔僊居人覺民子也政和初進十召對首論二蔡坐罷姚傳有名

聶應泰　王絪俱紹興中

宋縣尉　葛良嗣嘉祐中　楊襲璋　史浩　魏杞俱紹興中

沈煥隆興中　趙伯威紹熙中　陳鍾慶元中　史彌迥嘉泰中

范金　趙時錡俱嘉定中　梁鑄寶慶初　張仕遜紹定中

吳化龍咸淳中

宋學諭　沈希賢咸淳中

元監縣　馮帖古歹至元中　李札忽兒歹　陳忙古歹　木八剌

元縣尹　杜仲仁　岳嵩　翟廷玉　孟之達

麗順　陳鑑　夏杞俱至元中

元縣丞　蕭修巳至元中

元縣尉　馬驥鉅野人至元中為姚尉有聲

元山長　徐興隋　岑翔龍舊志作宋山長而袁桷清容集有岑翔龍墓誌其為高節書院山長在元至元中當宋之時翔龍方十歲耳今改正　張澍山陰人　卓爾高俱至元中

監州　脫博歹元貞二年　寶合丁大德中　愛也祖丁　木八剌

曲薛的斤　亦璉真　秃秃迷失不花至大三年

帖陌　察罕延祐中　普荅失里　劉隆至治中

脫脫　暗都剌泰定中　拜住天曆二年　曲薛捏至順中

怯兀歹元統元年　阿昔帖不花至正中　哇哇　也里不花

烏伯都剌　奧蘭鐵睦爾

知州　高慶仁元貞二年　張德珪大德中　羅天祿　完顏從忠

焦簡　元貞　張謙　羅坤載延祐七年

牧薛飛至治中　宋元佐　羅也速歹兒泰定中

蕭元賓　李恭天曆二年　王維正至順三年　劉紹賢至元元年

何棠五年　盧汝霖至正中　劉明祖　龍霖

朱文瑛　盧夢臣　汪文璟　郭文煜字彥達大梁人

以德治稱其先盧夢臣名聲等于文煜去後州人並見思焉　張祚

董完　哲博化　汪溶　李樞

州同

探馬赤　王士志　劉郁　丘鐸

張成　劉榮　八哈兀丁　王玠

趙孟貫　禿干牙里　侍其毅　趙允中

周徵以上年次佚　夏賜孫延祐中　王淵　鐵閭

楊思義　脫因納　徐容　贍思丁以上年次佚

帖木兒不花　賈策天曆中　蠻子　吳忙兀不花

何眞童至順中　宇文公諒　劉輝　江撫吳青參

陳去失不花　李適祖　徐容　那海

宋天祥至正中　觀觀　大都不花　李英

戴翔　海朝宗　斡堅不花　禿堅

判官徐溫以下年次佚　趙驎　張伯惠　董英

張惟剛　史孝純　李世寧　尹弼

李椿　段好古　張理　王世敬

黄茂卿　和肅嘉珪　王思恭　蕭政
趙增　李讓　鄒潤祖　王伯顏察兒
汪文璟後知本州　方君玉　牛彬天曆中　王察罕章
張志學　唐儁　石抹五十六　亦思哈
唐忽秃帖木兒　楊文傑　李仲良
脱因不花　欒恒至元中　完者都　花判官名佚至正中
楊興祖　陳永　赫赫　月倫實海牙
傅常　程邦民　元生
吏目
張彦恭至治中　楊嗣宗　陳天珏天曆中　沈思齊至順中
陳彬至正中　李致堯　席齊卿　章伯高

顧有

學正　楊友仁延祐中　孔思則至正中　趙德莊　徐雙老

汪燚　劉中可　鄭泙　蔣履泰

趙棣

訓導　汪性至元中邑人　鄭夔邑人　趙由浩　楊燧邑人

孫元業　陳常

山長　王蒳　劉仲實　桂彥良　胡秉常

陶安　應仲珍　金止善　楊瑛

劉彬　丁誠　陳子昌

明知縣　陳公達洪武四年　徐魯詹南陵人十一年　李淸仁化人二十七年　唐復三十三年

郗祁永樂二年　馮吉上海人三年　王文十一年　薛文清十七年

劉仲戩廬陵人國子生預修永樂大典書成授今職有能稱後以言事忤旨謫十八年任

黃維宣德元年　盧祖封丘人四年　李郁山陽人正統四年　余凱六年

余克安九年　龔宏襄陽人十二年　陳敏巴縣人景泰元年　詹源澤黃州人五年

金綬上海人天順元年　張禧三年　王珩巴縣人五年　張杰上海人八年

黃瑜成化二年　劉規六年　董安漳浦人十二年　胡瀛十五年

賈宗錫常熟人由進士知姚廉靜寬和遷御史十八年任　王貫順天人弘治元年

張弘宜四年　程玉江西人七年　周霖乾州人以進士知姚剛果有為獄無停繫擢御史九年

董鑄安肅人十五年　顧綸嘉定人十八年　張瓚正德五年　劉守逵開州人八年

呂咋真定人十年　朱豹十五年　丘養浩十六年　楚書寧夏人進士嘉靖四

年知姚廉能有執持甫一年以憂去百姓思之 楊銓邳州人六年 左傑恩縣人八年

江南濟陽人九年 顧存仁十一年 顧承芳臨淮人十五年 阮朝策麻城人十九年

劉應箕巴縣人二十四年 胡宗憲二十八年 沈晃丹徒人三十年

鄭存仁臨清人三十一年 李鳳三十三年 李伯生三十五年

徐養相三十六年 周鳴塤四十年 張道四十三年 鄧林喬四十五年

李時成蘄水人隆慶五年 陳昜萬曆四年 丁懋遜九年

周子文無錫人十四年 葉煒十七年 馬從龍二十年

江起鵬婺源人二十五年 史樹德金壇人二十九年 黃琰晉江人三十一年

楊萬里松江人丁未進士三十四年 吳淳夫晉江人庚戌進士三十八年

董羽宸四十一年 錢應華清江人丙辰進士四十四年 譚昌應江西人壬戌進士

士天啓三年
季寓庸楊州人壬戌進士三年
祁逢吉金壇人壬戌進

士三年
蔣燦長洲人戊辰進士崇禎元年
梁佳植四年分宜人辛

未進士
朱芾煌無爲人甲戌進士七年
劉維芳荊州人丁丑進

士十年
袁定華亭人丁丑進士十二年
王日俞常熟人癸未進

士十七年

明縣丞

胡寧永樂中
王顴正統中
蕭瑛襄陽人
宋貴華

馬高
周貫
羅靖景泰中
吳悊

劉方天順中
陳纓成化中
李實
沈績弘治中

于英
金輅
王珙
黃瓘

魏珊楊州人
楊昌廷正德中
蘊霄
謝悊

魏居仁嘉靖中　廖振纓　宋鎬　陸浙吳江人

金部太倉人　徐璣武進人　甯守初　羅鉷

趙鏜　江東鳴　滕瑤　范選

郭鎔隆慶中　姜珙　余用中萬曆中　周寶

賀嘉邦　王道行長州人　江原岷　鄒正巳雲夢人

沈惟中　楊元臣　朱應魁　余建立

胡應浙萬曆中　丁嘉臣　羅中旦　黎容偉萬曆中

吳之彥　潘濬天啓中　翁宗洙　朱萬鎰

沈大奇　陸光淵　覃懋　歐陽暉

柯淑淇　莊淳崇禎中

明主簿

| | | | |
|---|---|---|---|
| 秦猷永樂中 | 張祥 | 金翥宣德中 | 王典 |
| 吳成正統中 | 許文 | 李顯天順中 | 陳諒 |
| 張勛成化中 | 方璇 | 趙奎 | 陳聰 |
| 喬嶽弘治中 | 梁紹 | 劉希賢 | 陳瑄 |
| 張世忠正德中 | 彭璀 | 任恩 | 朱鑭 |
| 陳泰 | 彭英 | 詹鵬 | 李光義 |
| 繆鳳 | 孫相 | 朱臣 | 張恩 |
| 寶槃 | 麥東漢 | 汪肥 | 方澤 |
| 姚濂隆慶中 | 孫旦 | 李序 | 馬元齡 |
| 宗周 | 路汝護 | 王雲同 | 顧應乾 |

張卿　孫承壁　傅汝霖　陳嘉訓

程尚友　汪文輝　王三聘　傅宗倫萬曆中

吳文鼎　陳夢洙天啓中　何至大　龍尚袞

鄭國讓　吳弟先　林紹震　朱鉉崇禎中

明典史

劉勉正統中　楊茂　高敏天順中　胡膺

張聰成化中　陳瑞　林富　曾瑛

李才鼎　郭宏弘治中　盧榮　葉香

徐眞正德中　李成　張魁　陳佐

于詢嘉靖中　劉文璁　歐陽京　吳富

李鍾　彭達　何顒　高克修

胡大寬隆慶中　胡楦　梅守儉　涂經
黄佐　李從秀　張可繼　陳舜綱
劉治　劉銑　楊如璋　潘一鳳
張思麟　鄭登輔　王三才萬曆中　俞允文
林雲章天啓中　江有瀚　李如滸　諸秉忠
李卓達　任世英　王思聖崇禎中

明教諭

許泰邑人洪武中　岑文璧　施尊　黄金鉉永樂中
林觀　陳慶宣德中　程晶　王懋正統中
高敏　羅昇景泰中　胡塈成化中　姚倬
陳璘弘治中　李烜　蕭夔　陳汝玉

| | | | |
|---|---|---|---|
| 易宗化 | 范魯 | 譚璋正德中 | 吳瑛 |
| 梁廉 | 徐銳嘉靖中 | 陳珪 | 王諫 |
| 彭漢 | 李瑗 | 李時雍 | 危麒 |
| 潘時 | 劉尚平 | 王球 | 莊天恩 |
| 周大章 | 梁自新隆慶中 | 程蒙吉 | 方齊 |
| 徐進堂 | 譚大始 | 黄墀 | 何其聰 |
| 林一煥 | 馬應龍 | 周世臣 | 霍維城 |
| 鮑士龍 | 王寅賓 | 錢偁選 | 錢逢春 |
| 馮大受 | 沈祖述萬曆中 | 崔嘉天啓中 | 胡希祖 |
| 王廷耀 | 葉禾 | 張明昌 | 蔣鳴鳳有書名 |

趙敏學

明訓導

趙宜生 中洪武　王季　華彥高　岑宗鶚

單挹源　華彥良　王升　劉敘 中永樂

詹項 中宣德　華孟勤 中正統　林爾贊　鄭賢

童養性 中景泰　王鈍 中天順　王拱辰 中成化　曹瓚

姚瑄 中弘治　林大霖　俞昂　王瑛

王福　方準　鄭光琬 中正德　張善繼

雷世楙　蘇子受　陸懷　詹拱

張世宜 中嘉靖　謝賢　陳元　毛仲麟

劉邦才　譚大綱　諸應朝　李時龍

潘詩　汪梓　張標　宋守元
李允濟　許濵　李惠　朱煦中
隆慶
吳憲　梁榜　鍾梧　嚴而泰
張瑚　周邦新　王臣　高鑾
聞九經　謝思謙　鄭從善　項邦憲
孫正誼　余暨　鄭楫　李陽溥
蔣霈　錢瑩　盧惟欽　張應魁
吳敦倫　盛銓中
萬曆
王家棟　張養淳
金道合　陳孚嘉　李應日　王國朋
毛尚文　胡自舜　杜如意

大清

知縣

趙守紀 完縣人舉人　余國柱 崑山人丁亥進士　胥庭清 上元人丁亥進士

陳廷楹 丹徒人己丑進士　何縉 四川人進士　朱岱 貢士

潘雲桂 遼東人監生　張仲信 奉天人　李成龍 遼東人　李樹陛 陝西人舉人

康如璉 安邑人庚戌進士康熙二十七年任

縣丞

鄭居謙 寧國人　張吾樟 建陽人　沈艮賓 順天人　生秉正 兗州人

姚應選 遼東人　趙承祚 西安人　莫琛 華亭人　陳雲師 莆田人

王學伊 長武人　丁象乾 錦州人　劉　田守一 淮安人現任

典史

王思聖 新建人　劉大功 德建人　廖康方 龍溪人　金士俊 大興人

魏在陽富平人　王會光江都人現任

教諭

張懋華　李仕道　陳文高　朱綸

孫楚如　袁之龍新城人　關仙渠杭州人　沈天錫湖州人癸卯舉人

徐孟瑚海寧人貢士　沈煋海寧人舉人現任

訓導

吳懋卿　唐士佳　詹敦　鄭士章

方運昌淳安人現任

名宦

朱然　朱桓　呂岱以上吳　山遐

孫統 晉　劉杳 梁　沈瑀 陳　謝景初

汪思溫　趙子潚　施宿　李子筠

楊襲璋　史浩 以上宋　脫脫　李㳟

宇文公諒　劉輝　桀恒　汪文璟

傅常　桂德稱　陶安 以上元　陳公達

唐復　都昶　黃維　張禧

劉規　胡瀛　張弘宜　張瓚

朱豹　丘養浩　顧存仁　胡宗憲

周鳴塤　張道　鄧林喬　陳昺

丁懋遜　葉煒　馬從龍　董羽宸

梁佳植以上明知縣　羅鉄　楊元臣以上明縣丞　張勛

劉希賢以上明主簿　譚璋　莊天恩　黃墀

馬應龍以上明教諭　胥庭清　大清知縣

朱然字義封故鄣人本姓施氏女弟毘陵侯治乞以爲子遂冒朱氏嘗與孫權同書學權統事以然爲餘姚長城其邑時年十九後遷山陰令然長不滿七尺而氣候分明內行修潔累成戰功終左大司馬右軍師

朱桓字休穆吳人孫權爲將軍桓給事幕府除餘姚長遭歲疫癘穀食荒貴桓分部良吏躬親醫藥餐粥相繼民賴全活遷盪寇校尉終青州牧

呂岱字定公海陵人也避亂江南值孫權統事因召署錄事出補餘姚長寛簡有雅量好賢愛士是時會稽賊呂合秦狼等爲亂權以岱爲督軍校尉與將軍蔣欽討平之拜昭信中郎將後累封番禺侯

山遐字彥休懷人也爲姚令值江左初基于時法禁廢弛豪族多挾藏戶口遐悉繩以峻法有論死者到縣八旬出口萬餘諸豪莫不切齒然遐輒益造縣舍衆遂以此傾遐遐已收坐猶上書會稽內史願更留縣百日窮治逋逃不許竟坐免官復召爲東陽太守以嚴猛聞庾翼稱之曰遐强官長也顧羣驅之不得安肅江東事去由此其故

孫統字承公中都人爲餘姚令性誕任不羈居職務大體不事苛細縣中大治窮覽名勝酌酒賦詩士民喜覩其風采卒于官

劉杳字士深平原人令餘姚門無私謁以清潔稱湘東王繹發教褒美之大通元年爲步兵校尉兼東宮通事舍人昭明太子謂曰酒非卿所好而爲酒府之職政爲卿不媿古人耳累遷尚書左丞

沈瑀字伯瑜武康人初爲建德改令餘姚大姓虞氏千餘家日請謁縣官如市又縣南豪族數百家子弟縱橫相引庇爲患瑀下令曰敢私謁者繩以法大姓猶玩習縣官如戲輙謁

瑀瑀輒坐以法召縣南老豪爲石頭倉監少者補縣傭皆失勢路號又按縣吏敢貴倨僭服用者諸豪多怨恨瑀然瑀廉潔自保以故無敗先是山陰呂文度有寵于齊武治邸餘姚殊橫吳人顧憲之臨郡表除之餘姚諸大豪更此兩人所摯毛摯爲治皆屏息重足然細民頗安枕矣

謝景初字師厚陽夏人以甲科爲大理評出知餘姚其治視民如子民所利害相緩急爲設方畧姚北瀕海歲苦海患景初築堤禦之境內多湖陂豪强請射爲田映民自豐白轉運司具奏禁止民又爭水泉乃創立規繩籌記其高下啓閉晷刻令諸鄉遵守其後令王敘趙子潚常褚皆榦之名

曰湖經自是民有盜湖爭利者得湖經覆按之爭競息也瀕海之民多盜煮海禁之不得景初爲作約束令民無失利法亦罔竹而鹽課倍昔又飭勵學官化誨子弟是時王介甫知鄞韓玉汝知錢塘景初知姚其弟師立知會稽吳越令長咸視此四公爲法云

汪思溫字汝直鄞人擢甲科授雄州教授轉餘姚令姚與鄞接壤思溫察於利害興革中窾民皆父母戴之前令謝景初所築海堤歲久潮汐決齧思溫繼修之亘海七鄉桑麻秔稌之饒盡反其故又念水利大計規防周悉遷王府讚讀終顯謨閣學士

趙子潚字清卿宋宗室也宣和中進士爲衢州推官時苗劉肆逆兵薄城子潚堅壁拒之城賴以全尋知餘姚有大豪李程棄允者持縣事縣官莫敢誰何子潚發其奸論報具獄百姓震悚又縣喜訟每投牒率千百子潚口決手判無一弗稱平者用刑不作喜怒好奬誘子弟趣于學厚餼給之及去民立碑誌思終龍圖學士

施宿字武子長興人慶元初知姚以經術飾吏治不事細謹所關百姓大計勇毅任之尤加意風教修學舍及子陵祠皆市田置書姚江瀕海歲役民修堤勞費甚宿更爲石堤建莊田二千畝以備修築之費

李子筠爲餘姚主簿號李水晶初有茶商航海與海船相遭更相疑爲盜格鬬殺傷十餘人久繫不决時趙忭守越檄子筠治之子筠曰犯時不知在律勿問具聞于州杖而遣之忭大稱賞焉

楊襲璋字懷玉淮南人同上舍出身調餘姚尉能威制豪强竊捕海寇終其任盜竊屏息值淮南道梗不得歸百姓喜爲營治田宅居之遂家于姚

史浩字直翁鄞人也代同縣魏杞尉姚好修禮教捐俸購地作射圃創二亭每朔望引諸生習射其中封表嚴光墓道建客星庵祠之乾道四年知紹興又置義田給鄉賢之後貧困

累官至右丞相

脫脫字子安燉煌人初判黃巖累遷餘姚州達魯赤花爲人廉明寬大平居持重人莫能窺其際臨事迅决張弛具宜民蒙其施遷陜西行臺御史老稚涕泣扳送爲立遺愛碑碑燬于火復請史官歐陽元爲文更置之

李恭字敬甫關隴人知姚州廉平不苛又習文法吏奸不行先是州民役于官者必歲終乃代廢其生作恭爲更定季代之姚所產紅米官令歲市白米充稅恭請于上聽以土產輸又嘗廟學乞增置弟子員墾湖田數百畝益其廩創立掌古學每從學官弟子論難經義士民立碑頌德後避地餘姚及

卒州人裒金葬之元季之亂州請以其子樞知姚明興改知奉化稱良牧

宇文公諒字子貞歸安人以甲科任州同書之所爲必籍記之夜乃焚香告天以明不欺存問耆老孤寡延見儒碩部內愛敬焉夏旱禱雨輒應民頌別駕雨嘗攝會稽申理寃滯所活者甚衆累官廉訪僉事

劉輝字文大汴人爲州同知郡守下輝均田賦是時州籍失火豪猾乘時詭匿甚難蹤跡輝手植二柏于庭禱之曰事成柏榮不成則否乃躬履畮鱗次圖之曰魚鱗之圖置流水簿兆圖之實又爲鼠尾之冊定上中下三戸均其繇役每田一

坵給民印署烏由一紙令按由檢田即無由莫敢業田也於是還其田之匿于民者萬七千二百畆有奇先是輝受府檄出舍于外晝夜隱度鬚髮爲改及是賦役平栢果榮吏民愛之如甘棠樹碑記之

葉恒字敬常鄞人以太學生釋褐判州有幹局堅忍能事籌畫久遠數延見父老行誼之士詢咨政理姚有禦海堤潮汐決嚙海移内地民歲備海修堤垂四十年而患愈甚恒乃置石堤堤完無敢姚民自是無患海者至正間追封仁功侯立廟餘姚

汪文璟字辰良常山人舉進士初判餘姚號爲廉平擢翰林

編修詔擇循良復以文璟知是州任德弛刑細弱安利有豪商武斷海濱又奸出鹽利文璟按治其罪然不爲嚴誅務以長者化導之修舉庠序之教誘進諸生身課其業有文翁之風歲旱徒跣禱于山川者凡七日得雨有秋海寇竊發官兵壓境文璟從容應之百姓無擾及去任懷思不置元末兵亂文璟擇地避之曰不如餘姚其民愛我因家焉代文璟知姚者爲郭文煜名稱等于文璟州人並祠祀之

傅常字仲常鉛山人舉進士調餘姚判官嘗視州符折奸理滯吏民翕然服之至正秋海上有警宣閫檄常偵賊定海而常所受兵素不習戰與賊遇弗敵死之仲常居官有聲成之

役借一人短褐以往其在海上念其母每泣數行下蓋本循飭之吏實不知兵乃與之一旅禦董冦徒委之死世皆惜之其母兄貧不能歸因家于姚

桂德稱字彥良以字行慈谿人初爲包山山長移長高節士類宗之除平江路文學椽不赴方國珍據慶越辟彥良固辭之聚徒山中講學不倦明起爲太子正字終晉府右相

陶安字主敬姑孰人初以鄉貢補明道山長移長高節遵朱晦翁學諄諄化誨浙東西學者踵至豎暴之徒亦慕其化稱之爲善人君子尋以公委去職入明安與彥良並起登載爲

名臣

陳公達清江人洪武初知姚廉謹不任威刑務以德化時民籍新附牧縣者重輕其籍役病不均公達令各詣縣自實而使里甲羣証之悉其情僞乃次爲上中下戸倣元劉輝造鼠尾冊凡遇差役必與冊隹無一人不稱平者

唐復字復亨武進人洪武末以進士知姚任事勇果擊斷無滯爰書皆手創老吏齰舌尤拊循小弱惠愛甚著終復之任村旺不識隸卒

都祀字文達海豐人以太學生知姚爲人謹廉勤敏好禮士數過高士張一民所執禮甚恭延停盡日張具蔬菜糲飰祀飲食之極歡治縣號得體百姓親附之相與假貸會永樂初

營建追督材需者旁午姚獨恃祖無擾卒坐稽慢譴逮民爭
輸材願還祖祖謝之曰以祖故累吾民也民益德之在姚九
年吏胥莫敢鈎致一錢然亦不笞辱吏以故吏無怨者
黃維字德防星子人性嚴毅善斷初莅縣有丞朱某者貪暴
無忌每易維維佯愚以觀之已具得其事輙按去之是時民
苦折納需銀維白諸當路當路者折剉維維不爲動愈悉其
利害曰但折剉令免折民所甘心焉當路者曰令誠愛民如
此以故縣得不折維益展布民大和輯時縣署學校皆圮維
完修之民欣欣赴工無以爲勞費者
張禧字公錫靈璧人以御史謫知縣喜簡靜不務苛細御百

姪甚著恩禮獄訟造庭者令具衣冠曰子見父母豈廢禮耶即不肖此獨有法耳爲縣數月德化大行逃亡復業以尤異擢守杭州父老遮道挽留馬不得前禧下馬謝曰禧何政徒煩父老耳衆皆號泣送至錢塘者千餘人

劉規字應乾巴人也以進士知姚剛毅有惠愛所推行務當羣情監司或左其事規持之堅弗爲變監司初固以規抗卒亦未嘗不賢規時中官暴橫誅求入民骨髓有司不敢抗規獨挺身當之中官聞規素清白無憚卒不敢虐其民成化辛卯海溢大饑疏蠲其租賑貸之尋以憂去其後有賈宗錫張弘宜相繼爲縣與規稱三賢令

胡瀛字孟登羅山人以進士知姚是時日本入貢驕動鄞慈間瀛備之益市瓦器寶魚菜糗糧至卽人與數器輒就道歲饑盡發廩以賑弗給則節量溫飽令饑民傭食其家多所全活又奏免田租已賜之半復請折所弗免者坐罷徵奪俸明年有秋民爭輸恐後曰勿復累我公也民爭燭湖水利積年不決瀛乃量其蔭灌爲塘分其湖爭遂息均徭多右細民細民無勿得其情者以憂去百姓思之

張弘宜字時措華亭人初以進士知寧海有聲改知餘姚樂易通儻不修邊幅好賢禮士而獨疾惡異端境內淫祠盡毁之以新公宇自劉涀胡瀛賈宗錫及弘宜相繼爲治二十餘

年之間更此四令黎民以乂

張瓚字宗器六合人由鄉貢知姚政平易簡靜正德壬申秋海溢溺民浮屍蔽江瓚涕泣躬督人瘗之是時邑里蕭條民免于溺者皆饑寒不勝瓚力請賑之當路督租如故瓚俟其行縣檢荒率饑民路號請貸租終獲免民賴全活卒以此迕當路改知他縣

朱豹字子文上海人舉進士知奉化縣聲籍甚移知餘姚姚政積弛裁治綽有餘力先是縣遣人押囚徒聽里正報名謂之短解里正緣此索財復仇爲患豹但用里正解遣不以煩細民至今守其法不變後遷監察御史其孫家法登萬曆壬辰進士

陸養浩字以義晉江人以進士知姚才識閑敏吏莫能爲奸蒞事覘義不移差等諸生不爽毫髮故時姚賦役多奸欺飛詭影射不可蹤跡養浩洞見弊端定爲橫總冊釐正之於是積爲均平擢監察御史去民至今思之

顧存仁字伯剛太倉人以進士知姚才識敏贍賦役自丘令釐正豪猾復爲奸欺貧民一丁有出銀九錢以上者多患苦之存仁乃爲更張右丁而科田每歲畝出銀六釐克三辦於是富者無能夤緣監司推其法于全浙又病姚無邑誌謀纂述之未就尋遷給事中以去

胡宗憲字汝欽績谿人嘉靖戊戌進士初知益都以艱補餘

姚不瑣屑簿書筐篋之務勝歸山殘於採石宗憲指直而歸之官後爲制帥平倭復蒞姚受降邑人士爲勒功勝歸山之

蕭鳴塤字思友蘄水人嘉靖閒以進士知餘姚縣當軍興之後庶務刓敝鳴塤銳意振飭初行丈田法爲酌定要束畫一以完成事人莫能欺者官至廣東參議

張道宇以中湖口人嘉靖乙丑進士蒞姚廉靜與恕頌聲大作未幾以憂去福秀水徵拜御史

鄧林喬字子楨[illegible]人嘉靖末以進士知餘姚平恕愛人時邑有水災歲大祲林喬令坊鄉所在作糜飼饑民躬臨視力請當道得穀五千石又多方厝設益之全活甚衆尤加意膠

序官終左副都御史三邊總督

陳𣈆字世勉寧德人萬曆甲戌進士貌不及中人卓有吏才元惡數輩憑族氏莫敢誰何𣈆以計剪除殆盡尤精於識鑒校士高等者率取科第在邑七年官至廣西參政

丁懋遜字允節嘉化人萬曆庚辰進士誠心質行政尚簡肅吏畏而民安之學宮縣治屬其鼎新以憂去復除吏科給事中

葉燁字文光宣城人萬曆丙戌進士以才自上高調任會歲饑民萃載道百計起之盜發嚴督掾捕賊鮮有脫者然不波一人久之外戶可不閉姚俗宴會後槩謝絕曰吾與賢上大

夫風儉也

馬從龍字雲從新蔡人萬曆中以進士知邑事爲人沉默簡貴遇士大夫恂恂文弱至其守法持重責育不能奪歲時饋問無所受懲里胥之蠹酌爲四議切中竅綮舉事未竣以艱去代令江起鵬踵成之

董羽宸字遼初松江人萬曆癸丑進士邑當久缺諸務廢弛羽宸至釐然一新其接賓客必先較兩賜問耕桑于民隱疾苦諄諄不置諸生問業及有所陳請日以十數虛懷盡意一一受之不言倦及當其執法則毅然不可犯後官至侍郎

梁佳植字南有江西宜春人崇禎辛未進士少與張自烈讀

書學有原本故其吏治有儒者氣象在任無赫赫之名去則爲人見思故老以爲數十年僅見也

羅鈇嘉靖間丞有名稱

楊元臣雲南太和人萬曆間由選貢貳邑事爲人朴直闊說弗入以病卒不能歸喪邑人憐而賻之

張勛歸德人以吏除主簿廉不名一錢或諷以罷官無資槖何勛曰吾積俸一二年置地數頃子孫耕業其中足矣人皆服其操識事母至孝海堤壞率衆修完之

劉希賢宣城人由吏員初授餘姚簿遭內艱再補餘姚不以家累自隨性狷介事有執持每與當道抗至死無悔死之日

僚友檢其篋止存俸餘五錢帕二方而已官爲殮其喪歸之

譚璋臨桂人正德中以貢士署教諭爲人素長者喜教誨敦師弟之誼諸生貧不能存者必曲爲調助由是頌者不勝口以憂去諸生追送之人人泣下

莊天恩華亭人嘉靖壬戌教諭是時姚士率親師友重掌故而天恩以雲間名士喜獎成新進以故士爭趨其門一時經其品題者多聞人且工古文詞精于詩與徐文貞階友善當文貞宅揆而天恩猶然老博士也然意不爲沮遷兵部司務卒

黄墀豐城人隆慶庚午所舉士清標雅範弟子以文藝進者

酬對靡倦其以修脯進面輙赤不問乃奄焉無祿士論深惜之

馬應龍武進人舉人典教事恂恂儒雅喜接引門士無苛禮時中許二相在事爲同年友絶口不及之人以此重其品焉

胥庭清字永公江南上元人順治丁亥進士四明山亂城門晝閉而防守之兵聞寇抄略既去始出而盡其所有村落皆無寧宇庭清以爲將使民盡爲寇也於是遏兵不出精心招撫以萬計已而平定時歲大歉饑民載道庭清發粟賑之邑人士無不交歡久亂之後百廢具舉一時能吏也陞工部主事以去

新修餘姚縣志卷之十二終

制置司幹辦公事　羅大臨　長史

大德二年戊戌　王文衡　魏貴龍 翰林待詔

大德四年庚子　李世昌 嘉興路學正　楊國賢 市舶提舉

大德七年癸卯　王希賢 國子助教　高榮龍 紹興路教授

大德十年丙午　孫原燮 山陰教諭能繼燭湖先生應時之學

至大元年戊申　吳復卿 溫州路判官　唐與賢 浙江提舉司都事

岑賢孫 國子監學錄

至大四年辛亥　史其希 昌國教諭　魏愷 總管同知　徐彥威 崇文監典簿

延祐元年甲寅　楊國用 嵊縣教諭　李昊 慈谿教諭

延祐二年乙卯　李自强 蕭山教諭　魏政 建寧路學正

延祐四年丁巳　岑伯玉會稽訓導　張溥嘉興路總管太守　岑可久河南宣撫司

元統二年甲戌　汪斌鄞縣教諭　吳鏞象山教諭　王嘉誾

魏銘建昌路學正　汪性本學訓導

至正五年乙酉　方桓夔州路經歷　胡秉常台州路學錄　史叔頡滁州山長

聞人煥字致遠為人清嚴歷永嘉尉括蒼主簿並有治行　史應炎市舶使

胡璉慈谿訓導以下年佚　鄒處恭台州路判官　楊瑀縉雲教諭　岑華卿松陽教諭

胡廷獻象山教諭　楊仕恭釣臺山長　李文龍常山教諭　岑俊卿道一山長

劉文彬丹陽山長　趙惟翰永嘉教諭　楊瑛慶元路學正　徐良玘西安戶

胡建中　岑文仲　楊得榮嶺南道刑獄提舉

明洪武元年戊申　詔禮部行所屬選求經明行修賢良方正材識兼茂及童子之類

車誠　胡惟彦

洪武二年己酉　錢茂彰陝西副使

洪武三年庚戌　岑宗鷃翰林院典籍　趙宜生

洪武四年辛亥　王至　許泰　王綱

洪武五年壬子　罷科舉詔有司察舉賢才　宋元信　岑襲祖邵陽知縣奉詔求詩

洪武七年甲寅　朱至善福州知府　華彦高本學訓導學職賜冠帶自彦高始

胡文煥上虞知縣　陳伯瑀

洪武八年乙卯　于子安臨潁主簿

洪武十年丁巳　徐伯庸定遠知縣

洪武十一年戊午　王在會稽訓導　吳廷齡清澗教諭　岑文皡

陳弘道 北平按察僉事

洪武十二年己未 宋棠　王敬常 兵部郎中　華彥良 本學訓導

趙謙　岑道安 宿松知縣

洪武十三年庚申 陸雍言　陳順說 南海主簿　徐士涓

洪武十四年辛酉 徐得名 廬州知府　華孟勤 知縣　趙志廣 吏部郎中福建參政

周兼善 崇仁知縣

洪武十五年壬戌 李方 江都縣丞

洪武十六年癸亥 李純卿 臨淄主簿

洪武十七年甲子 王旭　莫如琛 將仕郎　趙鳴謙 河南道御史

華宗善 長洲教諭

洪武十八年乙丑 楊子秀麻城知縣 陳公著 岑鏞遼府紀善

洪武十九年丙寅 許子中山西道御史 岑如轅鄱陽知縣

洪武二十年丁卯 魏廷實刑科給事中 虞文達福建副使 徐允恭鳳陽府通判

洪武二十二年己巳 趙謙再被召

洪武二十三年庚午 徐祖厚 錢友仁教諭 錢伯英

洪武二十四年辛未 史孟通乾州判官 高性之四川副使 景星

洪武二十五年壬申 宋邦哲廣州知府 沈永彩蘄州知州 張壹民

洪武二十六年癸酉 韓自寧南安經歷

洪武二十七年甲戌 宋邦乂梧州知府 岑武治德安經歷 孫尚禮增城知縣

洪武三十一年戊寅 王景祥應天推官

永樂元年癸未　詔內外諸司文職官於臣民中有沉滯下僚隱居田里者各舉所知

宋虞生　陳叔剛舉賢良科　陸守政戶部郎中

永樂二年甲申　方達善石灣巡檢

永樂三年乙酉　周亶順義知縣　宋緒　趙膚廸二人修永樂大典

永樂四年丙戌　宋孟嶽紀善　朱德茂　張廷玉

劉韶二人修永樂大典

永樂五年丁亥　莫如琛再召　虞煥宣城知縣

永樂十三年乙未　周嶽袁州衛經歷

永樂十五年丁酉　項端金壇訓導

永樂十八年庚子　舒子占

永樂十九年辛丑　夏昂　北通州知州

永樂二十年壬寅　魏廷栢　合肥知縣

宣德元年丙午　陳贄　太常少卿

正統二年丁巳　潘楷

正統三年戊午　宋楷　南昌府教授

正統五年庚申　胡淵　雲南左布政使

正統六年辛酉　魏瑤　濬縣丞

正統九年甲子　王深　龍溪教諭

正統十年乙丑　陳蘭　教諭

正統十二年丁卯　方端　莆田訓導

景泰元年庚午　邵昕休寧知縣

景泰三年壬申部文學才行之士隱於民間者並聽薦舉　楊文奎

華釆　岑九畹

景泰五年甲戌　周思齊崇安知縣

景泰七年丙子　邵曦虎賁衛經歷

天順元年丁丑　趙顒　岑琬再召

成化八年壬辰　魏溥雲南籍訓導　陳策蕪湖縣丞

弘治三年庚戌　莊鐸曲周縣丞　楊濬松滋縣丞

正德二年丁卯　許龍龍應詔太宰劉璣試以詩論甚奇之首板以聞逆瑾目爲謝黨與同辟者論成肅州瑾敗赦歸不出

周禮　徐子元

皇清康熙[redacted]年　高士奇內廷供奉侍讀學士

康熙十九年庚申　黃宗羲欽召前朝遺獻着督撫延請入翰林院史館纂修明史

## 鄉舉

士鼓篋膠庠一旦登賢書而歌鹿鳴觀光策勲此其嚆矢浙額九十人越每居三之一而姚兩之其以兩都及他籍舉者不與焉然計其名實炤灼而耑以鄉顯十不一二也

國家限士耶士自限耶志鄉貢

宋鄉舉在元祐間有李尚胡宗伋宣和癸卯有葉汝士杜師皐李唐卿張孝友高選茅密是時越州解額十二名姚居半焉淳熙間有孫椿年端平間有岑全方李仁吳自然淳祐間有孫子瑾孫凝景定間有葉仲凱吳應酉李午發方旅方凝方仲達其他軼者至多存者亦莫詳其年次矣

元延祐元年甲寅　黃溍義烏籍增入

延祐四年丁巳　孫士龍常州守　岑良卿

延祐七年庚申　虞泰廉訪使

至治二年壬戌　岑士貴　楊彝儒學副提舉

至正十年庚寅　宋元僖繁昌教諭　楊璲年伕

明洪武三年庚戌　岑鵬慈谿籍

洪武五年壬子　翁希顯

洪武十七年甲子　沈志遠　葉原善刑科給事中　潘存性

魏思敬　翁德延行人司正　項復　聞人恪

洪武二十年丁卯　朱文會常州府學教授　朱孟常　朱宗顯嘉定知縣

洪武二十六年癸酉　錢古訓　劉季篪　聞人善慶應天榜福建副使

洪武二十九年丙子　馮本清　楊昇錢塘籍嚴州教授

洪武三十二年己卯　倪懷敏御史終僉事　葉翬薊州知州　劉壽愻

潘義　馮吉　陳性善吏部郎中

永樂元年癸未　陸孟良　柴廣敬　李貴昌

永樂三年乙酉　徐廷圭　方愜　何晟

李應吉

永樂六年戊子　柴璘豐城教諭　沈彥常教諭　聞人晟經魁

永樂九年辛卯　邵公陽雅州知州　劉辰季篪子應天榜

永樂十二年甲午　柴蘭　鮑玄興寧德知縣　華陽熙山陽教諭

永樂十五年丁酉　夏大友　舒本謙　陳賓性善子知歙縣

戚熙州學正　駱謙　劉端書季篪子應天榜　楊寧昇子後家于歙

永樂十八年庚子　邵宏譽　盧鎬定縣知縣　高文通保定教諭

孫泓　何瑄　華孟學國子監學正　徐熊

李浩館陶知縣　潘瑄延長知縣　朱希亮國子助教　諸均輔興化教諭

李貫章　沈圭

永樂二十一年癸卯　宋驥平陽府教授　許南傑　邵懷義瀋府長史

孫柱

宣德元年丙午　毛信興化府教授

宣德四年己酉　楊文珪通判

宣德七年壬子　夏廷器　舒瞳　夏靖蜀府長史

徐律建陽教諭　楊宜昇之次子

宣德十年乙卯　茅秉潮州府教授　余亨永春教諭

正統三年戊午　葉蕃昌邑知縣

正統六年辛酉　朱縉希亮子　吳節　潘英

聞人謨　戚瀾順天經魁　韓岱應天榜知縣

正統九年甲子　馬庸都昌教諭　陳雲鵬　胡徵福寧州學正

毛吉　潘叔庸陝州訓導　陳詠順天經魁　虞潤鎬子順天榜鎮遠知府

正統十二年丁卯　鄭文延津知縣　張才史琳父後復姓歷三縣教諭主考福建有士子携金餽于途才却之及發榜而此士名在第五又以前金餽才復却之　王佐開封訓導

楊文琳 文珪弟　胡寬 應天經魁　李瓊 應天榜

景泰元年 庚午　俞浩 寧德教諭　陳紀 光澤知縣　陳勱

魏瀚 瑤之子　毛傑　周鼎 嶽府長史　徐海

汪勉 知縣　陳嘉猷 贊之子　毛裕 順天榜　毛祚 順天榜通判

景泰四年 癸酉　鄭節　孫輝　陳雲鶚 雲鵬弟

陳雲　莫愚 銅仁知府　孫讚 翰林院檢討　韓恭

夏時　孫信　孫怡 應天榜靈璧訓導　華誠 應天榜兗州同知

朱穀 應天榜御史終山西僉事

景泰七年 丙子　李居義 經魁貴昌孫　孫珩 國子博士

楊芸　孫蘭 典化同知　姜英

天順三年己卯　聞人景暉經魁　徐瓚　諸正
華黼孟學子吉府審理　陳淸　柴璇宣城教諭　黃韶
胡恭　舒春順天榜
天順六年壬午　翁遂　黃伯川名溥以字行建寧教授有竹橋十咏與倪宗正管溥倡和
楊榮　錢珍　吳智　翁信順天榜德延孫
成化元年乙酉　石塘經魁　金石　王濟邵武知縣
諸觀　許謹中牟知縣　邵有良　張琳才之子復姓史
潘義
成化四年戊子　陸淵經魁　馮蘭　王舟
陳雲鳳　諸讓　鄒儒　翁廸

華福　陳倫　邵銓宏譽子泰州同知　胡贊順天榜

滑浩順天榜　陳謨應天經魁叔剛孫　黃謙應天榜

成化七年辛卯　黃珣解元　盧滋南寧同知　吳一誠深州知州

宋昉驥子歙縣教諭　金鉉　張森曲阜教諭　陳洵嘉猷子錢塘籍

孫衍順天榜　黃肅應天榜

成化十年甲午　謝遷解元　毛憲傑之子　聞人珇韺之子

韓明　邵禮含山知縣　諸諫光山教諭　徐諫

郝瓛同知　楊憲武剛同知　吳裕順天榜　黃琪順天榜

陳渭順天榜夔州同知　張玉廣西榜開封同知

成化十三年丁酉　孫昇解元上海教諭　范璋　岑恒知縣

胡傑信陽學正　吳叙　張時澤　李時新

毛科吉之子應天榜　陳筐應天榜襄陽知府

成化十六年庚子　王華經魁　蔡鍊欽之弟　王恩

魏澄潞州學正　傅錦瑛之子　嚴謹蒲圻教諭　俞潭教諭

高遷

成化十九年癸卯　蔡欽經魁　陳雍　傅瑛深澤教諭

許濬南傑子國子助教　王乾仁和籍　汪鉉　華璁

胡洪　邵賁　邵蕃　周仲圻鹽山教諭

王楷臨清學正　胡日章應天榜教諭　潘絡應天榜

成化二十二年丙午　翁徤之廸之子經魁　毛實經魁　姜元澤教諭

楊簡芸之子　徐守誠　張明遠　汪澤
楊譽昌化籍　欒訓博野訓導　鄒泰　朱冕
弘治二年己酉　黃瓛經魁　錢鈍廣州教授　邵坤
舒聰連州知州　金淮　汪集南安通判　陸相淵之子
鄒軒儒之子　馮清順天榜
弘治五年壬子　孫燧經魁　韓廉經魁　姜榮
魏朝端思恩同知　吳天祐　諸文實清流知縣　楊忭長州教諭
陸唐　聞人才　朱躍　王守仁華之子
楊祐　方璽順天經魁　諸忠順天經魁知縣　楊梁廣西榜知劍州
弘治八年乙卯　夏銓知州　沈應經　李時暢順慶通判

倪宗正　杜欽西華知縣　黃鑾開州學正　徐彬宜都知縣

楊天茂　黃堂伯川子山東榜　胡諒山西榜安宿教諭

弘治十一年戊午　胡鐸解元　孫清武清籍解元　陸棟淵之子

徐雲鳳江夏知縣　夏璣靈川知縣　黃嘉愛父九睿有[illegible]學　謝廸遷之弟

鄉選

汪惇　史鸞琳之子　牧相

張祖順天榜　嚴敬應天榜

弘治十四年辛酉　謝丕遷之子順天解元　黃嘉會字懋禮知金谿縣

諸鼎廣州推官　諸絢諫之子　陳叙龍陽知縣　胡軒

胡東皐　陳言直倫之子　張謩州學正　周旋虞城知縣

徐天澤順天榜　嚴時泰湖廣榜　汪克章　陳璣皆山東榜

駱用卿陝西榜

弘治十七年甲子　沈德章經魁　顧蘭廬州同知　陸選

張璿　汪和　陳言正倫之子通判　陳克宅

徐文元　夏濬時之孫　陳守卿　俞艮貴廣信通判

正德二年丁卯　陸榦淵之子經魁　于震　張逢吉

史立模　徐愛　毛紹元憲之孫　孫邦彥

陳文僅雍之子　管溥萊州府判　周坤崇化知縣　王時泰

邵悳容

正德五年庚午　孫繼先輝之子以貢試應天闈中以爲解元及拆號主司以姚人爲逆瑾所惡方謀易之而外傳瑾已下獄始仍其故　胡悅經魁益陽知縣　楊霶知茂州

胡愷悅之弟河陽知縣　王相荆州府州　韓洪　郭廉知蕭縣

徐全順天榜知歸化　胡昭順天榜　俞召應天榜　盧元愷河南榜魯府長史

正德八年癸酉　陳煥經魁　施信漳平知縣　張瀾

胡玠楚雄知府　胡瑞　朱同芳長史　陳輔成都同知

張心　張時啓雞澤知縣　徐子貞順天榜　陳璧山東榜

正德十一年丙子　張懷解元　龔輝經魁　朱同蓁同芳弟

顧遂蘭之子　毛文炳憲之子　張逵璿之子　聞人銓

毛復　俞瀾　徐子龍諫之子　吳廸廬江知縣

趙塤　張嵩福建榜知縣　汪克思廣西榜

正德十四年己卯　楊撫經魁　史鵷經魁　陳塏經魁

邵燁　邵煉　楊大章　諸演

魏有本　顧明復　吳成禮滄州知州　孫翥禮科終僉事

任重工部郎中　陳洪範　孫一清　徐元孝全之子順天榜

張鏜山東榜　陳琰璣之弟山東榜　張宿廣西榜

嘉靖元年壬午　韓柱廉之子經魁福建僉事　徐珊雲鳳之子

王喬齡嵩之兄　吳鄧叙之子　邵艮金　錢寬以字行名德洪

夏漣知縣　王正思　諸陽讓之孫　朱思孟順天榜

黃思齊琪之子順天榜　陳熺篚之子應天榜知州

嘉靖四年乙酉　宋惟元　邵元吉　鄭寅

胡與之知縣　徐存義　俞大本同知　姜聯錦

黃良材知州　王綸　管見　吳仁

吳惺　孫陞燧子　吳必孝　胡膏

孫應奎　吳璋雲南榜

嘉靖七年戊子　周如底經魁　俞介瀾之子經魁　錢應揚

許來學經魁歷知三縣　李本復姓呂　邵基煉之子　夏淳釜之子

許安同知　鄭邦仰　吳至　徐建歷知福清古田有聲

石繼興　胡希周長山知縣　陸芹知縣　徐一鳴

毛夢龍　胡德信改名崇德　黃齊賢　徐九皐順天經魁

葉洪順天榜　童吉應天榜

嘉靖十年辛卯　吳轅仁和籍經魁　夏惟寧經魁知州　于廷寅震之子經魁

周大有　谷鍾秀　徐方　管州兵部司務

顧廉　楊世芳　宋大勺　丁克卿

邵炤坤之子知縣　徐恒錫知州　韓岳　錢大經

陳紹先　胡汝存

嘉靖十三年甲午　孫汝賢經魁　張元璿之孫　葉選

盧璘　韓應龍　陸美中　邵時敏廣東僉事

鄒珩知縣　諸爕　翁大立　邵德久邵武知府

鄭烱　王秉敬贑縣知縣　鄒絅應天榜　羅恩湖廣榜

嘉靖十六年丁酉　徐懷愛　聞人德行　諸敬之

胡安軒之子　宋大武大勺兄　岑恕　嚴中

胡正蒙　陳禾　韓臯岳之弟　蔣坎

周仕佐　毛守文華之子順天榜通判　孫坊

陳堯輔之子知府　張建俱順天榜

嘉靖十九年庚子　陳壆煥之子經魁　諸應爵綸之子　魏有孚

童夢蘭　何一清　金蕃　楊元吉

張達　宋岳晃之孫　王嵩喬齡弟　孫佳坊之兄

黄釜經魁　周如斗　汪世安克章子三人皆順天

陳墀煥之子應天榜

嘉靖二十二年癸卯　邵漳蕃之子經魁　諸墇　毛子翼同知

邵稷　陳南金　趙錦塤之子　盧大經

胡翼東皐子僉事　韓弼　毛永良　康清知州

姜子羔仁和籍　吳宗堯雲南榜　孫鑨陞之子下皆順天榜　孫鏇墀之子

沈譜　錢仲實是科叅冐籍錢仲實華沈譜發原籍入學以子應文貴封大理卿壽八十賜祭葬

嘉靖二十五年丙午　胡造經魁　范國輔知縣　楊誠憲之孫知縣

姚正知縣　張辰　楊九部　楊山憲之曾孫知州

蘇民牧同知　陳成甫　翁時器　鄒炫

嘉靖二十八年己酉　邵畯經魁　邵型德久子經魁知縣　陸一鵬

黃尚質景州守　胡升　陸夢熊一鵬從子　徐紹卿建之子

孫汝賓應奎子　吳敬夫知州　孫汝淮　周大宇知縣

顧文仁和籍　胡孝仁和籍　孫鋌順天解元陞之子　周思齊順天榜如底子

張孔修 福建榜郎中

嘉靖三十一年壬子　諸大圭 絢之孫解元　倪章 知縣　項廸 知縣

毛惇元 文炳子　邵遠 改名甄知州　楊崑 憲之曾孫推官　唐景禹

陳有年 克宅子經魁　顧遴 爵之子京府判　楊乾知 撫之子三人順天

黃驊 爵之子應天榜同知　李元泰 雲南榜

嘉靖三十四年乙卯　姜天衢 聯錦子經魁知銅陵縣配石氏有令德壽一百二歲

孫大霖　史岡元 琳之曾孫　任春元　楊世華 世芳弟

謝用樸 遜之孫少而夙慧鄉舉時年十四北上殤于痘　周光祖　胡權 改名時化

馮天衢　沈祖學 順天榜知州　葉逵 改名之盛閩建知縣治尚書有聲陳恭介受業其門

胡應天 郁榜　張翊元 逵之子順天榜通判　韓鏊 明之孫經魁知縣

嘉靖三十七年戊午　孫汝資經魁　張岳經魁時澤曾孫　錢應弼改名應京府判

邵堪知縣　夏道南　徐廷蘭知縣　陳三省雍曾孫同知

胡希洛　孫錡知州　張紳　葉逢春選之子

胡維新安之子　姜天麒聯錦子初知海門陞守曹州　陳覲煥之子

孫鈞陞之子改名鍃　朱應時上三人皆順天榜　顧燮逵之子

嘉靖四十年辛酉　張對岳之弟經魁　周思充如斗子經魁　錢立誠知縣

管府見之子長史　徐執策守誠孫　胡旦東皐子　諸察文寶孫

蔣勸能坎之子順天榜

嘉靖四十三年甲子　史釗鵷之孫經魁　史銓釗之兄　史自上立模子平陽府同知

沈應文諧之子　張堯年璿之曾孫　任德正　盧中滁州同知

鄒塤　黃兆隆　姜子貞子羔弟知州　陸詔淵之孫

嚴應元改名昌世汀州同知　顧奕遾之子知縣　張道明

呂祖望冒籍華四人皆順天　顧褒遂之子應天榜

隆慶元年丁卯　楊文元山之子經魁名文煥　管稷

鄒學柱　邵陛德久子　潘日仁通判　邵桯基之子南刑部郎中

陸部改名鎮默　邵一本　周思宸　孫汝滙

趙邦佐　諸大本應爵子順天榜知縣

隆慶四年庚午　李槃經魁　諸大倫讓之曾孫　李乾養推官

胡邦彥知州　蔣京通判　史元熙自上子　陳希伊南金子

丁世偉改名懋建　施倖知縣　俞嘉言　陳縉知縣

孫鑛陞之子順天榜　宋可久岳之子順天榜知州　朱惠應天榜知縣

萬曆元年癸酉　邵夢弼蕃曾孫經魁　史重淵知縣　胡堉麟

鄭道知縣　邵埨堪之弟　葉遵　管應鳳府之子

錢應樂德洪子　張敬祈懷之孫　周思文知縣　黃化龍

鄭昌國福建榜

萬曆四年丙子　孫如游墀之孫　張雲鶴長史　毛秉光

毛鳳鳴通判　徐震　盧元復仁和籍　孫如法鑨之子順天榜

韓子祁弼之子順天榜　朱士貴同芳子應天榜通判

萬曆七年己卯　史記勲銓之子　秦蒙知縣　張集義岳之子

姚文德　聞金和　陳鍭陞之子順天榜

萬曆十年壬午　姜鏡子羔子解元　陳治則三省子　史秉直嗣元子

吳道光叙之曾孫　呂徹昌本之孫順天榜　顧陟奕之子應天榜　葉重光

沈裕武康籍

萬曆十三年乙酉　陳謨經魁　陳治本三省子　孫繼有

丁履泰　徐應登　孫應龍知縣　朱應龍通判

諸元道文實曾孫　楊宏科九部孫　陳所志　張釜

陳志科知縣　丁浚歸安籍　張紹魁順天解元　孫鉉鑰之弟

周昌憲思充子　葉敬應洪之孫德州籍　史記純鈳之子　孫唫

楊日章　胡正道以上俱順天榜是科叅冒籍胡正道史記純孫唫楊日章俱革正道更名

姓王道原再舉戊子應天

萬曆十六年戊子　黃應玄改名琛　楊維嶽　朱錦
陳賞生　呂昇改名徹昇知縣　毛可儀　蘇萬傑雲南布政
沈鼎臣歸安籍　邵欽諭甄之子改名倘棠應天榜
萬曆十九年辛卯　毛鳳起解元秀水籍　魯史　孫如洭鋋之子
童志仁　韓世忠祉之曾孫　戴王言　張約禮岳之子
陳本欽克宅曾孫　張王化　潘暘春　邵圭德久子順天榜
萬曆二十二年甲午　周汸明　黃棟材仁和籍　呂徹初順天榜字葉槐太傅
本之孫也仁和諭遷電白知縣　葉憲祖逢春子　朱有光二人俱應天榜
萬曆二十五年丁酉　邵炳文稷之孫　蔣一驄坎之孫　趙應貴塤之曾孫
宋德洪字開芝大武之孫以深州學正遷知連江縣山陰劉念臺先生銘之　諸允修仁和籍

黃三辟之孫六合籍　金煉

萬曆二十八年庚子　閔人宗望德行孫　姜一濂鏡之子後改名逢元

邵元凱黃陂知縣　俞三賜　鄭之尹　王先鋐守文曾孫順天經魁

毛栢賓玄孫順天榜　邵穎達應天榜　邵于巘仁和籍　史起英海寧籍

萬曆三十一年癸卯　邵喻義漳之孫　馬希曾　史記緒銅之子

諸正　葉大受　趙應標　楊培文煥子

朱一騏海寧籍

萬曆三十四年丙午　馬成允知縣　吳煥章高州通判　吳成德茂州知州

馮國英　潘瑞春順天榜　張爕遵化知縣　沈景初二人皆應天榜

萬曆三十七年己酉　翁日襄知州　呂邦翰　邵鳳廷

張治續　潘融春　王先鐸同知　王業浩

胡一鴻　錢養民順天榜永定知縣

萬曆四十年壬子　陳孔教四川副使　胡敬辰　胡一鶚

朱瀛達　施邦曜　張廷玉員外　盧成欽

孫業釗房縣知縣　童學賢廬州同知　孫如洵上二人順天榜

萬曆四十三年乙卯　黃尊素　李安世粲子　邵爲棟

姜鏗工部員外郎　姜一洪　陳公慶　俞鳳章推官

黃憲冲應天榜知縣　陳士聰　邵睿智教諭　蔣茂浙副使三人皆順天榜

萬曆四十六年戊午　蘇萬備教諭　魯時昇　周官皆順天榜知縣

胡鍾麟武康籍　周啓祥崑山籍　孫炳奎雲南籍

天啓元年辛酉　翁日穆　史啓夔元熙孫　熊汝霖

胡從正順天榜同知

天啓四年甲子　鄭翼雲　張廷賓知縣　高鵬蛟知縣

方啓元知縣　諸允儀　邵士龍　張存心

鄭光昌順天榜

天啓七年丁卯　楊國肇教諭　吳恭章禹城知縣　楊琪森

于重華　陳士瓚　滑彬順天榜

崇禎三年庚午　陳相才　邵毓材知寧州　潘同春知蒲州

潘之敩　金洙　岑君弦　李盛世順天榜槃之子

邵光胤　邵之驊二人皆杭州籍

崇禎六年癸酉　岑鐈同知　邵之詹　邵棐槐教諭

張羽翀　孫先梅嘉興教諭　高攀桂　張寄瀛山陰籍

孫嘉績　魯應期知縣　姜應龍本姓邵三人順天榜

邵泰清仁和籍

崇禎九年丙子　邵秉節元凱子經魁　馬晉允　嚴之偉

孫之龍山陰籍　蔣洴本姓毛嘉善籍

崇禎十二年己卯　宋賓王德洪子解元房山知縣　姜謙受

朱召淳禹城知縣　邵琳教諭　沈景怡應文子應天榜　戴長治秀水籍經魁

崇禎十五年壬午　孫震初任教諭　鄭夢坤　朱雅淳召淳弟大理知府

韓肇甲　程法孔　羅晨應天榜　許暢應天榜德安知府

姜希轍 順天榜奉天府丞

清順治三年丙戌

張煒 邵嘉徹 頴達子西安知府

童奇齡 教諭 許元孝 知縣 王振孫 德清教諭 張之林 桂陽知州

岑崧 邵洪襄 伯棠子玉田籍 胡惟德 順天榜 戴京曾 錢塘籍

鄭龍光 平湖籍

順治五年戊子

鄭光國 韓城知縣 項皐 原任臨漳知縣 周景從 本姓鄔

夏復 呂應鐘 徐岱 候選知縣 胡鶴翥 敬辰子主事

順治八年辛卯

張之栻 釜之孫遂安教諭 張晉 慶元教諭

楊翥 知縣 余復亨 陳祖法 謨之孫知州 王泰來 東陽教諭

邵汝愁 順天榜 鮑經綸 錢塘籍

順治十一年甲午　邵崑嶽之詹子　沈振嗣景怡子　俞嶙

胡鄂　岑眉　何繹之　戴錫綸王言姪孫

諸用章順天榜　姜廷棟會稽籍　史起賢順天榜

順治十四年丁酉　鄭濂光昌孫　張致敬本姓徐　史尚轍記勳孫

姜岳佐汝賓曾孫慈谿籍本姓孫　邵吳遠仁和籍

順治十七年庚子　朱約淳　鄭耀如　盧琦經魁錢塘籍

康熙二年癸卯　錢增本姓沈

康熙五年丙午　徐景范解元　陳祖則謨之孫　史在宮記勳曾孫

韓士淇平湖籍

康熙八年己酉　邵奏平解元仁和籍　邵弘堂之詹孫經魁　邵元度

諸煜魁

康熙十一年壬子姜之琦　宋徵烈　馬一驄大典籍

翁嵩年仁和籍　羅珩晨之侄俱順天榜

康熙十四年乙卯蔣茂沆　盧鑄

康熙十六年丁巳高華　戚元士　姜希轍

姜公銓

康熙十七年戊午蘇之杕　史漢　姜承爔

康熙二十年辛酉姜承烈

康熙二十三年甲子邵焆　邵燦　呂

康熙二十六年丁卯陳沅

進士

姚士之盛於鄉猶其鄉也其試於春宫成進士則海内以爲前茅矣成嘉之際臚唱比肩紀鴻漸者侈爲盛事顧姚之所以重於海内與士之所以自重者在彼不在此也志進士

唐

元和　虞九皐

宋

皇祐元年己丑　胡穆屯田司員外郎

熙寧九年丙辰　虞昆

元豐八年乙丑　虞賓知縣

元祐三年戊辰　陳毅縉雲令

紹興四年丁丑　虞大猷　虞寅賓之弟

元符三年庚辰 錢克忠

政和五年乙未 葉汝平 通判

政和八年戊戌 陳槖 毅之子刑部侍郎

宣和六年甲辰 胡尚智 會稽籍

紹興五年乙卯 虞仲瑤 侍講賓之子 虞仲琳 胡沂 吏部尚書

茅富 松陽令

紹興十二年壬戌 傅世修 錢移哲 按紹興三年餘姚刻資治通鑑有校勘進士葉汝士杜邦彦錢移哲陸宿顧大治呂克勤張彦衡朱國華杜級孫彬等十八人皆姚人而郡學題名止存錢移哲又在紹興十二年餘皆不著今亦莫攷其歲月姑附記焉

紹興十八年戊辰 高選 武當軍節推

紹興二十一年辛未　孫大中

紹興二十四年甲戌　莘寵崇之弟　虞時中仲瑤子

隆興元年癸未　王逑　李唐卿　莫叔光

乾道二年丙戌　虞汝翼時中子

淳熙二年乙未　孫應時　李友直

淳熙五年戊戌　厲居正　朱元之

淳熙八年辛丑　趙廷昴廷袞兄　袁燮汝平子　朱元龜元之弟

淳熙十一年甲辰　虞時恍時中弟　虞時憲

紹熙元年庚戌　陳用之叢之孫　莫子偉叔光子

紹熙四年癸丑　陳用之再登科

慶元二年丙辰　莫子純叔光姪狀元以有官充第二人
慶元五年己未　胡衛沂之孫禮部侍郎
嘉定元年戊辰　余一夔
嘉定四年辛未　虞埴時中孫
嘉定七年甲戌　趙彥械　孫之宏
嘉定十年丁丑　葉明道汝之孫
嘉定十三年庚辰　孫祖祐應符子　茅彙征
嘉定十六年癸未　聞人知名淮西總幹　毛遇順
寶慶二年丙戌　楊瑾
紹定五年壬辰　孫子秀　孫自中通判　王世威

楊炎　戴鐸　陳煥知邵武軍　楊穉回

嘉熙二年戊戌　戴得一鐸之兄　錢紳移哲曾孫通判　戴浩得一子

楊璐琎之弟浙東安撫司參議　孫嘉子秀姪知常州　袁灝

趙嗣賢　岑全是年詞學科

淳祐元年辛丑　陳膺祖橐之元孫　羅信夫

淳祐四年甲辰　張艮孫知鄞縣　任西之　趙若淮

淳祐七年丁未　葉秀發　王公大　馮濟國

孫嶸叟林之子　趙若秀　趙時齡通判　朱元光

淳祐十年庚戌　胡夢麟知壽昌軍　孫林句容知縣　方季仁

孫嶸叟再舉博學宏詞科

寶祐元年癸丑　趙與緡　孫象先之宏侄教授　陳夢卓膺祖姪黃巖尉

孫炳炎　李碩教授　錢恢　唐震

寶祐四年丙辰　姚會之崇仁令　何林　莫子材子純弟

張顯孫良孫弟　趙時泰鄞縣令

開慶元年己未　孟醇教授　朱國英元之孫縣令　趙時暨廣昌縣尉

趙若鐩　晏垚殊六世孫隆興府司法官

景定三年壬戌　方山京本慈谿人後居餘姚　黃焱太常博士

黃遇龍江浙提刑　華景山臨川簿　陳開先

咸淳元年乙丑　王畯世威侄　朱沐

咸淳四年戊辰　俞廷簡

咸淳七年辛未　厲元吉　楊潭
咸淳十年甲戌　陳應庚東陽尉　周汝暨溧水尉　宋鑑孫承節郎
元
延祐二年乙卯　黃溍
延祐五年戊午　岑良卿奎章學士
至治三年癸亥　岑士貴廉訪使一云黃巖判官
泰定元年甲子　黃茂餘姚州判從學吳澄
至順七年庚午　黃彰浙江宣司
明
洪武四年辛亥　岑鵬太常寺丞
洪武六年癸丑　翁希顔初授周府伴讀遷御史以奏對忤旨謫臨潼主簿
洪武十八年乙丑　沈志遠御史　潘存性兵科給事中　項復

聞人佫 大理寺卿 魏思敬

洪武二十七年 甲戌 錢古訓 劉季篪 侍郎

洪武三十三年 庚辰 劉壽邇 宣章知縣 潘義 上杭知縣

永樂二年 甲申 陸孟亘 吏部主事 柴廣敬 庶吉士 馮吉 御史終州同

李貴昌

永樂四年 丙戌 徐廷圭 郎中 方怀 御史 何晟 御史

永樂七年 己丑 聞人晟 給事中 翁德賢 行人司行人正

永樂十六年 戊戌 舒本謙 平定知州 夏大友 御史終僉事 柴蘭 庶吉士參政

永樂十九年 辛丑 駱謙 清江縣令 沈圭

永樂二十二年 甲辰 邵宏譽 成祖見寵特授修撰後仕至湖廣按察司 李貫章 南刑部員外

孫泓 御史

宣德五年庚戌 許南傑 庶吉士 楊寧 初刑部主事，參贊麓川戎務，上嘉其公勤，陞郎中。已，再佐王司馬驥討平之，叙功超陞本部侍郎，歷禮部尚書，以足疾出爲南刑部尚書，致仕。

宣德八年癸丑 舒曈 兵科給事，使占城，後以按察使知泉州 何瑄 庶吉士，終布政司使

正統七年壬戌 吳節 刑部主事 聞人韺 南道御史 潘英 御史

正統十年乙丑 陳詠 僉事 陳雲鵬 布政司使 朱縉 知府

正統十三年戊辰 楊文林 御史，終布政 楊宜 御史，終廣東副使

景泰二年辛未 戚瀾 庶吉士 陳嘉猷 初拜給事中，使朝鮮，再使滿剌國，歷遷通政司通政

景泰五年甲戌 孫輝 成都知府 陳雲鶚 袁州知府 陳雲 文選司郎中

徐海 廣東副使 胡寬 御史 毛傑 魏瀚 江西右布政使

毛吉 憲副謚忠襄　夏時 庶吉士終湖廣僉事

天順元年丁丑　孫信 吏部主事　陳渤 福建左布政　韓恭 高州知州

天順四年庚辰　諸正 廣東僉事　聞人景暉 禮部員外

徐瓚 汀州知府

天順八年甲申　胡恭 河南僉事　翁遂 陝西副使　翁信 廣東參政

成化二年丙戌　陳淸 刑部員外會魁　張琳 復史姓右都御史贈太子太保

邵有良 庶吉士終潯州知府　諸觀 知府　錢珍 刑部主事

成化五年己丑　馮蘭 庶吉士官至江西提學副使　舒春 刑部郎中

鄒儒 太僕寺卿　胡瓚 建昌知府　姜英 廣東參政　陳雲鳳 江都知縣

王舟 工部員外　黃韶 會魁江西僉事

成化八年壬辰　陸淵初字合肥拜御史尋督學北畿歷福建參政卒于官予三人相棟幹並舉進士

楊榮工部郎中　陳洵知府　陳謨雲南提學僉事　黃謙南刑部主事

吳智工部郎中

成化十一年乙未　謝遷狀元大學士謚文正　諸讓陝西參議　韓明副使

滑浩字宗源南昌知府　石塘豐城知縣

成化十四年戊戌　毛科貴州提學副使　李時新工部主事　黃肅湖廣副使

聞人珇應天府丞

成化十七年辛丑　王華狀元南京吏部尚書　黃珣榜眼南吏尚書謚文僖

翁迪貴州右參政　陳倫工部員外　毛憲湖廣副使　徐諫大理寺副

吳裕御史　孫衍御史　黃琪鹽運使

成化二十年甲辰 傅錦刑部員外 陳雍南工部尚書 吳叙肇慶知府

邵蕃副使 華福會魁湖廣叅議 潘絡刑部主事

成化二十三年丁未 蔡欽鹽運使 毛實刑部郎中 汪鉉御史

翁健之庶吉士貴州布政 王恩布政使 華璉四川布政使廉無宦產

張時澤潮州知府

弘治三年庚戌 汪澤工部主事 范璋吉安同知 邵蕡布政使

蔡錬四川副使

弘治六年癸丑 陸相長沙知府 徐守誠山東叅議 馮清兵部侍郎

高遷邵武知府 吳天祐松溪知縣 楊簡郴州知府 孫燧諡忠烈

弘治九年丙辰 鄒軒會魁刑科給事中浙江有解馬之役破家相望軒疏徵馬價其役始免

胡拱工科給事中　邵坤新金知縣　黃巘山西僉事　楊譽江西僉事

鄒泰順天通判　韓廉山東副使

弘治十二年己未　王守仁　陸棟河間知府　牧相兵科終廣東叅議

謝廸廣東左布政　王乾華容知縣

弘治十五年壬戌　孫清忠烈諸子有詩名廷試第二授編修逆瑾忌之去官再起歷學臬終少叅

徐天澤桂林知府　胡軒兩淮運使　沈應經南禮部主事

宋冕副都御史　姜榮松江同知　陳璣太僕寺丞　黃堂會魁未殿試而卒

弘治十八年乙丑　謝丕探花授編修逆瑾削籍嘉靖初起充日講晉吏部左侍郎以艱歸卒贈禮部尚書

倪宗正庶吉士知南雄府　胡東皐僉都御史　諸絢芊部通判

胡鐸順天府尹　汪和河南僉事

正德三年戊辰　汪克章廣東僉事　徐文元　黃嘉愛歙州知州

駱用卿兵部員外　徐愛南工部郎中

正德六年辛未　汪惇南寧同知　張璿刑部員外　嚴時泰工部侍郎

正德九年甲戌　陳克宅副都御史　王時泰長史　邵德容刑部主事

楊天茂

正德十二年丁丑　張懷廣東參政　毛紹元參政　陳煥光祿寺卿

顧遂授刑部主事諫武宗南巡廷杖出守惠州歷潘臬二司陞右副都御史終南京刑部侍郎

徐子龍南昌知縣

正德十六年辛巳　張逵刑科　胡昭南刑部郎中　邵煉江西副使

邵煒山東副使　楊撫提學副使　史立模知府　徐子貞福建僉事

顧明復　魏有本右都御史

嘉靖二年癸未　陸榦主事　龔輝侍郎　楊大章侍郎

張心南道御史　陳洪範興化知縣　張鍠

嘉靖五年丙戌　聞人詮御史　吳惺山西布政　諸演僉事

管見參政

嘉靖八年己丑　王正思建寧知府　孫應奎副都御史　周如底太僕少卿

趙塤參議　徐九皐貴州副使　徐存義敘州知府　葉洪兵科直聲有

嘉靖十一年壬辰　吳至惠州知府　于廷寅山東僉事　毛復御史

邵元吉鳳陽知府　陳壇會魁參政　韓岳御史　李本謚文安

錢德洪刑部郎中

嘉靖十四年乙未　韓應龍狀元授翰林院修撰　孫陞榜眼謚文恪

鄒絅刑部員外　諸燮會魁主事　錢應揚御史　盧璘鹽運使

徐方揚州同知　顧廉會魁評事　黃齊賢主事　吳轅知州

鄭寅御史　王喬齡參政　邵基南道御史　張元衢州同知

鄭烱福建僉事　胡崇德知縣　羅恩副使

嘉靖十七年戊戌　翁大立尚書　聞人德行尚寶司丞

嚴中贛州知府　蔣坎臨江知府　葉選工部郎中　諸敬之廣東僉事

宋惟元主事

嘉靖二十年辛丑　陳陞會魁謚文僖　宋大武參政　徐一鳴贛州知府

吳必孝湖廣僉事　陳美中副使　宋大勺山東督學副使　陳采

金蕃刑部郎中岳州知府　王嵩寶慶知府　周大有御史　鄭邦俯知縣

陳墀湖廣副使　宋岳按察使　谷鍾秀山西參議

嘉靖二十三年甲辰　周仕佐會魁山東僉事　俞介知縣　趙錦謚端肅

胡安陝西參政　邵漳陝西參議　孫坊郎中　邵稷御史

張達初令江都廉得冤獄以疑錮者遷廷評悉矜釋之終辰州知府

嘉靖二十六年丁未　胡正蒙會元廷試第三歷翰林院侍讀充裕邸講官官至祭酒贈禮部侍郎廕一子

翁時器福建參政　楊世芳汀州知州　韓弼提學副使　孫汝賢知縣

周如斗副都御史　徐懷愛知縣

嘉靖二十九年庚戌　胡膏徽州府同知　諸暲工部主事　楊元吉行人

孫佳郎中

嘉靖三十二年癸丑　孫鋌侍郎　楊九韶南陵知縣　姜子羔行太僕卿

嘉靖三十五年丙辰　孫鑨謚清簡　陳南金工部主事　胡孝徽州知府

陸一鵬　唐景禹　徐紹卿興化知府　孫大霖刑部郎中

嘉靖三十八年己未　毛惇元會魁榜眼　陳䙫雲南參議　陳成甫江西僉事

邵畯行太僕少卿　胡維新陝西參政　史嗣元湖東副使　夏道南廣東副使

張岳侍郎

嘉靖四十一年壬戌　陳有年謚恭介　任春元廣東僉事　諸察廣東參議

楊世華廣西按察使　朱應時行太僕少卿　周思充御史至湖廣參議

嘉靖四十四年乙丑　顧褒福建按察使　徐執策知莆田縣歷東昌臨江同知

葉逢春鄖陽知府　蔣勸能參議

隆慶二年戊辰 邵陛侍郎 沈應文尚書 鄒學柱布政

張堯年廣東副使 鄒墀布政使 張崶江西按察使 孫如漣員外至長史

邵一本嘉定知縣 張道明庶吉士廬州府 孫鑨太僕寺卿 孫汝賓大理評事

隆慶五年辛未 史鈳編修 陸夢熊江西副使 俞嘉言高州知州

周思宸提學副使 黃兆龍知府 胡時化御史至河南參議

管稷湖廣副使 諸大倫兵部主事

萬曆二年甲戌 孫鑛會元尚書 史元熙江西僉事 葉遵工科給事

丁懋建澤州知州 孫健雲南軍籍

萬曆五年丁丑 諸大圭工部主事 徐震知縣 管應鳳兵部主事

萬曆八年庚辰 邵夢弼僉事 李槃承天推官 胡旦岳州知州

萬曆十一年癸未　胡時麟庶吉士至雲南僉事　史記勲知府

楊文煥給事中　姜鏡知府　陸鎮默刑部郎中　呂胤昌吏部主事

聞金和知府　孫如法禮吏主事　姚文德會試中式卒

萬曆十四年丙戌　吳道光無爲知州　張集義　楊宏科

孫繼有知府

萬曆十七年己丑　楊維嶽貴州僉事　陳鋠　陳贇生

萬曆二十年壬辰　朱錦河南副使　陳治本參政　陳治則吏科給事中

沈裕御史　丁浚　樂敬愿知縣

萬曆二十三年乙未　孫如游謚文恭　黃化龍行人

萬曆二十六年戊戌　戴王言廣西布政使　潘陽春廣東參政

萬曆二十九年辛丑　莊一驄太常寺卿　徐應登御史　諸允修

萬曆三十二年甲辰　魯史山東提學副使　葉大受山東參政　陳謨廣東副使

萬曆三十五年丁未　金煉順天籍河南陝西右布政

萬曆三十八年庚戌　胡一鴻贈太僕卿　黃球　潘融春江西參政

張紹魁

萬曆四十一年癸丑　姜逢元尚書　沈景初吏部員外　王業浩尚書

朱瀛達江西參政　孫如洵池州知府

萬曆四十四年丙辰　黃尊素謚忠端　陸一騏行人　盧承欽御史

姜一洪太僕寺卿

萬曆四十七年己未　施邦曜謚恭愍　吕邦翰行人　葉憲祖按察使

魯時昇庶吉士　朱啓英　馮國英

天啓二年壬戌　胡敬辰禮部員外郎

天啓五年乙丑　鄭之尹大同僉事

崇禎元年戊辰　鄭光昌工部郎中

崇禎四年辛未　于重華知府　熊汝霖　胡鍾麟

崇禎七年甲戌　鄭翼雲刑部郎中

崇禎十年丁丑　陳士瓚進賢知縣　潘同春蒲州知州　孫嘉績　姜應龍

崇禎十三年庚辰　邵秉節太常寺卿父老終養同兄秉孝明善侍疾禱神衣不解帶者六年子煊熠熺諾婦孫勞夜侍九十告終哀毀骨立孝友第一家也　陳相才給事中　姜謙受中書舍人

崇禎十六年癸未　李安世尚寶司卿　嚴之偉知縣　戴長治禮部主事

皇清順治三年丙戌 袁懋功 山東撫院

順治四年丁亥 胡惟德

順治六年己丑 鄒景從 戴京曾 大理寺丞 鄭龍光 分守汾莊道

順治九年壬辰 呂應鍾 戶部主事

順治十二年乙未 戴錫綸 羅定道 楊應標 溧陽知縣

順治十五年戊戌 馬番允 翰林侍讀 沈振嗣 庶吉士 俞嶙 從化知縣

胡鄂 松江推官 史尚轍 狄道知縣

順治十六年己亥 鄭夢坤 藍山知縣

順治十八年辛丑 邢昆嶽 商河知縣 余復亨 張致敬

朱約淳 泰安縣令

康熙三年甲辰　邵吳遠會魁翰林纂修仁和籍

康熙十二年癸丑　姜之琦　盧琦係丁未會魁內閣學士兼禮部侍郎

康熙[redacted]年　邵元度

康熙二十七年戊辰　陳元

康熙三十年辛未　姜承爀　宋徵烈

貢士題名 止錄歲貢拔貢

洪武年貢　趙學曾　聞人善慶　朱聯庚 主簿

舒好學 刑科都給事中　黃均保 洪武二十三年廷試第二授北平道監察御史北平有僞造榜文惑衆者劾保止戮其魁餘黨不問　胡季本　孫德滋 教諭　陳敏

趙元輝 桃源知縣　吳養中　徐安善 長沙通判　吳壽安 衛經歷

馮吉　徐廷圭

永樂年貢　陳用銘 辰州通判　黃廷槐 延平照磨　尤景隆 主事

黃秉倫 龍南知縣　岑震之 縣丞　胡與賢 兵部郎中　胡思齊 刑部員外

顧立 御史至廣東僉事　方叔夔　段慶善　王壽 邵武府通判

劉魯生　何繹　趙泰康 衛經歷　徐肅彰 工部主事

呂時習知縣　李志尹州同　戚熙　韓安遜經歷

毛志倫刑部郎中　岑茂卿通判　汪悠久萬載知縣

宣德年貢　宋璘建寧推官　翁順安　許南木訓導

蔣文昂訓導　宋淏桂陽知州　施敏常訓導

正統年貢　嚴廸江浦知縣　張慶廣信通判　胡孟珪訓導

谷寧　徐政知州　李文昭教諭　潘轅

錢本餘　陳璨教諭　陳謨　姜鍾訓導

景泰年貢　虞憲縣丞　黃繹一作吳傑　錢英訓導

天順年貢　潘昜　邵懷端　汪叔昂知縣

程傑訓導　于慶義　孫彬教諭　殷幹教諭

邵珉訓導　許晃程鄉知縣　沈文彬教諭　王傑贈禮部侍郎

岑和河南推官　楊文瓚訓導　韓晃訓導　吳鵬縣丞

胡玉衡訓導　方肅典史六年詔廪增生員四十五歲以上者俱貢自程傑至此十四人

莊肅知縣　錢清縣丞

成化年貢　王鎬訓導　鄒晃孝豐籍教諭　陳渭

華山訓導　吳泓訓導　魏淡經歷　邵驥訓導

錢稷訓導　徐韶衛經歷　柴和訓導　朱榮訓導

胡鑑訓導　徐儀訓導

弘治年貢　陳瑋建寧同知　陸恒訓導　鄒江訓導

孫士元　陳範訓導　錢綵昌化籍訓導　陳銓訓導

華騏　胡玫　翁穆通判　鄒世隆孝豐籍訓導

徐鳳教諭　諸謐　吳潤雲南籍教諭

正德年貢　孫繼先輝之子　韓昱昌化籍訓導　柴槩

王志四川籍知縣　許岳南傑孫州判　鄒思永孝豐籍訓導　胡瀾

許鶚廣西籍吏目　羅燮永定籍縣丞　張漢教諭　魏芝

孫煌教諭　宋文俊　許夔岳之兄訓導

嘉靖年貢府學　吳文俊　徐子麟　諸森

諸應相訓導　汪以榮　縣學陳策　吳應時

景華　胡慎　鄒思溫　鄔憲號翠澗通明曆學有曆論數篇詩與倪宗正相倡和文集散失僅留一卷　諸績　孫墀尚賓卿

羅應奎永定籍縣丞　黃釜　張建　鄒絢

陳大經　吳必諒　江繼辰　潘秉倫

孫邦直　王子彙　盧義之廣昌丞從學于王文成嘗自嘆曰吾三十年羈書史戶外一無所問十年服下僚俸外一無所入亦不負聖賢不負朝廷矣聞者以爲實錄

黃驥孝子　黃文煥開州教諭王文成命嗣子正億從之受經有東閣私抄記文成語

楊鎬　陳文顯　徐瑚　胡瀚

陳梯通判　徐克純泰州學正所記有禮記心說　王正志

王時敬訓導　胡完句容教諭與弟安並有異質好讀書所得見之躬行　黃汝通訓導

錢桂孝豐籍　吳宗周雲南籍　陳嘉禾永寧籍長史

隆慶年貢府學

孫應龍恩貢試越王棲會稽論爲一時絕唱

縣學宋惠恩貢　錢應乾州判　葉遴教授　鄒名知武邑有能名贈布政使

萬曆年貢府學　胡正善縣丞　孫如亮應奎子　汪以華

呂式訓導　錢應量教授　陳邦奇　楊大亨

鄒登庸訓導　姚程　高廷桂寧波訓導所入館穀緣手散之宗族

韓洵鏊之子選貢　邵頴達選貢　盧夢桂義之子　黃朝選仁和籍

黃夔堂之子貢元王文成門人　姜效乾選貢通判　張元化撫州教授

欒以圭知縣縣學　毛懋仁　陳宗信阿彌知州　俞楠教諭

童文訓導　胡謇東皐孫訓導　王子佐日照知縣　張應元逵之子袁州府教授

謹約有師道　王承訪訓導　張讜訓導　胡汝器

徐廷銓訓導　張燮應元子選貢　諸希獻選貢　徐應斗

朱學道貢元授從化知縣　邵應祺恩貢舒相籍山東

徐如堯香河籍　韓孟平湖籍　吳震雲南籍　錢誌孝豐籍

翁日可訓導　陳萬言　許瀚訓導　趙應龍州判

趙應機州同　陳本鎔授成都通判奢因之變松衛餉絕鎔慰定之卒保定通判

天啓年貢　邵純仁盧州通判　許兆金弋陽知縣　邵應祿訓導

朱鉞字道子錦弟授延平府通判　史可章　朱鍍字道子恩貢題選教授

潘之夔　許鏘應天副榜貢常州府通判　姜鏘字季超子貞子也以順天

辛酉副榜貢授永昌通判　朱銑字道子熙貢官長史

崇禎年貢府學　陳士繡　陳公時　諸渭

縣學史可鑑　史可贊　姜應望杭州教授　禹貢

徐重明　陳王前永嘉教諭　徐進明思恩知縣　宋德滋同知

陸爲楠　胡遵庚　龔應宿　諸標

羅粹美　黃宗會拔貢尊素子　邵秉孝乙卯副貢　邵明善恩貢

皇清順治年貢府學　韓元俊象山教授　姜一治鏡之子　孫揚漳州知府

縣學孫藉滋樂昌知縣　邵洪庚兗州同知　潘偉

鄭安仁　鄒光紀　夏象賢教諭　韓鉉

呂康成　吳振宗　黃顯之　朱頌淳

鄭元吉連江縣丞署縣事　袁懋德順天籍都給事中

張楷河南籍荆門知州以下皆選貢　翁年奕任丘知縣　孫光昺伊陽知縣

高選知府　陳相文歸德知府　姜天櫙　姜廷櫆會稽籍知上元

康熙年貢　張之森　呂淑成　胡竟成

黃元　俞鼎　葉旦

附監貢　朱之光重慶府知府　宋茂俊刑部郎中　何璠本姓黃安吉州教諭

余弘道婁縣縣丞　胡燦庚戌例貢　許霖吉由貢生正白旗教習考授知縣

趙弘基由壬子年歲貢考授教諭　徐景瀚由壬子年拔貢慶元教諭

樓元甲寅歲貢　孫文明由丙辰年恩貢考授教諭　沈鏞由丙辰年歲貢考授教諭

邵颺言由己未年歲貢考授教諭　吳楚戊午歲貢　諸漢甲子歲貢

陳新烈在京例貢　嚴以振由辛酉年例貢考授訓導　韓晉由丁亥年歲貢考授訓導

朱標由辛酉年歲貢考授訓導　邵熺由癸亥年例貢考授訓導

韓鼎由癸亥年例貢考授訓導　鄔佩珍由癸亥年例貢　鄔王珍由癸亥年例貢

孫子存由丙寅年歲貢考授訓導　蔣珍由丙寅年拔貢　徐世傑巳巳年貢

徐景洵由庚午年歲貢考授訓導　陳景恕壬申例貢　沈名俊由壬申年例貢

聞人淇由壬申年例貢　嚴宣壬申歲貢　徐景濤丙寅年貢考授訓導

朱偉丁卯貢生

考職監生

邵仲禮 布政經歷　翁日賓 永福知縣　邵汝矣 泰州知州　謝鍾和 知府

孫酉 知州　朱時行 由丙子年例監考授縣丞　姜一濤 由丙午年例監考授縣丞

翁年佐 由辛丑年例監考授縣丞　鄔佩璜 由丁未年例監考授州同

邵成坪 由己酉年例監考授州同　楊圭章 由己酉年例監考授州同

朱經 由己酉年例監考授縣丞　葉運昌 由辛亥年例監考授縣丞

朱讓善 由辛亥年例監考授縣丞　張錫純 由辛亥年例監考授縣丞

戴德先 由辛亥年例監考授縣丞　陳耿光 由辛亥年例監考授縣丞

陳彰 由癸丑年例監考授州同　施進 由乙卯年例監考授縣丞

孫逵 由丙辰年例監考授州判　吳應泰 由丙辰年例監考授縣丞

盧繪　由丙辰年例監考授縣丞
孫豐圻　由丁巳年例監考授州判
孫光鰲　由丁巳年例監考授州同
諸寧遠　由丁巳年例監考授州同
嚴錫祚　由丁巳年例監考授州同
魯然曜　由丁巳年例監考授州同
聞人塤　由丁巳年例監考授州同
聞人紳　由丁巳年例監考授州判
鄭松鱗　由丁巳年例監考授州同
胡邦枚　由丁巳年例監考授縣丞
岑文炳　由丁巳年例監考授縣丞
孫訥　由丁巳年例監考授縣丞
胡濤　由丁巳年例監考授縣丞
胡日賢　由丁巳年例監考授縣丞
謝守禮　由丁巳年例監考授縣丞
戴德裕　由丁巳年例監考授縣丞
陳旻烈　由丁巳年例監考授吏目
孫之望　由丁巳年例監考授吏目
諸黙　由丁巳年例監考授縣丞
趙錫綸　由戊午年例監考授州同

王文典由戊午年例監考授縣丞
羅瓚由巳未年例監考授吏目

潘廷芊由巳未年例監考授縣丞
陳應薦由巳未年例監考授縣丞

潘載霖由庚申年例監捐納知縣
邵大成由庚申年例監捐納知縣

毛士遴由辛酉年例監考授州判
陳弘謨由辛酉年例監考授州判

聞人壓由辛酉年例監捐納光禄寺典簿
謝廷恩由壬戌年例監考授州同

包志簡由癸亥年例監考授州同
鄔佩珩由癸亥年例監考授知縣

邵成忭由辛酉年例監考授州判
陳偉烈由例監考授縣丞

聞人斌由例監考授經歷
徐熹由例監庚午年考授州同

蔣澇由例監庚午年考授州同
余志禮由例監己巳年考授主簿

## 武科

嘉靖丙戌　孫堪　蔭錦衣衛千戶會舉第一歷都督僉事

嘉靖壬辰　毛綰　民生歷千戶

嘉靖乙未　胡賢　武生授所鎮撫戰歿於倭

嘉靖癸丑　孫鈺　錦衣衛千戶歷都督同知　槐武　臨山衛舍人授本衛鎮撫

嘉靖丙辰　周粟　臨山百戶歷江防都司　槐寅　臨山千戶歷四川叅將

嘉靖己未　毛希燧　民生授所鎮撫歷官叅將

隆慶戊辰　汪可大　民生歷官叅將

孫如津　京衛應襲歷都督僉事管錦衣衛事

萬曆丁丑　周書　臨山舍人授本所鎮撫

萬曆庚辰　湯大輅

萬曆癸未　余贊涿鹿衛籍歷德州守備

萬曆丙戌　盧元選仁和籍歷官都司　楊弘吉錦衣衛籍

林之杞臨山衛軍生　祝國泰臨山衛軍生　徐世卿臨山衛軍生歷守備

萬曆乙未　楊仲祥　汪登瑞副總兵

萬曆戊戌　馬如電臨山衛舍人

萬曆己未　朱應宸歷廣武營游擊

天啓乙丑　盧名成平粵八排犂賊陞瓊崖總兵官左都督同知

施逢源廣東副總兵　朱澄官至護運副將　朱啓明官至廣東參將

崇禎戊辰　符震

崇禎甲戌　鄭錫蕃總兵　聞人杰總兵

崇禎庚辰　徐聞然遵化籍

皇清順治乙未　邵一仁御前下現任興安遊擊　楊煥斌御前下出爲都司

趙清泰州守備

順治戊戌　于昌祜

順治庚子　謝文會元累擢副將統兵征川擊走王輔臣而總兵王好文內叛因被執不屈而死康熙甲子欽賜祭葬並予贈廕同時又有褚百五者由効用爲紹鎮參將賊臨郡城衝陣死之丙辰賜贈廕祭葬

順治辛丑　盧大欽　丁昌禮

封廕

孫鋭以子泓封江西道御史

錢壽甫以子茂彰贈副史

錢壽華以茂彰嗣父贈副使

錢友仁以孫古訓贈条政

錢泰恭以子古訓贈条政

陳訓二以子叔剛贈吏部郎中

柴廣茂以子蘭贈吏部員外郎

邵伯亨以子公暘封知州　朱宇道以子錦封楊州知府

邵叔芳以子宏譽封廣西道御史

楊源以孫寧贈刑部侍郎　楊昇以子寧贈刑部侍郎

聞人原以子詵封南京山東道御史　陳勝山以子詠贈南京山西道御史

戚熙以子瀾贈翰林院編修　陳玉成以子雲贈吏部郎中

魏瑤以子瀚封湖廣道御史　毛琠以子吉贈刑部主事

諸浩以子正封刑部主事　徐淮以子瓚贈南京兵部員外郎

翁泳以子遂封大理寺左評事　史仲昇以孫琳贈都察院右都御史

史才以子琳贈都察院右都御史　姜永善以子英封南京吏部郎中

楊宜振以子榮贈工部主事　陳禮亭以子謨贈禮部主事

謝原廣以曾孫遷贈少傅兼太子太傅禮部尚書武英殿大學士

謝瑩以孫遷贈少傅兼太子太傅禮部尚書武英殿大學士

謝恩以子遷贈少傅兼太子太傅禮部尚書武英殿大學士

韓熙以子明贈四川道御史

陳雷以子筐封府同知又以孫煥加贈左參政

黃瓊以子肅贈工部郎中

聞人謨以子珇贈南京工部郎中

王世傑以孫華贈禮部右侍郎又以曾孫守仁加贈新建伯

王天叙以子華贈禮部右侍郎又以孫守仁加贈新建伯

黃廉以子珣封左春坊右諭德

翁賜以子廸封刑部主事

陳端以子倫封工部員外郎

毛傑以子憲贈刑部主事

徐端以子諫贈大理寺右評事

黃仕仁以子琪贈工部主事

陳信以孫雍贈工部右侍郎

陳順以子雍贈工部右侍郎

吳用勤以子叙贈南京刑部員外郎　邵鏞以子蕃封山西道御史

蔡斌以子欽封南京工部員外郎　毛謹以子實封知州

華麟以子璉封河南道御史　張廷玉以子時澤封兵部主事

邵驎以子賁封知州　徐克諠以子守誠封刑部主事

孫溥以孫燧死節贈禮部尚書　孫新以子燧死節贈禮部尚書又以孫陞吏部右侍郎考

蕭進階資政大夫又以曾孫鈺都督同知加贈榮祿大夫　韓衞以子廉封廣東道御史

王華以子守仁進封新建伯　孫鈇以子清封翰林院編修

徐雲以子天澤贈南京工部主事　宋廷芳以孫冕贈都察院右副都御史

宋璿以子冕贈都察院右副都御史　姜逵以子榮封知縣

謝選以子丕贈吏部左侍郎兼翰林院學士　倪元質以子宗正贈禮部主事

胡暉 以子東皐贈都察僉都御史

胡悅 以子鐸贈順天府尹

張偉 以子璿贈刑部主事

嚴毅 以子時泰贈廣東參政

陳昂 以孫克宅贈都察院右副都御史

陳珏 以子輔贈知縣

張貴 以子懷贈參議

毛純 以子紹元贈副使

顧駿 以孫遂贈都察院右副都御史

邵震 以子燁封刑部主事

胡宗傑 以孫鐸贈順天府尹

汪瑚 以子克章贈刑部主事

嚴傑 以孫時泰贈廣東參政

朱璿 以子同芳封知縣

陳理 以子克宅贈都察院右副都御史

邵文達 以子德容封刑部主事又以子德久加贈工部員外郎

毛憲 原任副使以子文炳進階中憲大夫

陳廷敬 以子煥贈參政

顧蘭 以子遂贈都察院右副都御史

張璿 以子遴封刑科右給事中

楊鑑　以子撫贈工部主事

徐謨　以子子貞封兵部主事

魏鎧　以子有本贈南京大理寺卿

龔森　以子輝贈工部左侍郎

孫煾　以子翥贈禮科左給事中

管琳　以子見贈吏科給事中

孫鑰　以子應奎封知縣

徐寅　以子存義封工部員外郎

吳徵　以子至封刑部員外郎

陳炫　以子墱贈南京吏科給事中

史簡　以子鶚贈通判

魏璣　以孫有本贈南京大理寺卿

龔璋　以孫輝贈工部左侍郎

楊策　以子大章封刑部主事

聞人範　以子詮贈山西道御史

王守禮　以子正思封刑部郎中

周壁　以子如底封工部員外郎

葉玥　以子洪贈兵科給事中

邵穆　以子元吉封工部主事

韓棶　以子岳贈雲南道御史

呂公瓊以曾孫本贈少保兼太子太傅禮部尚書武英殿大學士

呂公珍以曾孫本本生曾祖特恩贈少保兼太子太傅禮部尚書武英殿大學士

呂懋以孫本贈少保兼太子太傅禮部尚書武英殿大學士

呂攺以子本贈少保兼太子太傅禮部尚書武英殿大學士

邵蕙以子時敏贈錦衣衛經歷

孫燧原任右副都御史死節贈禮部尚書以子堪吏部右侍郎考滿進階資政大夫又以孫鈺都督同知加贈榮祿大夫

錢紳以子應揚封河南道御史

盧斗南以子璘贈知府

黃仕以子齊賢贈知縣

鄭文榮以子寅贈廣西道御史

邵煉原任江西副使以子基進階中憲大夫

陳輔以子堯封刑部主事

翁銓以孫大立贈南京兵部尚書

翁祚以子大立贈南京兵部尚書

聞人莊以子德行封禮部主事

嚴昂以子中封工部員外
蔣栻以子坎封兵部主事
葉景賢以子選封工部主事
諸巽以子敬之封南京兵部郎中
宋仁以子大武贈知府
徐廣以子一鳴封南京禮部主事
吳律以子必孝封工部主事
金鎮以子蕃封知縣
谷明以子鍾秀贈參議
毛邦器以子子翼封知縣
周訓以子仕佐贈南京禮部郎中
趙洊以孫錦贈太子少保都察院左都御史
趙塤以子錦贈太子少保都察院左都御史
邵時順以子漳封南京刑部主事
張珊以子達贈大理寺左評事
孫煉以子坊贈南京刑部郎中
胡青以子正裳封翰林院編修
翁鵊以子時器封知府
楊大綱以子世芳贈刑部主事又以子世華贈南京刑部郎中

韓漢以子弼贈兵部主事　周璟以子如斗贈都察院右僉都御史

諸永貞以子璋贈工部主事　孫陞原任南京禮部尚書以子鋌覃恩進階資政大夫

邵德聰以子甄贈知縣　姜應期以子子羔贈副使

張嵩以子孔修贈南京刑部主事　陸鐩以子一鵬贈知府

徐建以子紹卿封兵部主事　孫友文以子大霖贈刑部郎中

陳璉以子成甫封刑部員外郎　邵丕以子畯贈刑部員外郎

張恒以子岳封左叅議　夏橋以子道南封刑部郎中

諸仕以子察封僉事　任正以子春元贈江西道御史

葉選原任工部郎中以子逢春進階奉政大夫　錢秉直以子應斗贈知縣

陳孟[illegible]以子三省[illegible]府同知　蔣坎原任知府以子勸能晉階中憲大夫

邵德久　以子陛封都察院右僉都御史

沈堯孚　以孫應文贈南京大理寺卿

沈譜　以子應文封南京大理寺卿

鄒彥　以孫學柱贈左布政使

鄒名　以子學柱贈左布政使

鄒鵠　以孫塤贈左參政

鄒大紀　以子塤贈左參政

孫應奎　原任副都御史以子汝賓進通議大夫

嚴邦顯　以子世昌封推官

史桂　以子鈳贈翰林院編修

陸一龍　以子夢熊贈南京工部主事

俞天祥　以子嘉言贈南京吏部主事

管奎　以子稷贈兵部郎中

周如漢　以子思宸封工部員外郎

黃元齡　以子兆隆贈刑部主事

胡華　以子時化封江西道御史

葉鳴　以子遵封工科給事中

孫守成　以子健贈工部郎中

諸應第　以子大圭贈工部主事

邵淄　以子夢弼贈知州

韓璁 以子子彬本生父貤封推官
毛懋仁 以子秉光贈知縣
陸文華 以子鎮默贈知州
楊召 以子宏科贈江西道御史
孫祖孝 以子繼有贈知縣
陳秉 以子賁生贈知縣
沈問 以子裕贈廣東道御史
戴晟 以子王言封刑部主事
施良心 以孫邦曜封通政使
任毛勳 以祖吉死節蔭錦衣衛千戶原子毛勳係世襲後勳絕嗣未及續廕

毛綱 以子鳳鳴贈知縣
史銓 以子記勳贈知府
孫堂 以子鉉贈工部員外郎
聞詩 以子金和贈知府
楊集 以子維嶽贈刑部主事
陳三省 以子治本封南京禮部郎中
孫鏊 以子如游贈翰林院檢討
潘諫 以子陽春封工部主事
施時學 以子邦曜封通政使

史伯敏　以祖琳廕歷官州同

謝亘　以父遷廕中書舍人歷大理寺右寺副

謝敏行　以曾祖遷廕尚寶司司丞歷官太常寺少卿

陳孟熙　以祖雍廕官生歷官府同知

孫鈺　以祖燧廕錦衣衛千戶歷官都督同知

孫鎮　以祖燧廕官生授光祿署丞

王承學　以祖華廕官生

王正億　以父守仁廕錦衣衛千戶後襲封新建伯

宋惟明　以父晃廕官生歷官前軍都督府經歷

胡卧　以父鐸廕官生歷官府同知終長史加三品服俸

謝正　以父遷廕中書舍人歷官禮部員外郎

謝亘　以父遷廕歷官左府都事

陳孟愷　以祖雍廕恩生授南京詹事府主簿

孫堪　以父燧死節廕錦衣衛千戶歷官都督僉事

孫如津　以曾祖燧廕錦衣衛千戶歷官都督僉事

王守儉　以父華廕官生歷官運同

黃裳　以祖珣廕國子生授應天府通判

王承恩　以祖守仁廕錦衣衛千戶

謝用栻　以父丕廕恩生授府通判

陳有年　以父克宅廕官生登進士

陳啓孫　以祖克宅廕歷官府同知

魏宗皐　以祖有本廕授都察院檢校

龔衍　以祖輝廕授府通判

呂元　以父本廕中書舍人歷官禮部主事

呂允　以父本廕中書舍人

呂兗　以父本廕國子生歷官知府

呂兊　以父本廕中書舍人歷官禮部主事

呂徿基　以祖本廕中書舍人

孫鑛　以父陞廕官生登進士

翁時旦　以父大立廕授南京中軍都督府都事

趙淳卿　以父錦廕任刑部郎中

胡承詔　以父正蒙廕歷官府同知

孫如泂　以父鑨廕恩生

陳啓端　以父有年廕國子生

沈之鼎　以祖應文廕國子生

褚百五　承蔭守備褚應美

謝文　承蔭弟守備謝文鎬

新修餘姚縣志卷之十三終

# 新修餘姚縣志卷之十四

安邑康如璉修菴纂

## 人物志　名臣上

虞國　漢　虞翻　虞汜　虞俊　以上吳
虞潭　虞駿　虞預　以上晉　虞愿
虞悰　虞玩之　以上六朝　虞世南　唐　顧全武
鮑君福　以上吳越　虞賓　陳槖　胡沂
趙善譽　趙師龍　莫叔光　莫子純
孫應時　李友直　朱元之　楊瑾
毛遇順　方山京　孫子秀　孫炳炎

孫嶸叟　岑全　何林　陳開先 以上宋

王嘉閭 元

人物之盛未有如餘姚者雖風土使然亦重廉恥而好詩書先民之餘教也志與史異史兼美刺志則有美而無刺今所列者官階家世亦未嘗不爲崢嶸名輩光焰所奪也黃昌後漢書在酷吏傳舊志以冠人物其辱甚矣今特黜之知是非不可終掩勿謂鄉評怨於國論也

虞國字季鴻少有孝行爲越南太守嘗有雙鴈止宿廳事每出行縣輒飛逐車下卒官鴈隨喪至姚住墓前歷二年乃去後遂名其地爲雙鴈

虞翻字仲翔太守王朗命爲功曹孫策取會稽待以友禮每有征討則留翻爲守策薨其從兄中郎將嵩欲取會稽翻與吏士嬰城固守以待孫權權以爲騎都尉曹操爲司空辟之翻曰盜跖欲以餘財污良家耶拒而不受數犯顔諫爭權不悅徙丹陽涇縣呂蒙西上請以自隨南郡太守麋芳出降蒙未入城作樂沙上翻謂蒙曰城中之人豈可盡信而不急持其管籥乎蒙徹樂而入已聞城中果有變心猝不及發而止翻性疏直權嘗自起行酒翻伏地佯醉不持[illegible]權積怒遂徙交州雖放廢而講學不倦門徒常數百人其後權遣將士渡海求馬多所沒失乃嘆曰虞翻亮直盡言使其在此此役不

成會翻已終歸葬舊墓今在羅壁山　翻以經之大者莫過於易自漢初以來潁川荀諝南郡太守馬融南陽宋忠北海鄭玄雖各立註皆恭得其門而已之高祖父零陵太守光少治孟氏易曾祖父平輿令成纘述其業祖父鳳爲之最密父日南太守歆最有舊書至翻五世乃始爲註孔融見之歎曰聞延陵之理樂觀吾子之治易乃知東南之美者非徒會稽之竹箭矣又刺鄭康成所注五經違義者百六十七事子十一人其知名者汜忠聳昺　翻舊入文苑然其功業可稱不當以文掩之此史法也

虞汜字世洪生南海年十六父卒還鄉里從選曹郎爲散騎中常侍孫綝廢幼主迎立琅琊王休未至綝欲入宮圖爲不

軌召百官會議皆惶怖汜曰明公處將相之位擅廢立之威
上安宗廟下惠百姓大小踴躍皆以伊霍復見今迎王未至
而欲入宮羣下疑惑非所以永終忠孝揚名後世也綝意沮
卒立休後以討扶嚴功拜交州刺史冠軍將軍餘姚侯

虞俊與張溫爲友嘗歎曰張惠恕才多智少華而不實怨之
所聚有覆家之禍吾見其兆矣諸葛亮聞俊憂溫意未之信
及溫放黜乃服其先見

虞潭字思奥忠之子也清貞有操張昌作亂郡縣多從之潭
以醴陵令起兵周旋征討平陳恢及杜弢歷廬陵南康安成
太守爵東鄉侯元帝時以宗正卿告歸會王含沈充等攻逼

京都潭遂於本縣招宗人及郡中大姓共起義軍赴難明帝詔爲冠軍將軍領會稽内史充平徵拜尚書出守吳興進爵零陵侯蘇峻反潭與陶侃郗鑒率衆禦之尋以母老去官詔轉鎮軍將軍吳國内史是時軍荒之後死亡塗地潭出倉米賑之又修滬瀆壘以防海沙進衛將軍武昌縣侯母服闋拜右光祿大夫開府儀同三司年七十九卒於位諡曰孝烈子仡嗣官至右將軍司馬仡卒子嘯父嗣

虞騑字思行潭之兄子也機幹不及潭而素行過之與譙國桓彝俱爲吏部郎情好甚篤歷吳興太守金紫光祿大夫王導嘗謂騑曰孔愉有公才而無公望丁潭有公望而無公才

兼之者其卿乎官未達而喪時人惜之子谷吳國內史

虞預字叔寧徵士喜之弟也少好學有文章宗人共薦爲縣功曹未幾謝事太守庾琛紀瞻以爲主簿庾亮薦之召爲丞相行叅軍除佐著作郎太興二年詔求直言預上書以爲國之要在於得才束帛未賁於丘園蒲輪頓轂而不駕陵遲之俗不可改也又言將不素簡難以應敵壽春無鎮祖逖孤立雖有智者非可持久遷秘書丞著作郎咸和初夏旱預言聞者刑獄轉繁多力者廣牽連逮以稽年月無援者嚴其價楚期於入重是以百姓嗷然感傷和氣從下土舍蘇峻進爵平康縣侯以散騎常侍歸老於家預好經史憎虛無其論阮

籍裸袒比之伊川之祭所以召亂著晉書列傳餘卷會稽典錄二十篇諸虞傳十二篇皆行於世舊志入文苑

虞愿字士恭元嘉末爲湘東王常侍宋明帝立以藩舊遇甚厚除太常丞尚書祠部郎通直散騎侍郎領五郡中正帝以故宅起湘宮寺費極奢侈新安太守罷郡還見帝曰卿至湘宮寺未此寺是大功德愿在側曰陛下起是寺皆是百姓賣兒貼婦錢罪高浮圖有何功德帝大怒使人驅下殿愿徐去無異容帝好圍碁常與王抗對奕愿曰堯以此教丹朱非人主所宜好也出爲晉安太守前政與民交關質錄其兒婦愿遣人於道奪取將還郡出髯蛇膽可爲藥有遺愿者輒放海

遷有趙王石常隱雲霧相傳清廉太守乃得見愿往觀皎然
陰後軍將軍褚淵常詣愿不在見其牀上積塵有書數袠歎
曰虞君之清一至於此令人掃地拂床而去齊初遷宋神主
於汝陰廟愿拜辭流涕建元元年卒著五經論問撰會稽記
文翰數十篇
虞悰字景豫少以孝聞仕宋位黃門郎齊武帝始從宦家尚
貧薄悰數相分遺帝甚德之建元初爲太子中庶子累遷祠
部尚書鬱林廢悰竊歎曰王徐遂縛袴廢天子天下豈有此
理也延興元年領右軍明帝立悰稱疾不陪位帝使王晏齎
廢立事示悰引參佐命悰曰主上聖明公卿戮力寧假朽老

臣贊維新平朝議欲糾之僕射徐孝嗣曰此亦古之遺直乃止

虞玩之字茂瑤仕宋爲烏程令路太后親朱仁彌犯罪依法案之太后怨訢孝武免官齊高帝鎮東府玩之爲少府躡屐造席帝取視之訛黑斜鋭蔑斷以芒接之問曰此屐幾載玩之曰初釋褐買之已三十年帝賜以新屐不受問故答曰今日之賜恩華俱重但著簪弊席復不可遺帝善之拜驍騎諮議參軍霸府初開賓客輻輳玩之與樂安任遐俱以應對遷黄門郎好臧否人物王儉孔逷恨之東歸儉不送朝廷無祖餞者中丞劉休曰虞公散髮海隅同古人之美而東都之送

殊不藹藹

虞世南字伯施沉靜寡欲與兄世基同學於顧野王十年精思不懈累旬忘盥櫛文章婉縟徐陵以爲類已由是有名陳天嘉中父荔卒世南毀不勝喪文帝召爲建安府法曹參軍陳亡與兄入隋任秘書郎煬帝疾其峭直十年不徙官唐興用爲弘文館學士進封縣公隴右山崩大蛇屢見世南以爲冤獄所致又因災異言陛下勿以功高自矜太平自驕帝然之陵工峻暴人力告弊世南力諫於是裁抑帝常作宮體詩使賡和世南曰聖作誠工然體非雅正臣恐一傳天下風靡不敢奉詔嘗命寫列女傳於屏世南無假書卷暗疏不謬一

字帝稱其五絕一德行二忠直三博學四文詞五書翰貞觀十二年卒年八十一陪葬昭陵贈禮部尚書謚文懿帝曰世南云亡石渠東觀無復人矣子昶終工部侍郎

顧全武吳越王鏐武勇都指揮也董昌反鏐遣全武攻之屯西陵而楊行密兵救昌蘇州告急鏐命舍越赴吳全武曰淮南之師以應昌也無昌則淮南失主其勢易破於是先取餘姚降其令袁邠遂執昌歸乘勝復蘇州天復二年鏐至臨安其部曲徐綰叛勾引淮南全武請質子於行密兩國和兵戈始息

鮑君福有勇力從錢鏐征討有功授衢州刺史清泰初自鎮

海將軍節度副使遷右丞相大尉兼侍中謚忠壯

陳槖字德應父毅縉雲令槖登政和上舍第知越之新昌呂頤浩欲援爲御史約先一見槖曰宰相用人乃使呈身耶不往趙鼎李光交薦除監察御史論事不合出江西運判期年所按貪吏十數移知台州治狀著聞遷權刑部侍郎與秦檜爭和議出知潁昌時河南新復無敢往者槖即日就道次壽春則潁已不守改廣州留鎮三年民人悅服上章告老歸剡湖僑寓僧舍日糴以食處之泰然王十朋爲風土賦論近世會稽人物杜祁公之後有陳德應云舊志宋首顧臨按臨會稽人葬亦會稽於餘姚無據不敢混入

虞賓世南十四世孫舉進士甲科知長洲縣縣多大姓黠吏亂法亡度賓芟鉏之皆屏息自保無敢橫歲侵民無蓄藏部使者猶董宿負賓閣文移不省及去縣民勒碑頌之官終翰林承旨從子仲琳仲瑶竝舉進士仲琳嘗從尹焞遊焞稱爲志學之士信道極篤仲瑶官至侍講

胡沂字周伯父宗汲號醇儒能守所學不逐時好沂穎異六歲誦五經紹興五年進士陞沅州縣幾三十載始入爲正字遷右司孝宗時擢殿中侍御史列殿帥成閔罪狀置婺州龍大淵曾覿以藩邸舊恩小人引援取進沂言此王伾覆轍也好進者嫉其言共排之遂主管崇道觀乾道元年召爲宗正

少卿遷吏部侍郎兼權尚書進禮部尚書改侍讀上注甚不日且共政而沂資性恬退無所依附虞允文當國建策復中原沂極論在北無釁而我諸將未見可任者數梗其議以龍圖閣學士提舉興國宮淳熙元年卒謚獻肅奏疏近百篇

趙善譽字静之太宗之後登乾道五年進士調昌國縣簿昌國在海嶼善譽不鄙其人邑人愛服之以捕海盜郡欲奏上賞善譽曰不欲以人命希賞典乃止改知臨川縣具爲條目量地遠近以定期里長月不過一再至訟事皆船自弓奪項刻即釋去判常州遷大理寺主簿下詔求言善譽言天下之習日趨於褊狹機巧而無優遊舒泰氣象士不畏義民不畏

刑是二十年攘臂建議爭以爲功者果何補與孝宗善之陞
大理丞提舉荆湖北路常平陛辭進南北攻守類攷及易說
上曰卿史學如此經學又如此士林罕有也湖北旱善譽躳
走村落撫慰饑羸糴貸濟三者竝行除轉運判官嘗論國朝
置轉運使本以收藩鎮之權絶妄用之蠹脫斷民暴征之苦
近特以賦歛爲事州縣困弊民力寬乏不問也一切反之蜀
賴以甦淳熙十六年歸卒善譽研精性命之說其易說明白
簡易朱熹以爲擴先儒之未明郭雍序之謂貫三才之理於
其中一諸儒之說於其外皆相期甚至墓在緒山

趙師龍字舜臣藝祖九世孫父伯逑武翼郎定居於餘姚師

詭七歲能解春秋大義史浩爲邑尉引與其子同硯席以古
體著雪賦甚工隆興二年登丙科授左承務郎監建康糧料
院郡委受輸吏以壓案銀來師龍正色叱去調知武進縣愛
民御吏寬猛適宜由是歷知邵武貞州溫州婺州儒雅緣飾
嘗捕盜閱知其枉卽縱之人疑其匆猝已得眞盜始駭以爲
神卒于官臨姚江築小室號翠霞有詩文數千篇
莫叔光字仲謙舉進士調永豐尉中學官試歷明滁二州教
授又中博學宏詞科改著作郎起居舍人紹熙二年春雷雪
詔求直言叔光言歸正人不宜授節鉞及女謁近習之害布
衣俞古上書詔送衢州學聽讀叔光謂方求言不宜罪言者

遷中書舍人兼權吏部侍郎外戚李純數被譴責至是除閤門宣贊舍人帶御器械叔光曰賓贊扈蹕豈宜用譴罰之人又內侍領遥郡非故事入西掖三年論駁至數十事除秘書監卒謚文清子子偉舉進士

莫子純字粹中初以叔光恩補官銓試江東運司俱第一慶元三年禮部奏名復第一是科詔免廷試准禮部序次賜進士子純乃以有官充第二簽書平江軍節度判官歷秘書省正字中書舍人韓侂胄私人蘇師旦爲朝士所趨希其盻賚子純邂逅都堂師旦慕名執禮恭甚子純偃蹇不屑師旦恨之已而師旦當遷官子純又持不可侂胄怒出知韶

奉祠立朝之節始終不渝士論歸之

孫應時字季和父介學有師法稱雪齋先生應時八歲能屬文師陸九淵登進士第調黃巖尉有惠政朱熹重之丘崈帥蜀辟入制幕時朝廷慮吳氏世掌兵吳挺有疾應時往偵之歸謂崈曰吳氏之患在其子曦也挺死崈選將代之蜀得無事應時之謀也後韓侂胄復以兵權付曦曦叛議者服應時先見改知常熟縣常熟爲子游鄉邑千六百年郡縣之學子游俱得配食而鄉邑未有表其事者應時立祠於學舍東請朱熹記之又爲縣志秩滿郡以私憾掇拾其倉欠市民感德共償之授邵武軍通判卒自號燭湖居士應時之學始從九

淵後奉熹表裏相助之訓其詩語意亦清遠云

李友直字叔益史浩尉姚奇之妻以女既相而友直在太學不自炫耀登第銓蕪湖簿值浩再相孝宗問予壻孰賢浩以友直對乃除勅令所删定官輪對稱旨有言友直依婦翁驟進者遂奉祠尋判湖州知廣德軍程大昌曰澄之不清撓之不濁似有道者

朱元之字伯先與弟元龜同受易於程迥舉進士光宗初受禪求言元之極言官爵冗濫士風不競宰相依違佛老蠹民武事廢弛御札召赴行在賜對請劇邑自効知弋陽寧宗即位自廬州判擢御史劾蘇師旦厠役與國政章小阿附終竊

國害因求去卒於家

楊瑾字廷潤與弟瑤皆擢第初尉餘干移監華亭稅從趙與𥲤料田民不能欺攝華亭放積欠罷無藝之征吏民請於朝得爲真於是修經界立義役遷廟學遷平江送者填道有老父涕泣餞曰農人不會題詩句但稱一味好官人上聞瑾名益重終大理卿直寶謨閣

毛遇順字鴻甫舉進士召對便殿超拜侍御史論史嵩之不當起復三學諸生朝廷元氣不宜斥逐理宗書名於屏寶祐初除兩淮制置使論賈似道丁大全必誤國元人聞之曰安得直臣如毛遇順者乎官終大理卿

方山京字子高世家慈谿父逵材主餘姚孫氏塾遂爲壻因家焉官至臨安軍教授山京以孤童旅泊外家景定三年舉進士第一人其制策過簡或令益數語山京曰旣徹上覽吾不敢欺除僉書平江軍節度判官五年秋校士適彗星見山東京策問極言内帑之私公田之擾因被劾罷貧如寒士度宗召之不起

孫子秀字元實卓犖不羣少從劉漢弼遊登紹定五年進士調吳縣主簿有妖人稱水仙太保以禍福動人子秀碎其像沉其人於太湖曰實汝水仙之名淮東辟爲總領所官檄催宜興縣租子秀還白此行汎舟田上焉所得租總餉者以身

訐恐之子秀曰寧罪去耳何敢爲身計卒免之改知金壇縣判慶元府衢州盜起推爲知府旬日盜平先聖闕里子孫依廟而居南渡寓衢者權以衢學奉祀因循百年無專享子秀撤佛寺奏立廟如闕里入爲金部郎丁大全將代董槐爲相士大夫無敢發言三學諸生伏闕攻大全書十餘上大全械鼓院勿以聞書留檢院子秀貽書兩府從檢院取達御前大全怒甚循冀結子秀自助酌酒解曰此必趙右司所爲子秀出稿示曰此某筆也於是與崇絜相繼罪去開慶元年詔起浙西提舉亭戸流亡者俱復業歷提點浙東西刑獄所至風采凜然獄戸一清嘗[illegible]循環總匣屬各州主管官諸司報應

昔併入匣一日一遣以來本司之[illegible]

弊盡革咸淳改元除太常少卿兼知臨安府而罷子秀究心問學毋謂下學上達工夫不可偏廢五十輻而共轂千萬岐而通都磊落英發思整乾坤抵掌極談神采爲之飛動慈溪黃震出其門

孫炳炎字起晦子秀從子也以進士爲福州教授歷湖南路帥幹官判太平府攝守事罷無名租四十八萬入爲宗正丞權吏部郎出知饒州按視虧運米二十萬請分限補償免專吏之擾贛寇出沒二廣炳炎解散之廣帥劉應龍舉以自代會江上師潰炳炎曰此國家危急存亡之秋遂勒所部進屯

豐城除軍器監以言罷其在宗正時輪對有諍臣之風
孫嶸叟字仁則父林句容令嶸叟第進士復中博學宏詞科擢御史論賈似道罪重當斬以謝天下德祐初文天祥起兵入衛陳宜中黨黃萬石奏使入衛而所部留隆興府天祥言所部兵皆土豪忠義銳氣方新不可閉之城郭廷臣忌宜中莫敢白嶸叟徑造御前奏之始得入又請竄宜中留夢炎黃萬石呂師孟等以作忠義之氣朝議方倚師孟求好於元不報官至禮部侍郎謚忠敏著有讀易管見
岑全字全之第進士授臨安府教授淳祐初進太學博士校書郎嘗與邊偶輪對言近日密院皆庸鄙小人植黨自固不

圖國計天子罷右相出監婺州酒稅水災遣使賑恤使者急
緩全而數之使怒全卽引疾歸時母年八十全六十餘定省
嚴若朝典著有秘錄集十二卷經傳考疑八卷
何林字茂遠第進士劉黻爲沿海制置使辟任之林明煉庶
務取定俄項神無滯用創高節書院於嚴光墓所
陳開先字覺民舉進士以節槩自許樞使李應山鎭兩淮辟
爲機宜文字將帥饋遺不受歸隱三十年遺文若干卷
王嘉問字景善至元間授松江財賦提舉先是官吏困於逋
課嘉問發姦摘伏正其賦稅之無歸者擢紹興路同知時鄰
縣巳隸方國珍議收嘉問官嘉問曰吾天子命吏非天子所

誰可改者黄冠野服終身不起號竹梅翁

新修餘姚縣志卷之十四終

新修餘姚縣志　卷十四　壹六

# 新修餘姚縣志卷之十五

安邑康如璉修菴纂

## 人物志　名臣中

胡惟彦 以下俱明　車誠　徐士涓　王旭

朱孟常　錢伯英　胡季本　錢古訓

劉季篪　馮本清　陳叔剛　李貴昌

謝瑩　邵宏譽　許南傑　嚴廸

潘楷　聞人謨　陳詠　朱縉

史琳　謝遷　王華　黄珣

陳雍　邵蕃　汪澤　徐守誠

韓廉　牧相　宋冕　胡東皋

胡鐸　嚴時泰　陳克宅　張懷

邵煉　史立模　魏有本　張逵

龔輝　聞人銓　管見　周如底

丁克卿　呂本　諸演　孫陞

翁大立　陳陞　宋大武　金蕃

孫應奎　葉洪　趙錦　邵稷　周如斗

孫鑨　張岳　陳有年　邵陛

胡惟彥字斯美元末隱居行義明興舉遺逸上泰平頌賦早朝詩十章拜湖廣參政懇辭改兖州知府政平訟理卒於官

從子伯順有學行稱雲巢先生

車誠字信夫洪武初舉賢良方正知隸上縣奉職廉謹遷知光州名績益著

徐士涓字叔遠洪武初拜河南按察副使風威大行按視南陽久旱禱得雨歲大穰嘗視事蓬池庭產一竹傳爲瑞應

王旭字漢章强學力行隱居教授洪武中以茂才拜英山縣多虎患旭禱於神虎去少與宋元僖友詩云柴米油鹽醬醋茶七般都在別人家我也一些憂不得且鋤明月種梅花

朱孟常字守恒洪武鄉貢任南平知縣逋課積年奏蠲之江西兵採木過南平饑餓濱死出粟賑之得以全活時遣中官

督木榜笞備至孟常力沮之夜有神夢於中官曰茅委孟常何患不濟中官覺遂如神言從容處之木集而民不擾

錢伯英名仁傑以字行武肅王之後通經術拜上元知縣時干戈甫定能以敦俗興化爲急有誦絃之聲上賜袍笏

胡季本字秉誠起家太學授建昌經歷擢知清江有惠愛改新淦清江民欲奪之而不得新淦多事喜訟季本爲之縣庭清肅出郊問民疾苦勞如家人父子卒百姓祀之

錢古訓武肅王之裔進士調行人緬國使來訴麓川相侵上使副李思聰往解之思倫發謝罪聽命值其部刁幹孟叛古訓等以朝廷威德諭之而退思倫發欲倚使者以服其下强

留古訓等以象馬金寶爲饋却之於是設晏爲樂送之境上還進所著百國傳述其山川人物風俗道路之詳以使不失職各賜衣後知漳州府改湖廣參議

劉季篪名韶以字行洪武甲戌進士行人持節雲南四川封鮮所至宣德意歷陜西參政有逋賦不能辦者以寬得之又奏罷碙砂課召爲刑部侍郎數平反大獄有朱趙二人同宿逆旅朱怨家追殺朱而誤中趙天明主人疑朱殺之官拷誣服季篪曰邂逅非有積怨也囊槖非有可欲也緩其獄跡之而賊得胡甲爲賊殺而得刀刀識爲蘇乙乙曰固乙物也但失久矣拷掠誣服潛使佩刀經其鄰一童認之獄遂白纂修

永樂大典爲副總裁坐失出入罪左遷工部主事卒

馮本清號介庵貢生授監察御史奉勅同錦衣衛刑科官撫蘇松常三府長洲盜數百人同事欲槩論大辟本清不可奏誅首惡上海行臺有淫祠爲孽入而毁之都御史顧佐重許可臺議章奏必經本清而後行擢福建僉事漳泉歲輸番貨百萬本清請半折鈔以甦民力建寧大水溺者爭附榼森本清聯百艘爲浮梁截流救之活數千百人改江西卒

陳叔剛初爲縣從事永樂詔舉賢良爲吏部主事員外郎中三十餘年居服如寒士上方大用之叔剛乞休宣德中再召不起有啟蒙故事陳吏部集行世孫謨舉進士官提學僉事

李貴昌字用光父純卿舉賢良方正主臨淄簿貴昌舉進士知伏羌縣羌故無城募民城之改知江寧時上北幸衆務旁午料理精敏尚書蹇義薦爲吏部扈駕至京卒孫居義擢浙魁授劒州學正主雲南試有持金賂關節者逐之題詩云分付夜金休進說老夫端不認顏標有司鐫於棘院

謝瑩字懷玉浙藩辟爲從事多折節從之官織大紅文綺三千疋歲歉瑩請以夏稅絲代克民以無擾授福建布政司都事會討賊鄧茂七餉不給尚書薛希璉以委瑩設方略輸之又統民兵守松溪政和兩縣賊穴官臺山瑩計降其黠者數人用爲鄉導擒其首惡遂平又奏置壽寧縣斷賊巢穴以功

進二皆御史應顯薦瑩可大用未報有怨家當路欲遂罷歸

孫遷

邵宏譽字德昭永樂甲辰進士拜御史有風裁擢翰林修撰修宣廟實錄正統壬戌同考會試陞福建按察副使鄧茂七反左遷僉事平追錄功復湖廣按察副使致仕天性孝友親殁廬墓居官清白子銓泰州同知孫黃廣東布政

許南傑字俊才宣德庚戌舉進士庶吉士屢試稱旨賜襲衣授太常博士擢知南安府妖賊孫佛羅倡亂詔籍其黨南傑辨其脅從釋之調知曲靖曲靖多猺人酋長爭立相殺南傑多方調停猺人感服兩郡俱廟祀之子浩桐城訓導瀚尙寶

司乃潸國子助教而浩有文學有宋元二史闡幽等書行世

嚴廸字允廸光之裔也貢入太學知江浦九年報政奏可大用正統初入覲乞歸晉大理少卿致仕江浦祀名宦有傳

潘楷字貴模潘英字時彥模舉明經除仁和訓導擢御史劾閹人王振左遷通州學正振敗復爲御史致仕饑寒瀕死未嘗少挫其節英以進士拜南御史掌院周銓與諸御史范霖等公堂相詈被劾下獄銓自經英亦坐絞霖謂君可無與英曰英實同事義不獨生已戍遼陽卒景泰改元詔復官

聞人颿字以和正統壬戌進士授御史監龍江關權場錦衣指揮馬愼家人以貨至關怙威滅法颿循例權之不貸又疏

禁革抽分弊病以同劾都御史周銓謫雲南定西嶺驛丞以艱歸復調安慶呂亭驛會承天門災詔振幽滯擢知吳縣僉務正己直法巡海翁都督梅太監縱左右爲虐悉擒置獄

陳詠字永言幼從父戍居庸正統間魁順天第進士拜南御史劾王監國進十四事指切將臣失事誤國者又言勿徙長陵衛卒劾靖遠伯王驥解其兵柄命監軍討鄧茂七餘黨璽書旌之出爲陝西按察僉事母死哀毀卒年纔三十六囊無一錢同官殮之耿九疇歸其喪王竑將祭誄而棺不至曰無用也公生平不取一錢死安事此

朱縉字廷儀父希亮國子助教縉舉進士拜南御史以剛直

見推閲禁兵悉其材鄙勇怯賞罰明信出爲常德守求利害
廢置所宜日月治之在郡六年甚有聲卒百姓立祠祀之
史琳字天瑞成化丙戌進士授工科給事中出爲陝西叅議
平華昌番賊改福建有求開銀礦者力阻之遷江西叅政贛
盜攻城邑殺官吏勦獲七百餘人梟其首惡以右副都御史
巡撫保定開小河以殺滹沱水勢復居民世業爲嬖臣侵佔
者數千家入爲工部侍郎諫止織造凡三命提督初赴宣府
大同調其兵食繼歷榆林潛師毁廬帳而還又駐師宣府大
同斬獲百計上命中官迎勞賜賚甚厚琳戲作墨竹自謂天
解尤喜談兵於推拔占候醫學靡不通涉弘治末入長內臺

適熒惑犯執法曰必有當之者已而左都御史戴珊卒曰未
也不踰月琳亦卒贈太子太保孫嗣元嘉靖己未進士終行
太僕卿

謝遷字于喬成化乙未進士第一人授翰林修撰有御史驟
遷中丞者臺中請之遷曰此人不爲公論所與我可諛言誣
之乎不許孝宗登極遷左庶子兼侍講內侍郭鏞請選妃嬪
遷言上方諒陰待陵工畢徐議未晚弘治八年以少詹事入
相奄人李廣死欲加恩典遷陳不可軍興議加南方折銀每
石三之二遷曰先朝以官田稅重故立折銀今若再加民不
堪命事遂寢孝肅太后崩禮官擬與孝莊並祔太廟遷議別

立奉慈殿祀之奄人齊元使武當勑欲便宜行事遼東守將張天祥妄殺論死近倖欲庇之遷皆執不可時內府倉庫諸司宦官多索賄賂遷乘間言之上令撰旨禁約遷曰虛言設禁無益須令曹司搜括弊端明白開奏而後科條可立也上圖治甚切委任相臣劉健致於任事而資遷之謀斷李東陽長於潤色而資遷之典則故能成弘治之盛上大漸三人同受顧命武宗立劉瑾之禍作尚書韓文率百官伏闕論之特遷等主張於內收捕羣奄而焦芳洩之瑾得預備遂不可動遷與健皆歸瑾恨不已邏卒四出衆危之遷曰天祐吾朝必無是事不見劉元城事乎矯旨落職弟廸子丕皆除名嘉靖

六年起戶部尚書謹身殿大學士至京引疾又四年卒年八十三贈太傅謚文正

王華字德輝年十一從里師習對句月餘習詩又兩月習文數月後同學諸生盡出其下里師異之曰歲終吾無以授子矣嘗與數人讀書龍泉山寺有妖僧張皇其說數人皆懼恐散去華獨留妖亦不作風雨雷電之夕僧復試以瓦石不爲動成化十一年賜進士第一人授翰林修撰弘治六年以右諭德充經筵講官華言每歲經筵不過三四御日講旬月而一行何以免一暴十寒也自是御講日數故事講官皆先期演習天威咫尺猶或失措一日直講者風眩暴作華卽挕事

氣象暇整同朝嗟嘆莫及內侍李廣用事華講大學衍義至
李國輔事值廣在侍華反覆抑揚廣容身無地上亦不爲嫌
也累官禮部侍郎正德改元劉瑾擅政慕華名欲一見之旣
不往其子守仁以兵部主事上疏劾瑾瑾大怒出爲南京禮
部尚書尋令致仕嘉靖初封新建伯

黄珣字廷璽孕十四月生聰慧絶人鄉舉第一進士第二授
翰林編修弘治中經筵講官忠誠天性每進講前代興衰必
反覆深陳冀感悟遷右春坊右諭德司業陞南祭酒待諸生
恩義兼至山西魏成貧不能歸一女已問名將改聘同舍生
以資行李珣聞卽擬門差濟之疾藥死殮士心歸焉正德二

年進南吏部尚書爲劉瑾所忌致仕贈太子少保謚文僖

陳雍字希冉舉進士歷工刑部主事山西副使逆瑾繩不附已者攟拾無得乃以他事罰米者三渾源孫布政逢吉璡寄戚也子司務璁怙勢張甚媚瑾者踵集其門治具招雍不往璁思中以禍會瑾敗雍奉詔籍其家錙銖不貸人心快之移廣東按察使部民爭田殺人詞連梁文康子次攄次攄素暴橫然殺人故無與徒以宰相子被重劾莫敢爲雪雍特白之兩宮工興以工部侍郎兼左僉都御史採木窮山深箐無不盡歷還治部事遷南工部尚書去初祖誠信爲蠡吾吏客死不能歸骨雍入仕後再至蠡吾負歸葬士大夫賢之

邵蕃字文盛成化甲辰進士知建平縣治行第一授御史提學北直又陝西督學副使逆瑾與平人有所請托不應部推四川參政瑾批致仕瑾敗臺省薦不起孫漳曾孫夢弼皆進士

汪澤字公溥弘治庚戌進士除工部主事分署清江疾困猶視事竟不起初與計偕有同年張明遠卒於京爲罄裝齋棺斂自奉寒素扁所居曰咬菜謝遷貽詩有淵源家學非綿蕞清苦官箴只菜根之句著西湖賦夢梅集南峯稿藏于家

徐守誠字誠之少刻苦自樹潛心理學登進士授南兵部主事嚴於稽覈父喪廬墓有馴虎甘露之異鄉人名其山曰慈

山補刑部日與四方名士討論學益進嘗陳時政十餘事多見采納出爲湖廣僉事遷山東參議疾歸逾年卒歷官二十年室廬僅蔽風雨有慈山雜著爲學者所誦

韓廉字守清弘治丙辰進士爲任縣令歲饑以稅契錢築城饑民得備值全活甚衆流賊剽掠旁邑任以城獨完民尸祝之及爲御史按福建有靖寇功以忤逆瑾謫萬安尋逮繫獄瑾誅遷山東兵備副使致仕卒年九十有四

牧相字時庸少受業王華與守仁同學同舉進士授南兵科給事中奄瑾竊柄相偕言官戴銑薄彥徽等疏瑾不法事械繫廷杖絕而復甦守仁時爲刑部主事上疏申救并繫獄相

褫職歸而孝養其母課子授徒聞民間利病則白有司行罷之非是杜門不出也瑾誅詔復官遷廣西參議而相巳卒家貧槀葬十餘年李廉使某捐俸檄郡葬之

宋晃字孔瞻弘治壬戌進士授刑部主事劉瑾以謝遷移怒姚人降金溪知縣瑾誅復爲禮部主事累官福建參政永春流賊猖獗切通判分巡坐失機晃將士卒討之擒其渠長數人賊出通判易之巳而悉俘其衆不自爲功使失機者因之贖罪陞右副都御史撫治鄖陽致仕

胡東皐字汝登弘治乙丑進士授南刑部主事出知寧國府平賦築堤皆百世利過茹麻嶺犬來車前作人聲如訴者命

卒偵之得盜牛賊犬乃失主所畜也境內神之盜頓息有告婦殺夫者訊之不承禱之於神夢小兒踏兩木而立東皐曰小兒爲童兩木爲林必童林也問其鄉果有童林捕之一鞫而伏宛陵水災民饑東皐賑之鄰郡咸來就食明年鄰郡饑流民盡集宛陵又賑之歷遷昌威茂兵備副使西番畋卓亂率兵敗之脅從者千餘人來歸大帥曰此輩從亂若盡取首級功不小矣東皐厲色曰如此與卓何異大帥悚然而止東皐言於巡撫唐鳳儀曰賊敗之餘可無事兵也得其親信二人厚結而遣之果斬卓撫其餘黨進右僉都御史巡撫西夏覽觀形勢與總制王瓊築花馬池賀蘭山長城延袤三百餘

里置墩舖堡關及管房千餘間屯種樵牧寧夏遂爲雄邊移治鄖陽酒家縊死過客二人瘞之墟暮一人絶而復甦聞有告者云明星至矣急出則遇東皐行部遂聲寃伏法嘉靖十二年入僉院事嘗禁屠牛長安有私屠者牛啣刀奔堦下狀若哀訢東皐懲屠者而養牛於死監王瓊曰胡公執法不惟萬民以爲平萬物亦賴爲命矣張孚敬薦之欲以爲德東皐自朝會旅見外未嘗私謁孚敬不能無憾留都太廟災東皐自陳致仕子翌廣東僉事旦岳州知州

胡鐸字時振弘治乙丑進士庶吉士與湛若水友善改刑科給事中逆瑾忌姚人爲京官轉河東運副瑾誅擢福建僉事

分巡建寧得朱韋齋環溪故址重立精舍御史疏其卓異即
爲提學副使與士子論學非場屋習也歷湖廣河南藩司終
南太僕寺卿著支湖集異學辨典學說約若干卷與王守仁
同邑而議論不合其異學辨大槩爲守仁發也廣信楊時喬
以爲發前人所未發比之困知記顔鯨謂姚之仕宦清貧如
寒士者鐸與胡東皐宋冕爲姚江三廉云

嚴時泰字應階正德辛未進士知溧陽縣選御史以兄爲儀
賓改鎮江同知雲南新設永昌賜時泰璽書以涖歷山東廣
東福建四川藩臬征安南平白草番擢右副都御史巡撫四
川都蠻梗化稱王時泰出奇兵俘斬千餘陞南工部侍郎致

仕

陳克宅字卽卿貢入太學祭酒章懋問其志克宅曰要於功名發揮道德耳登正德甲戌進士知嘉定縣履畝平賦以舒民困徵拜御史奄人劉允迎佛烏思藏克宅疏其十罪大禮議與伏闕諫繼之號泣廷杖瀕死有亞卿聞上怒潛欲離羣者克宅按其項使不得起厲聲曰公不當先去爲人望衆皆凜然劾奏武定侯郭勛直聲震天下出爲四川副使克宅當內擢而巡按河南時劾冢宰廖紀姻婭紀以此售其憾也累官右副都御史巡撫貴州凱口囤賊憑險爲逆勢張甚克宅撫之不得按行賊壘雪夜懸崖梯索度軍據其要害一鼓克

之斬賊首阿向俘馘六百降者二萬會調應天而餘黨有復聚者言官彈事回籍聽勘卒後勘者始白其功贈通議大夫賜祭葬子有年

張懷字德珍以儒士領鄉薦第一登進士授禮部主事諫武宗南巡罰跪午門廷杖後進郎中諫世宗大禮廷杖累官廣東左參政秩滿而有王榮告訐之事初冢宰喬宇劾張璁桂萼心術奸邪學術頗僻不當驟用疏草出自文選郎中夏良勝懷爲江西參議良勝適在屬下懷命建昌知府鄭源漁刋其奏疏此疏亦在中源漁朝京以刋書爲筐篚餽璁萼入相見而銜之王榮以州民爲良勝所笞希旨告訐璁萼行巡按

勘問具勝充軍源渙降級懷坐閑住家居足跡不入官府布衣蔬食如農夫往往遭胥吏之罵一笑而已著鷄鳴集茹茶錄

邵煉字德成正德辛巳進士歷雲南僉事臨沅民苗錯居號難治煉結以恩信皆悅服土酋搆亂往撫旬日而定遷副使備兵南贛廉靜不擾引疾歸卒年八十四弟曄子基繼舉進士

史立模字貴宏正德辛巳進士授行人選兵科給事中歷惠州知府與張孚敬同年夏言同官交最密及議大禮立模不附以言事謫外兩人相繼居首揆又絕書問浮沉十餘年以

知府上計卒於家子自上平陽府同知孫元熙江西按察司僉事

魏有本字伯深正德辛巳進士授行人調御史劾武定侯郭勛貪縱都督馬永大將才可代勛忤旨調外冢宰廖紀以御史言是復留累遷右僉都御史廵撫河南宗祿日增歲計不足請復舊制得減十之四宗藩奏改州爲府割許汝登三州縣益之有本言藩王等威不視州府爲崇卑條不可者五宗人聚譁卒不可奪遷南大理寺卿刑部右侍郎進右都御史督漕儲議淛東改折人蒙其利卒贈南工部尚書著有淺齋集

張逵字懋登正德辛巳進士選庶吉士授刑科給事中倜儻有大節劾武定侯郭勛妖賊李福達忤旨謫任復逮戍邊幾十年母死不得歸哀痛而卒隆慶改元詔贈光祿寺少卿

龔輝字實卿嘉靖癸未進士授工部主事督木川貴輝遍履貴地木不中程奏罷之而專事川得大木五千株廷意未已輝言巨木在深山窮谷必弔崖懸橋而出民力有盡誅求難副因繪山川險惡轉運艱難狀爲圖以進遷右副都御史提督南贛軍務時懸繩苦竹白葉三巢盜爲患府縣所寄耳目反爲盜用輝不動聲色陰檄漳南嶺北分布犄角率師三路夜叩壁門賊不及備遂平懸繩之巢二巢亦次勦定移總漕

河與淮合城市岌岌議上聞輝曰民命旦夕可循故事待進
止乎卽日興工堤成陞大理卿工部侍郎改南京致仕卒贈
右都御史
聞人詮字邦正嘉靖丙戌進士從學外兄王守仁嘗危病其
兄誾祈死求代未幾誾卒母王氏哭喪明守仁慰曰聞人氏
慈孝兼至矣知寶應縣縣南爲氾光湖延袤三百里風濤沒
溺軍民病之詮議開越河以衛漕運輿論不决詮試築一方
以一準十工用不煩卒成之選御史巡視山海關修城堡四
萬餘丈論救都御史王應鵬逮入廷杖爲南京提學御史以
士無實學梓刻五經三禮舊唐書行世陽明文錄成與議者

錢德洪羅洪先與詮數人而已世宗幸承天後行宮未撤人心恐再舉詮疏撤之出爲湖廣副使歸與楊珂遠遊越歲而返曰吾晚年足跡遍天下身抵鴈宕閩極武夷齊躋泰岳楚及武當心目殆不凡矣

管見字道夫嘉靖丙戌進士授常州推官入爲給事中監壽陵工戸工二部建議加賦見極陳不可上是之而絀部議正旦日食上問應否朝賀見請擇日行之則敬天愛君斯爲兩得擢廣東右參政子府周藩長史孫應鳳兵部主事

周如底字允直嘉靖己丑進士知瀏陽改婺源汪鋐爲太宰家人横甚如底裁以法鋐憾之移判武昌擢工部主事歷營

繕郎中時與大工川湖大木故事輓入臺基山西二廠內豎取裁繕司唯唯而已如底客召工師索其總冊梁若干柱若干長圍若干榱桷椽檻之類畢具乃令輓木者悉置長安東西街召諸匠如式裁用後進兩廠而所餘闌頭悉送器皿廠造御器內豎一無所得提督太監高忠武定侯郭勛雖屢肆叱辱如底不顧偵卒日夜伺其隙無以中也累遷太僕少卿請告歸

丁克卿字嗣毅嘉靖辛卯舉人謁選知安州值水災活饑者無算以艱去父老人持百錢泣送不受補和州值旱不待蒞任而禱雨立應民呼為隨車雨遷永寧丞致仕著屬禮集要

嘗館於桐川同邑欒選就宿克卿中分其徒與之寒士歎爲
難及
呂本字汝立初姓李其後奏復嘉靖壬辰進士庶吉士授翰
林檢討南司業七年晉宮坊上方銳意總攬本考順天試題
禮樂征伐自天子出治以一統爲盛勢以不移爲尊破之上
丹鉛其句有意大用晉兩雍祭酒己酉廷推閣員本在六人
之末特簡少詹入閣辦事歷十三年躋少傅丙辰充會試總
裁復掌吏部城江南爲鄉里保障辛酉丁艱回籍萬曆癸未
年八十命有司存問又四年卒贈太傅謚文安
諸演字宗易嘉靖丙戌進士以主事擢御史大典隆寺災上

疏請順天心絕異端毀佛像遷姚廣孝於興善寺巡按廣西平猺亂又上疏劾嚴嵩遷江西清軍道卒

孫陞字志高燧之季子年少而才道謁御史授筆令作越臺弔古文詞意俱美御史曰王子安今再見矣舉嘉靖乙未進士第二翰林院編修自李夢陽何景明倡爲古文天下靡然從之華州王維楨後出詞壇以衆人遇之陞獨推許願捧珠盤維楨遂逸李何而上陞之力也累官吏部侍郎嚴嵩當國陞出其門威福所在推而自遠爲南禮部尚書痛父爲宸濠所害生平不書寧字不爲人作壽文父之同年韓應龍卒爲理其後事撫其嗣子與王維楨友善維楨卒陞收其遺文刻

之山人陳鶴以數百金寄壁鶴死籍記致其家其篤於交友如此一時詩人文字緣孫宗伯以起名者不可勝數卒諡文恪

翁大立字儒參嘉靖戊戌進士刑部主事讞獄江西督學河南歷右副都御史巡撫南直蔞蘿市被幾危其身而百姓帖安視河時齊豫大水蘇乞蠲濟上出帑二萬支淮揚商稅萬金漕糧三萬賑之獻十二圖具民窮運艱之狀終南兵部尚書參贊機務里居簡素出入徒步讀書種樹爲樂爲文爾雅平飭有國朝文獻諸書邑苦徭役講求僱役遺意號條鞭法上之絜爲令通行海內

陳陛字晉甫父渙光祿卿陛少從塾師授書再讀不忘從兄塏問其志他日做好官做好人陛曰好官不如好人塏甚異之登嘉靖辛丑進士翰林院編修官至南京禮部左侍郎世宗喜道教詞臣之撰青詞者不數年取相位陛獨不爲當時多訝之同邑呂本曰人各有見也卒贈禮部尚書謚文僖

宋大武字文成與弟大勺從子岳同登嘉靖辛丑進士刑部主事郎中持法平恕時緹騎橫罔無辜希賞格西曹無敢枝梧大武輒白其枉釋之守永平繕城治備歷廣東副使臨高居林之冦撫定爲多擢叅政歸家居杜關里巷不覩面者三十年

金蕃字世章嘉靖辛丑進士令華亭以艱歸再令順德歷刑部郎守岳州所至以廉稱會入覲藩臬守令有時譽者分宜子世蕃率先宴享人以得與爲榮玉帛唯恐不重蕃以二帛報之大恚遂罷歸居數歷僅蔽風雨角巾布袍自號嘉遯山人

孫應奎字文卿嘉靖己丑進士禮科給事中劾冢宰汪鋐忤旨謫丞華亭鋐亦尋罷已移江陰令歷官右副都御史應奎初舉於鄉師事文成授傳習錄爲人剛直自負居官聲績矯矯斷獄雖忤權貴必伸其法山東布政時議開膠萊河御史銜命往應奎按視地勢必不可河即河無益徒勞百姓役竟

寢入覲冢宰爭官屬可否冢宰欲曲庇執之愈力其風裁如此

趙錦字元朴父塤廣東參議錦舉嘉靖甲辰進士除江陰令徵御史淸軍雲南元旦日食劾嚴嵩怙寵納賄內伺上意外脅諸司凡萬餘言發其至隱逮至錦衣獄榜掠幾絕除籍歸穆宗踐祚起河南道御史累官南京吏部尚書張居正欲引爲助錦時時諷其得失居正銜之致仕居正敗召爲左都御史時閣部與言官水火錦右閣部爲言者所噪丁憂歸起刑部尚書卒於道贈太子大保謚端肅錦之撫貴竹也過江右見嚴嵩蓬顆道旁愀然命監司爲修墓君子稱之

孫稷字伯嘉嘉靖甲辰進士令蕪湖有榷署商人列貨主事引縣按其數美餘分之沿爲故事稷盡郤弗取召拜御史卒

周如斗字允文嘉靖丁未進士知貴溪入爲江西道御史巡按蘇松會倭入歲復旱如斗請蠲稅什五後可以緩攘大計責之總撫將帥上慨然允之人心始安滿歲且去吏民伏闕上書留者數千人詔復留乙卯寇至難民集城下萬計撫院戒門者勿納如斗曰是驅民於死也吾任其咎難民得全寇平以僉都御史巡撫南畿城丹陽石埭涇三縣移撫江西卒

孫鑨字文中陞之子嘉靖丙辰進士除兵部主事世宗齋居禁言事者屢興大獄鑨上疏諫徐階曰是爲怪魁格之不入

鑨移疾歸隆慶初起南吏部郎中光祿寺卿避張居正歸萬曆十四年起爲大理寺卿掌院吳時來更律例鑨爭不可數轉爲吏部尚書自居正以來權歸閣臣太宰奉行而已閣臣不悅鑨至譙讓諸郎官以撼之鑨不爲動遷除大政不謁內閣張位上紀綱疏凡會推聽六曹公舉銓曹不得擅鑨覆議格之徵聘之典久廢鑨以翰林待詔授鄧元錫國子博士授劉元卿王敬臣二十一年大計京朝官鑨與考功郎中趙南星精心評汰南星之戚及鑨甥皆不免舉朝莫敢庇私人蓋二百年所僅見也而當時不能無憾者於是給事中劉道隆疏入初科道拾遺虞淳熙楊于廷袁黃鑨覆議留用其二袁

黃從征朝鮮事平定奪道隆言臺省交章而該部擅留非體遂下專權結黨之旨南星與拾遺者皆爲民而鏜十疏請罷始得歸卒贈太子太保謚清簡

張岳字汝宗嘉靖己未進士授行人給事中奄人暨盛憑寵益香貲巨萬岳劾之又言事侵元相大司馬出爲雲南參議三遷晉南京右僉都御史張居正奪情事起南都六卿科道連名上疏乞留之岳言臣不敢同聲附和陛下留居正者爲天下扶綱常耳君臣父子剛常孰大於此時御史朱鴻謨亦有諫疏人稱爲南中雙鳳後起四川參議遷左僉都御史進左副都直陳國事列數十人別其邪正識者以爲公論而岳

卒以此去子集義進士約禮舉於鄉

陳有年字登之中丞克宅季子也嘉靖壬戌進士除刑部主事遷驗封郎中成國朱希忠卒弟希孝挾馮保張居正欲贈王爵有年執不可居正竟王之有年遂移病十二年起官歷考功文選郎以言事廢者皆爲收召海瑞家居十餘年特起爲南少宰以僉都御史巡撫江西歲祲新安賈人販米境內有年禁之其鄉爲南御史者劾有年遏糴罷十八年起原官提督操江數轉爲吏部尚書與文選郎中顧憲成分別流品汲汲引用亡何會推閣員有年謂憲成曰盍各疏其姓名以見異同出之則無異也列王家屏七人嚴旨切責以陳于陛

沈一貫入閣辦事而盡謫選司顧憲成等有年以爲今日之
罪當自臣始含臣而罪憲成臣能靦然號十四上乃賜告角
巾布袍一如寒士卒贈太子太保謚恭介
邵陛字世忠隆慶戊辰進士庶吉士授御史三出巡按所至
有聲按吳疏寬積逋改江北築泗堤濬海口以捍水患江右
素苦機杼亦號之賦併請裁減歷湖廣巡撫盜踞大宿蘄黃
間分地協勦功居多潞王之國有以京邸莊田啖之者王請
之陛列見田以聞無濫及民產官至刑部侍郎有兩臺奏議
若干卷
邵元凱字忠白萬曆庚子賢書初司鐸桐江後並陂邑邑多

假命公溢任民畏與兄時魏黨熾有觸者司李承風旨欲置重
典公曰殺人媚人我能五斗米折腰哉歸課子孫讀書踰里內
耆英碁酒自娛有洛社遺風又捐貲創建宗祠享年七十卒
季子秉節貴封太常卿孫燭甲子舉人
邵秉節字季和元凱子崇禎庚辰進士授行人冊封益藩饋
賚悉辭弗受壬午分校北闈薦十二人皆知名士如太傅沈
清標副使紀耀爲一榜眉目後晉太常寺卿以終養歸奉父
避賊崎嶇鋒鏑間孝養備至六載無[illegible]歲大饑發粟賑活萬
餘人壬寅又饑所濟尤多新家廟舉宗[illegible]四方取則康熙
壬子卒祀鄉賢甲子孝廉燭其仲子

翁時器號德卿尚書大立之侄嘉靖丁未科進士授刑部主事精讞獄而不少骫於法守開封六年有善政申成憲祛宿蠹與包孝肅公共祠遷山東副使兵備徐淮時倭寇爲患 時器練精汰弱鼓勇振頽完城塹濬河防儲軍實威惠並行膺金綺之賜景王就國每經厨傳動費数十萬緡錢復值兵荒民力已竭 時器經畫周旋郡縣咸倣爲式終福建布政司左參政

新修會稽縣志　卷十五　[illegible]

# 新修餘姚縣志卷之十六

安邑康如璉修菴纂

## 人物志 名臣下

楊大章　陸鎮默　蔣勸能　俞瀾

姜子羔　姜鏡　姜逢元　姜一洪

沈應文　孫如游　徐震　鄒學柱

孫繼有　邵夢弼　史記勳　孫如法

楊文煥　楊維嶽　沈裕　陸一鵬　戴王言

陳讃　王業浩　胡一鴻　姜鉷　陳相才

孫如洵　鄒景從　邵昆嶽　朱銑　朱約淳　蘇萬傑

楊大章字章之嘉靖癸未進士知瀏陽歙縣以卓異召冢宰汪鋐歙鄰邑人缺修候改刑部主事歷兵部郎中霸州兵備副使霸州盜屈大章練兵彈壓境內帖然亡命胡廷秀入都城白晝刼殺從西直門出入莫敢近大章選驍騎跡至臨清斬之城武清漷縣以救饑民歷荆州兵備副使遼藩營微行沙上大章嚴門禁稽其出入後轉刑部侍郎尚書鄭曉獄情必咨大章而後行三十八年予告歸

陸鎮默字淡源萬曆癸未進士係忠宣一十四世孫初知汝州以廉惠稱累陞刑部郎恤刑山左題豁寃罪一百四十三人後其子孫過姚猶多泣拜而去者祀汝州名宦

蔣勸能字汝才嘉靖乙丑進士授行人歷禮部員外郎署中多知名士勸能與同邑孫鑛訂讀書之約有所發明衆服之出爲湖廣叅議峒猺爲患猺老爲之謀主卽用以得其要領猺人悅服永州嚴夜禁奸民報怨輒乘夜掩殺勸能曰是甚於猺矣下令擅殺者死閭里以安零陵王纂江陵私人假威福勸能不爲下以大計歸龍興寺有息壤隆然負起而高平之又高凡持挿者盡死柳子厚謂不然王纂欲擴爲宅郡邑唯唯勸能持不與勸能歸數年地歸纂土功興執役者八人一日盡死未幾纂亦卒始知子厚言不足據也

俞瀾字有源少精於易爲王文成所稱正德丙子舉於鄉知

德化縣折獄明敏民李甲逐其從子從子負販致富甲爭之不得則籍其數獻於官澜責甲而勸從子養其老廬山有鹿被傷入廨投澜馴擾不去人謂孔祐鹿亭復見也江澣有神木能致風濤澜取以充廟學之用移知吳橋流亡咸集編爲畸零戶再移仁化而歸子介嘉靖甲辰進士

姜子羔字宗孝少侍文成講席登癸丑進士授成都府推官御史捕惡失實子羔不行以卓異召嚴世蕃求賂不應調禮部主事累遷陜西副使藩祿不給以便宜附近開屯軍民兩利薦補邊方巡撫時江陵爲政子羔出其門不爲翕翕熱陞行太僕寺卿罷有美金三千子羔行守吏以爲無籍浸塡橐

中子燕曰吾豈以出處自二卒賦詩一章自言聞學之功
姜鏡字永明萬曆壬午省試第一癸未進士授行人遷禮部
精膳司郎中二十一年朝臣請冊皇太子皆蒙譴鏡言冊立
臣部職掌不得其職而不言臣罪莫大矣疏入除爲民光宗
贈光祿寺卿
姜逢元字仲訥萬曆癸丑進士庶吉士遷國子司業經筵侍
講詞旨條暢趙南星爲左都御史每嗟嘆之由是小人目爲
黨人纂修三朝要典逢元爲副總裁入局比詳章奏邪正歷
然不能阿附時論於是閹葦而嘆逆賢曰吾固知其爲黨人
也勒閒住崇禎初起爲詹事上時綜核大臣多以罪下請室

逢元講帝德罔愆言天道風雷之日少雨露之日多上爲霽
威是日旨從末減司寇胡應台曰姜公所謂仁人之言也累
陞禮部尚書皇太子行冠禮充三加官加太子太保致仕
姜一洪字開初萬曆丙辰進士授武學教授累遷南吏部郎
中出分守九江饒多溺女緩葬一變其俗轉河南參政分巡
禹州流賊震動而河决民不得耕一洪曰不戢之則民將爲
賊開倉賑之流亡皆返賊犯葉縣郟陵無復前難者老囘囘
犯河北一洪任討賊多張疑兵而自率勁卒當中堅賊出不
意收兵入秦河北獲全歷福建按察廣東布政使入爲太僕
寺卿

沈應文字徵甫隆慶戊辰進士授池州府推官有微商被殺無主名應文行部至青陽鳴鴉數百飛遶應文曰此間有遊旅乎牽其人至則殺商者累遷廣東布政使同邑毛吉死事廣中立祠廟食侵爲民舍應文經理復之轉南大理寺卿誠意伯劉世延譸張爲幻下南法司應文與司寇謝杰擬罪錮之原籍遷南工部侍郎錦衣馬何仁言濱江蘆田十萬餘頃可立皇庄應文執奏蘆洲遷徙不常高帝僅供薪東以[illegible]既造正統始徵銀課嘉靖課二萬七千今增四萬五千民困已極豈堪變法不報丁艱起補刑部侍郎御史曹學程諫日本封事繫獄十年應文疏請得改戍咸寧知縣滿朝薦忤稅奄

梁永被逮應文疏救之萬曆三十五年歷本部尚書予告歸
起南吏部尚書掌京察尋告病天啓五年年八十三遣官存
問又二年卒
孫如游字景文忠烈曾孫萬曆乙未進士庶吉士累遷禮部
左侍郎神宗晏駕貴妃鄭欲假遺詔進封皇太后方從哲鄭
氏私人下禮部議行如游上言詳攷典故以配而后者敵体
之經以妃而后者從子之義今遺詔所言則禮所不載也非
禮所載則先帝念皇貴妃之勞當不在無名之位號臣子體
先皇之心亦不在非據之崇高貴妃賢而習禮處非其分豈
其心所安乎時會議東閤如游出之袖中諸大臣讀竟眙瞪

相顧曰得毋踟躇取進止乎如游曰人生歷年踰指使仕宦至卿貳死可矣有何不決於是封后之命遂寢尋陞禮部尚書詔封李選侍爲皇貴妃未及舉行而光宗不豫召諸大臣至榻前選侍欲封皇后要熹宗使之傳旨如游佯應曰冊封儀注臣當次第進呈光宗亦不申選侍意頷之而止熹宗即位爲東閣大學士未五月罷

徐震萬曆丁丑進士授增城知縣其俗輕生睚眦之忿自殺相誣震嚴反坐之條錄過枉死姓名揭之門闕遂相戒不犯姦民以訟衣食者震書其面爲訟師徇於道使言曰無或如某起滅訟濤爲明府羞訟亦衰止卒於官民皆爲出涕

鄒學柱字肖巖隆慶戊辰進士年二十一任溧陽令邑有虛糧苦賠訪知爲積蠹李祚串宦隱佔畝親出淸丈得二萬畝盡報陞民始無累時按院海瑞刻求宦戶刁民因而投詐借貸投券輒掠其家獨溧邑無一犯者海乃悔悟特薦內召以限年例授禮部儀制司張國祥請襲眞人張居正以族里允之學柱堅持不可出守歸德會大饑力爲賑濟而蓮妖曹倫劇寇朱應科倡亂學柱擒滅之又歸德開封食鹽向隸河南以道遠議改長蘆至今稱便年餘遷寧州兵備廳有物爲厲捻文諭之遂絕兩月改視學政一時爲公卿多出門下陞廣東參政轉河南臬司兼督學課士衡文復如江右陞湖廣右

布政歲修漕舡木值領自司庫因短發商病不以時至學柱特爲增值大于漕運布禆遷河南左布政立法府州錢糧令自徵解不由司庫絕一切陋規時患河決大荒學柱倡議煮粥急濟垂爲成書後賑饑者多彷之廷諭推保定撫太宰陳有年以親故引嫌調山東徵解錢糧悉如河南時內監陳增以礦稅擾地方兩臺以病不接見學柱力爲維持全省賴之廷議推九江操江有年復繩以資格調山西左藩立法益精所守愈峻時山西礦罷而稅存中貴孫朝肆虐兩臺知學柱處陳有方願爲調護學柱亦絕無畏阻孫恨之密參兩臺并及學柱嚴旨切責孫益無忌乃造營房招悍卒至府州縣官

動輒拘禁學柱答令各官以印歸司爭辭去孫乃求挽留後稍斂戢後入覲白于朝三晉始罷礦征而陳孫之恨日深因以病告歸年方五十有三退居四十年屢奉兩召及特擧堅不起日以書史爲事著述頗多以火無存者僅得目次二卷云

孫繼有字姚岑萬曆丙戌進士爲刑部主事擢吏部侍郎趙用賢爲物望所歸小人鄭材楊應宿訐用賢而行人高攀龍謂二人乘小人之邪謀攻一時之君子猖獗益甚降攀龍爲雜職繼有上言姦臣敢於傾善者中有所恃也高攀龍楊應宿君子小人較若蒼素及見邸報乃量降應宿重處攀龍吳

弘濟右攀龍則貶黄紀善吳文祥救弘濟則罰鄭材與應宿一黨傾陷善類機械變幻謂當投諸四裔以禦魑魅而獨無處分疏入降極邊雜職給事中葉繼美申救又革職後起用官至知府

邵夢弼字傳野萬曆庚辰進士授高郵知州河淮合流白盂城抵興化化爲巨浸風濤雨雪驛路不通夢弼陳狀制府築堤以救制府發官帑半其半取之有田之家數月築長堤七十里田出水中者二十萬畝人名爲邵父堤奄人過往豪横夢拾弼其長隨罪狀上之制府參題名捕奄舟泊河下闔而索之奄人哀祈斂手去入爲刑部員外郎中陞福建僉事備

兵漳南有告謀叛者府縣請發兵夔弼以一尉往無實尋大計罷

史記勲字脩叔萬曆癸未進士南刑部主事累遷德安知府景藩絕莊田歸縣潞藩請得之徵稅數外曰景藩絕後子粒當歸今王記勲依籍履畝付之見糧謂絕後所征已入上供寧與天子爭耶移四川重慶播應龍反記勲主勦朝方厭兵慮其中梗移彰德歲歉請折漕米數萬又發贖鍰以賑境內得安丁艱卒

孫如法字世行萬曆癸未進士授刑部主事時上寵鄭妃始生子即欲封皇貴妃閣部請立太子請封皇長子母王恭妃

皆不許給事中姜應麟沈璟皆以言冊立謫如法言皇上以冊立爲早英宗爲太子二歲武宗週歲今皇長子五歲矣不爲早也以冊立爲勞宮中一受冊文華一受朝不爲勞也如以貴妃勤勞眷之封號則恭妃朝夕奉御不可謂不勞也貴妃生第三子恭妃生第一子欲封貴妃不可不並封恭妃不封恭妃不可先封貴妃此禮之固然序之一定者也疏入上大怒謫爲潮陽典史移病歸卒後贈光祿寺少卿廕一子入監

楊文煥字太素萬曆癸未進士刑科給事中十八年吏部以鄒元標調文選孫如法歷南都察院照磨時宰以爲黨人留中

不下文煥上疏再請謫潮陽典史

楊維岳字五叅萬曆己丑進士刑部主事時哱拜之獄多所全活出知漳州府歲有橋稅四千金上下乾沒維嶽視其橋甚固遂罷之關白之亂諸生姚世賢等挾策干督撫召海外諸國以撓日本督撫壯之至是以島人雜種賫奇貨至居民皇駭前督已遷去代者謂生事將勦之維嶽曰何以示信莫若犒之出境而以外國入貢地方却遣上聞斯爲兩得以不媚上官遷忻州築城裁量工費在忻八載薦遷貴州兵備致仕

沈裕萬曆壬辰進士選御史妖書事起沈一貫欲借陷次輔

沈鯉宗伯郭正域獄久不成後得皦生光侍郎李廷機趙世
卿謂朱賡即此可以成獄賡勸一貫如廷機言刑部尚書蕭
大亨欲窮究之裕力持定獄上命磔光事得解

陸一鵬字應程嘉靖丙辰進士刑部主事與嚴嵩不合出守
汀州建溪橋九洞名曰晝錦士民樂頌再任梧州大旱步禱
甘霖立降兩方皆入名宦歷兩淮鹽運使居鄉能緩急人莫
不德之

戴王言字仲黙萬曆戊戌進士授刑部主事奄人父干法如
律按之服辜稅使坐贓奄黨撼之王言輪日追比具題結案
其執法如此遷分巡建南僉事全閩喉咽蔵供不支廚傳涼

薄王言裁量盈縮去無名之稅乾沒者無所措手民有爲佛
會者以口語支致大獄王言曰愚民無知左道罪當笞奈何
論死傷好生之德咸決遣之陞廣西按察使轉布政使致仕
陳謨號禹聞萬曆甲辰進士刑部主事富人張義陷獄讞者
避嫌不決謨曰人之生死豈買聲名地乎證佐具卽出之守
潮州餉不足議加稅萬餘謨括羨餘充之丁艱補肇慶府海
潮歲爲患請撫按發贖鍰築堤十餘里至今賴之擢廣東副
使卒居近黃沙湖險山徃來[illegible]捐貲首倡築堤至今便之
王業浩字士完萬曆癸丑進士河南道御史崇禎二年擢右
通政爲兩廣右僉都御史鍾靈秀蟠據九蓮山集兵討平之

入爲兵部侍郎敘功兼右都御史陞兵部尚書業浩喜獎人物折節後進吏部咨訪冊圖識獨多上以爲濫遂罷

胡一鴻字季淛萬曆庚戌進士授南工部主事管寶源局佐丁賓治石城武定諸橋南中一新知荆州府濱江之田視堤爲荒熟歲久將決一鴻發民修築堤成而利百年皇木價儲荆庫商利預支官吏乾没一鴻持之兩年不發劉鋋屯軍頗恣鹵掠一鴻以氣攝之內艱服除補武昌水西之亂推辰沅副使主餉事剏運法爲連珠營每營距十里迭爲運防輪日番休黔軍得以藉手陸廣敗没大方輕進一鴻皆先事言之轉陝西按察使未上而卒贈太僕寺卿蔭一子

姜鏳字永新父子貞嘉靖甲子舉人知永定縣頑民好訟急則毒草自殺子貞燒其種使絕守和州歲大祲子貞方煮粥救荒而司李勾稽入境子貞曰吾豈能觸熱送迎爲不急之務耶未幾引歸鏳清苦好修舉萬曆乙卯鄉榜教授鄞縣尊經閣圮念家中山木可用即伐之以充梁棟爲助教轉刑部司務其職上接科抄頒之各司黠者故遲速之以自重鏳無留牘情弊盡絕陞本部主事服闋補工部員外郎治河張秋

陳相才字期生崇禎庚辰進士知同安縣時海禁疎有闌入一聽大帥相才募鄉勇自成一旅相彈壓洋泊不許登陸民得無事甲申盜賊乘機私相部署相才鎮以無事猝起滅之

孫如洵號木山鏕次子萬曆癸丑進士刑部主事片言決疑獄督餉關中夙弊頓清晉員外郎乞終養歸人謂如洵服官已踰强壯功名未免熱中乃五十而慕爲世所希覯庭產一莖五臺之蓮詎非天報殊瑞哉母年踰百而没如洵雞骨廬墓雙鶴來棲起補工部出守池州講鄉約立社學民以訟至者諭以情理不忍輕錮囹圄土賊盛長等千餘人沿江肆掠令鄉聚守隘親率壯士一鼓而殲其魁遷山東副使督理糧儲漕政蠱壞陳利弊十條字字肯綮軍民受其益擢大叅駐節濟寧賑饑荒以杜盜源使百姓不至弄兵潢池致政歸囊槖蕭然優游林下圖書爲伍年七十七而卒施忠介邦曜爲之

傳

鄔景從字嘉賓爲諸生時慨然有經綸志讀書自經史以至諸子百家無不究討順治己丑成進士除行人時父恩武年八十景從資俸當考選且分闈景從曰吾豈以人爵廢天倫樂乎歸奉觴上壽極盡承歡遷職方主事笄督捕逃人捕司用故鎮撫獄卑濕黯雜每致瘐斃景從捐俸改治作提牢十八詠授禁卒令傳誦毋苦囚全活無算陞戶部郎中出視河南學政甫至署臬篆殫心平反或謂暫攝爾何自勞苦爲景從曰非爾所知也汴遭賊灌後城隍道路無復故址城中殤童强半由火疛景從相城有匈當火位又城門折途以入曰

匃當火位非法也城門如咽喉曲則氣塞白撫軍去匃直其路工鍾既施故道宛然適與言合自是童稚無復瘖患尋按試各郡明於去取善於作新首著樂善録與官儒講論多士向風未幾部胥侵盜事覺詞連景從遂去比對簿固已駁正在冊得白始以按僉守滇南永昌道滇民久經兵燹猾徒乘機强入景從曰鷹鸇未去鳥雀奚安遂縛渠兇俞起元等寘重法威化大行鄰屬魯魁山土司楊宗周素鷙驁燒掠民居官舍總督以景從處迤西有方轉委究治景從以苗猶獸也不可耑示威乃諭以理即悔悟欵服迤東帖然年七十歸一載殁景從天性孝友松楸俎豆中禮盡誠見弟猶子分甘共

七垂老不衰所著有性善篇樂善銘善惡論天體北極論仕宦林泉詩稿

邵昇嶽字子峻孝廉思遠叔子也五歲入塾通經史工制義補博士弟子未幾遭亂破家順治丁亥思遠歿於四明山庄昇棺迂道行忽遇寇卽袒胷揮涕語曰要棺冀得金耳我頭今殉棺隨父地下矣觸棺欲死盜駭釋之甲午中第六辛丑會試第十三二甲應司李裁鈌授商河令商猾而好訟下車革火耗剪衙蠹嚴緝盜興學校王某聯絡豪强素持邑事乃刺其黨猾治之王陰圖報復織鹽法違例罷旅歷城飲泉趵突登山華不注遍往不屑一夕與客盡醉鼾臥變曉逝矣不

能歸選官紳賻贈乃歸令商二載不持一錢文章氣乾聲聞
四海孝友肫摯解推兄弟可謂超然矣
朱銑由國子生授順天府經歷官廨與魏良卿私第連良卿
數邀飲食謝不往逆賢生日府尹劉志選造錦屏列所屬姓
名銑曰銑小官也曾何足輕重而列其名爲志選惡之誅
志選亦論死府官九人其八以逆黨去而銑獨留陞德府長
史德藩年少驕縱引之以禮有古師傅風藩支繁盛祿餼不
徧乃悉捐已貲經營措置咸得其所以終養歸子約淳中順
治辛丑進士
朱約淳字博成順治辛丑進士任陝西秦安縣令下車即興

文教多方勸諭獄訟頓息時吳逆亂軍需旁午邑有積粟腐朽貸背措辦不累民因城陷去官老幼擁道泣曰去我父母韋爲不前督撫欲交章薦乃曰爲命吏而不能守一城何官爲其恬退如此初郡有妖僧訛言欲爲變撫臬下之邑乃剔其奸置之法爲勢力者所阻後僧率寇薄城將甘心焉民爭匿家口二十餘人僧大索數日欲盡誅民以恐卒不得益仁爲之驗云傳家謹恪子弟恂恂儒雅一時比之陳太丘易簀時惟曰忠孝友弟立身根本汝曹勉之有行牘房稿南浦詩集行世

蘇萬傑字伯邁號平觀眉山裔也中萬曆戊子舉人庚戌會

副初任寧海學諭轉國子監學正遷京口同知補湖廣承天
福建邵武二府同知調屯田司郎中陞雲南大理府知府又
陞廣西按察司副使攝司事又陞雲南叅政初公於天啓辛
酉以郡丞代覲值博求直省能折衝邊徼者閫司以公應詔
督餉通州有屯田少卿駐武清題公屯田郎中襄事天津公
請以天津爲緩三河至山海爲急不聽公獨於涿鹿之野引
泉築塍輸租涿倉陞雲南大理府知府蒞事之始雲龍州民
何天恩聚衆反公應機守禦賊潰而官民一無所損崇禎戊
辰陞廣西按察司副使署司篆宗室玉哥與叔靖江王爭立
藩司閉門請兵自衛再疏再勘不服公直叙其顛末駁正其

聲影之詞疏奏遂定辛未陞雲南布政司參政駐臨安府至貴陽聞阿迷州土司普名聲反公自黔入滇趨通海招撫河西諸賊東道遂通一面從曲江大路上任曲江逼近賊穴賊料公必不敢出發精騎從間道攔之公竟從大路入城次日賊薄城公麾兵拒戰殲其驍騎賊宵遁數日普聽撫公單騎就之諭以威信賊悅服願獻頭領首級贖罪公慮大憝未殄厝火不安使中軍蔣應宿潛與賊將吳道泰明其順逆賊感悟遂同普妻萬氏毒殺之又除普黨之不可制者二十餘人數年巨寇一旦斂其命於几席間時有京棍張國泰冒稱東廠入滇蹤跡詭秘院司稍不愜意輒肆醜詆公致書撫院曰

必贋也乞擒之以正國法璫又遣牌爲安撫地方事入阿迷
州撫普土司公笑曰安撫地方無勅書部文而可信哉恐其
飽而颺去遣人邀之至一訊而服爲院司所忌乃以撫賊之
功爲攘于人者公不校歸里著易卦近言四卷論疑一卷
戴錫綸字絲如號緘三順治乙未進士初選庶常尋改山東
臨邑令臨故劫地兵燹之後廬舍丘墟兼罹河患綸條陳清
丈開屯之弊蠲荒征熟三年之内襁負來歸招徠順永保河
失業之民建莊二十餘所墾荒地三千數百頃政成督撫特
疏會薦歲乙巳山左夏秋亢暘飛蝗蔽野綸泣陳民瘼連篇
累牘巡撫周公爲之動色疏上得邀　恩赦本年錢糧至誠

感格良有以也丙午丙陞比部主政屢平反大獄暇則與同曹郎王鷹鍾明詹惟聖酌參爰書煩簡刑期無刑庚戌充會試仝考官得人稱最會黃河氾決總河奏請簡選六部才能練達之人督理河工出差夏鎮三載以淮楊大工告成加級紀錄甲寅陞廣東南雄府知府是時逆藩用人間居淩江抗節守貞督撫特疏題補廣東羅定道參議部覆以應補知府不允辭任東歸居憂劳瘁無所營造未能襄事識者悼焉

朱鉞以天啟貢通判延平會辭部糧內監張彝忠薦廉能于銓部恥因景監拂衣竟歸其介如此

新修餘姚縣志卷之十六終

# 新修餘姚縣志卷之十七

安邑康如璉修菴纂

## 人物志　理學

王守仁　徐愛　錢德洪　管州　朱懋功

胡瀚　夏淳　范引年　柴鳳　朱堯淳

姚江理學自虞仲琳爲國佐愛之尹和靖而孫應時登朱陸之堂趙彦械入慈湖之室師友源流皆可考也數百年來訓詁俗學充塞天下陽明起而變之昏蒙爲之一洗時言學術者繭絲牛毛鑽高極遠無所不有故以諸儒置文苑而獨傳陽明其弟子附之葢爲一世學術所關不宜與諸儒相肩也

王守仁字伯安學者稱陽明先生尚書華之子也幼謂師曰讀書欲何爲師曰取甲第耳守仁曰僅取甲第耶舉弘治丙辰進士除刑部主事與李夢陽何景明刻意文章改兵部疏劾劉瑾廷杖謫龍陽驛丞瑾遣人欲殺之僅得免困苦之極其學大進瑾誅知廬陵縣歷遷南太僕寺卿從遊者日衆以右僉都御史巡撫南贛山寇阻險爲亂守仁次第削平象湖横水㴔頭九連諸寨盡得要害地創立崇義和平縣治雖旦夕軍旅而不廢講學其出奇應變取之胸懷非汎然以天幸者也宸濠反起兵討之宸濠進圍安慶守仁攻南昌破之宸濠返兵自救遇於樵舍三戰而俘濠時武宗以親征爲名率

師南下守仁急以濠獻止巡幸武宗不悅守仁遜官者張永
於錢塘遂以付之自回南昌嘉靖初陞南兵部尚書封新建
伯丁憂田州土官岑猛亂以故官兼左都御史總督四鎮定
其亂又攻大藤峽克之上疏乞骸歸卒於南安舟中年五十
八隆慶初贈新建侯謚文成萬曆中從祀孔廟子正億嗣爵
正億卒子承勳嗣承勳卒從子先通嗣守仁之學三變而始
定再變而始化少踶於詞章一變而支離於事物再變而氾
濫於佛老遠居荒服憂患瀕死天則歷然三變而澄心靜坐
以收斂為主自江右後則專提致良知三字此知之前更無
未發此知之後更無已發知之真切篤實處即是行知之外

更無行行之明覺精察處卽是知行之外更無知君越以後時時知是知非時時無是無非問曰卽得本心更無假借奏

泊此其大槩也

徐愛字曰仁正德戊辰進士初守仁講學於先儒有異同聞者駭爲僻愛獨契之以妹婿稱弟子出守祁州實踐於簿書期會之間多所發明歷南工部員外會守仁出爲南太僕同舟歸省質難之下遂亍踴躍益信爲千聖之血路也學人因愛而見守仁者信心自起守仁曰孔子得顏淵而門人日親吾得曰仁斯道其有望乎轉兵部郎中移病歸卒其後守仁歸越學者造請隨問酬答微言間出必曰是意吾嘗與曰仁

言之年來未及也一日講畢守仁環柱而走曰使曰仁得聞是言其樂又當何如乃率門人至其墓酹酒告之

錢德洪字洪甫嘉靖壬辰進士初王守仁講學德洪率同志請事焉丙戌舉於禮部不就廷試與山陰王畿卒業於守仁是時來學者衆德洪與畿提醒宗旨歸之自得守仁卒終喪三年除蘇州教授歷轉刑部員外郎勛爲上所寵遊西山召不至因下獄在廷積怨深怒於勛欲以此殺之德洪亦然具獄論死上怒亦下德洪獄會然一宏軒聲達曰御史楊爵都督趙卿同在獄請曰昔黄霸夏侯勝受書於獄某願從子受易德洪許之勛死乃出隆慶初復職進階朝列大夫往來宜

欽江廣主講席者二十年學者稱緒山先生卒年七十九子

應樂爲縣令

管州字子行從守仁學嘉靖辛卯舉於鄉官兵部司務每入直諷咏抑揚司馬怪之邊警猝至司馬章皇州曰古人度德量力公自料才分何不引退以空賢路司馬識語謝之旋中以大察主教天眞水西二院卒年八十二

胡瀚字川甫七歲塾師曰學孔孟何以入門師不能對從父鐸曰學在心心以不欺爲主瀚退著心箴與王畿錢德洪質疑問難時嘗曰考亭欲闢狂禪不得不爲繭絲陽明欲破訓詁不得不爲直截各以其時何不同之有貢爲華亭訓導崇

明教諭築室今山歸卧其中觀未發氣象有今山文集百卷
行世
夏淳字惟初父釜曲州知州淳四歲失母不爲繼母所愛讀
孝經至始於事親泫然流涕自是事繼母甚至從王文成聞
良知旨大有感悟嘉靖戊子舉於鄉卒業北雍時魏莊渠主
天機天根之說淳曰天根天機一物二名指靜爲天根動爲
天機則可若以靜養天根動察天機岐動靜而兩之是動靜
有端體用二矣非所謂性也判肇慶遷思明同知立社學行
禮教卒於官
范引年字兆期學於文成講學青田從遊者日衆青田人謂

范氏之學出於文成因建仰止祠祀文成引年歿即以配食

柴鳳字後愚翰林廣教之孫遊文成門學得領悟主教於天

眞書院衢嚴之士從學者甚衆

號道[illegible]子研究道學直以格致淵源身任著有

書正解等篇父病危絕數月不解衣帶告天請

朱堯淳幼有至性長從學語良知之旨即能反己自證母疾

將革祈死城隍前獲愈父鉞患疽復祈死如母病時已復於

王陛之集著箴云時時改過過猶拂塵須慎之言動以前今

念遷善善如撈月當驗之事爲以後從其所自得如此

# 新修餘姚縣志卷之十八

安邑康如璉修纂

## 人物志　忠節

董襲　虞忠　唐震　余廷簡
王綱　黃墀　陳子方　毛吉
孫燧　黃尊素　施邦曜　孫嘉績
熊汝霖　周勝驤　汪登瑞　朱啟彪

姚江以名節相高廉耻相尚從來遠矣故中朝有大事有大議當世望爲斗極者必姚人也獨建文之難死節爲一時之盛乃稽前志並無一人心竊擬之已而從表忠記得黃墀陳

子方後知爲討論者之失也二百六十九年之忠魂光芒射出于殘紙渝墨間要有鬼神護持耳

董襲字元代長八尺武力過人孫策署爲門下賊曹從討山陰賊斬其魁遷揚武都尉權初統事太妃憂其不任襲言張昭秉事襲爲爪牙萬無所憂分討鄱陽彭虎積功至偏將軍權討黃祖祖橫兩蒙衝夾守沔口以栟閭大紲繫石爲矴千人交射軍不得前襲將敢死百人乘舸突入刀斷兩紲蒙衝橫流遂斬黃祖曹操出濡須襲從權赴之督五樓船夜卒暴風傾覆襲在別船左右欲出之襲怒曰受任備賊何委去也船敗襲死

虞忠字世方翻第五子爲宜都太守晉伐吳忠與陸晏陸景
堅守不下城潰被害忠好識人物吳郡陸機上虞魏遷同邑
王岐皆譽於未聞之日

唐震字景實登第爲小官有以薦牒授者納篋中已而請托
震取牒還之封題未啓咸淳中由大理司直判臨安時京尹
潛說友依賈似道勢驕蹇自用震與爭獄必得而後已江東
大旱擢知信州奏減綱運米蠲其租賦又勸分以濟之轉浙
西提刑過闕似道以類田屬震震謝不能侍御史陳堅希旨
劾去十年起知饒州列郡皆已附元震發州民城守通判萬
道同欲降風震震曰我忍偷生負國耶明年兵大至震盡出

府中金錢書官資募人出戰莫有應者城陷震入玉芝堂僕言番江門可亟出震曰城中民命皆係於我我何面目獨生耶兵入置降表使震署字震擲筆不屈死之兄椿與家人俱死張世傑復饒州判官鄒宗節求其屍瘞之贈華文閣待制謚忠介廟號褒忠

余廷簡咸淳進士任溧水丞元兵至不屈死之

王綱字性常文學知名與高則誠王冕友善元末奉母避兵五洩有道士投宿綱異之曰君必有道者願聞姓氏曰吾趙緣督也綱問身事道士筮之曰公後當名世然不得終牖下綱遂從受筮法劉基嘗造綱綱曰子王佐才異時得志勿以

世緣見累洪武初基薦綱綱曰伯溫忘宿諾乎拜兵部郎中爲廣東參議潮民弗靖綱單舸往諭皆叩首服回至增城猝遇海寇曹眞鼓譟截舟願得綱爲帥綱初諭之順逆不聽諭之禍福又不聽則厲聲叱罵遂遇害子彥達侍側時年十六哭罵求死賊憫之以羊革裹屍令負歸葬御史郭純上其事立廟死所

黃墀陳子方與陳性善（是時有兩陳性善一同邑一同郡同郡者死遜國難同邑者不可考）友其官爵不可考性善死建文之難兩人同賦詩死墀曰爲臣眞欲效全忠豈料翻成與叛同子方曰北狩緣藏青史筆南還猶是白頭公崇禎末祔食表忠祠

毛吉字宗吉景泰甲戌進士授刑部主事分理錦衣衛衛卒憑依城社事下法司莫敢云何吉獨不少假之衛中呼爲毛葛刺俚語謂刺眼物也門逵掌衛事生死在握百官避道吉遇抗手而已逵曰此非刑部毛葛刺耶益銜之適吉以誤朝叅下衛諸卒報逵曰毛葛刺來矣選獰卒以待吉至朴不過十五肉去骨見隨例復官吉操法愈嚴出爲廣東僉事分巡惠潮楊輝作亂破安遠上杭將攻程鄉吉以七百人破賊三千三峒皆平又分巡雷廉高三郡賊寇充塞守將嬰城賊掠子女日過城下不發一矢俟賊去耀兵入墟落斬刈善良海康知縣王麒爲衆所嫉吉乃題拂與之討賊歷破於吳川下

源翁源棄勝追至雲岫山賊倚山爲營官兵進戰賊棄營上山官兵遂據其營爭取財物賊下山乘之官兵奔潰從吏勸吉避去吉不聽持刀獨前力屈被害事聞贈廣東按察使謚忠襄吉行軍時驛丞余文掌功賞吉死文以餘金授吉僕吉降神於僕婦揖夏憲長曰毋以官銀汙我命僕籍而上之其廉節貫幽明如此子科舉進士仕至提學副使

孫燧字德成弘治癸丑進士授刑部主事累平反大獄尚書林俊愛其才十年不予調正德十一年擢右副都御史巡撫江西時宸濠反已著副使胡世寧上變告爲所陷燧至唯濠之爲備縣皆設兵兵皆措餉城其要害省下兵伏遷置他所

七發飛章告急於朝濠皆中道刼之不得達會御史發濠反狀遣廷臣按之濠遑遽定計於生辰次日伏兵殿內各官謝宴濠立露臺呼曰天子巡幸在外太后密旨召我監國若等誰扈從者燧抗聲曰請出詔觀濠無以應副使許逵曰安得此悖妄之言濠怒叱收縛兩人燧指濠罵曰吾死汝即死豈與亂臣賊子爭蝣晷哉曳至惠民門外害之濠詣兵局取兵伏無有而王守仁倡義移文所至民兵即集所過供餉未嘗乏絕則皆燧前爲之所也濠敗贈禮部尚書謚忠烈初燧與守仁世寧同舉於鄉入試夜有見神相語謂三人好作事者及濠難作而三人與之終始知神言不誣也

黃尊素字眞長萬曆丙辰進士授寧國府推官强宗歛手擢監察御史三疏劾魏忠賢讜言勁論朝端倚重而當時小人多附奄以驅除君子尊素欲調停其水火不使內外相合也而諸君子討之甚躁于是汪文言之獄逆黨定謀以入楊左而尊素授畫於鎭撫劉僑單辭不及大獄以解而僑頗洩其語故逆黨謂諸公不足慮惟黃某深沉奇計必爲吾儕患俟尊素出而復捕文言楊左乃不免焉乙丑冬訛言繁興謂三吳諸公謀翻局用李實爲張永主之者尊素也逆黨忌尊素益甚因譙呵李實使之出疏自解而尊素逮矣畢命時叩頭謝君父賦詩一章有錢塘有浪胥門目唯取忠魂泣鐲鏤之

句崇禎初贈太僕寺卿謚忠端

施邦曜字爾韜萬曆己未進士授工部主事遴賢方會諸曹就巳邦曜督琉璃黑窰二廠詔依嘉靖時舊式作獸吻邦曜不知舊式夢神告以南方沙土中有之發地果然還屯田司郎中奄人涂文輔監督二部邦耀恥屬其下請降俸出知漳州五百里民隱如在庭內每畚發輒曰必某也里貫姓名無不知者李魁奇亂援例請撫邦曜以爲若然又爲閩封殖一蠹也與巡撫鄒維璉悉力定之劉香横海外邦曜繫其母分錄其徒衆誘之海隅香卒授首累轉福建布政使入爲光祿卿通政使諸生涂仲吉上書理黃道周邦曜批只可存此一

段論議不爲封進仲吉劾邦曜阻言路邦曜始繳原疏上見
批怒罷之再召南京通政使陛辭言事當上意出都三日遣
中使召還面諭曰南京無事留此爲朕幹些要事擢左副都
御史賊至憂促司馬張縉彥厲兵固守飛檄勤王縉彥落落
如承平時邦曜叱罵而去烈皇死社稷邦曜在東長安門聞
之慟哭書曰慚無半策匡時難惟有一死報君恩遂繯死僕
解之少蘇厲聲曰汝豈安知大義是時賊滿街巷不可寓邦
耀望門求縊人皆麾出之乃以砒霜投燒酒飲九竅血裂而
逝贈左都御史謚忠介
世祖章皇帝追謚忠愍

孫嘉績字碩膚大學士如游之孫也崇禎丁丑進士授南部主事改北兵部慷慨任事楊嗣昌以其知兵越次用爲職方郎中閹人高起潛求世廕嘉績奏格之烈皇御觀德殿閱軍器起潛侍側乘間譖嘉績下獄十三年上怒學士黃道周廷杖入獄一切蔬齋藥物阻不得入嘉績推被與之視其食飲益謹少間從受易會諸生涂仲吉上書理道周上益怒取道周改黃門獄雜治諸與道周通者槩爲黨人多訐奏道周自脫而嘉績獨承往來狀君子以此稱之周延儒再相事得解補九江道僉事卒

熊汝霖字雨殷崇禎辛未進士授同安知縣紅毛入寇汝霖

渡海敗之選戶科給事中抗直敢言劾周延儒以情面賄賂斷送封疆謫福建按察司照磨已復原官爭阮大鋮不當復用廠衛不當復設四鎮不當逼處其言烈皇弊政隆重武臣而死綏迄無一人委任勳臣而臨難未嘗一戰篤宗藩則聞警先逃在内臣則通賊開門保舉換授盡是殃民出差陞辭因言黃白充庭青紫塞路打成一片富貴世界六朝佳麗復見今時人心忠義已無半點蹊徑叠出謡詠繁興一人未用便目滿朝爲黨人一官外遷輒訾當事爲可殺時給事中陸朗以倒轉跳梁大叫因而留用朗爲汝霖祖道適邸抄傳至見汝霖之疏撫几而讀循環嗟嘆及至一官外遷二語聲忽

中止相視默然汝霖爲人朴直不顧利害卒爲悍將所害

周勝𤢖原任陝西西安府司獄奉　令招撫被賊殺死　題

請賜邺奉

旨承廕一子周鉅入監讀書

汪登瀛字熙宇由武舉大同總戎都督僉事屢著戰功値內

璫魏忠賢逆黨告致回里建閣置書籍日與文士講論甲申

聞變率同志行未亡哭東山寺之禮踰絕食臨逝賦詩有剩

得儀容還舊主敢將膚髮付先人句以視其先招討之抗

論者以爲能爲之後云

朱敔彪少業武山寇亂推爲練長迎戰遇害道府致祭旌之

憫其銜邑衝鋒捐軀殉義

新修餘姚縣志卷之十八終

# 新修餘姚縣志卷之十九

安邑康如璉修菴纂

## 人物志　文苑

虞聳　虞喜 晉以上　虞通之　虞炎

虞僧誕　虞羲　虞騫　虞荔

虞寄　虞龢 六朝以上　虞世基　虞綽 隋以上

虞九臯 唐　湛若　孫因　王逖

虞仲琳　高國佐　高九萬　趙彥械

胡撙　厲德斯　孫嘉 宋以上　岑安卿

鄭夔　楊瑛　楊璲　楊瑀

李世昌以上元　黃珏　宋僖　趙宜生

趙謙　楊彝　許泰　王至

宋棠　張壹民　景星　柴廣敬

李應吉　宋緒　陳贄　戚瀾

夏廷器　楊榮　馮蘭　于震

倪宗正　楊撫岑原道　成器　陳塏

諸燮張元　孫鋌　楊珂　葉逢春

黃尚質　吳道光　鄭伯乾　葉鳴

孫鑛　葉憲祖　黃宗會

姚江之文代有作者而所由亦非一途虞氏叅史才典錄志

林遠過陳壽虞仲琳銳志於經術孫之宏辨必有可觀而已歸於泯滅矣元末明初山輝無逸匡尨屋之雷洗也陽明文以載道攴除訓詁語錄之葛藤即以文論歸安茅坤謂有明大家唯陽明足以當之可謂知言矣惜也繼起無人遠文恪以槐野爲登峯文融與君房相犄摭中原之壇坫非太倉歷下所獨擅矣

虞犨字世龍在吳歷淸官入晉除河間相王素聞犨名厚敬禮之犨抽引人物務在幽隱孤陋之中時王岐難犨以高士所達必合秀異犨書與族子察曰世之取士曾不招未齒於丘園索良才於總猥所譽依已成所毀依已敗此吾所以歎

息也聳立穹天論云天形穹隆如雞子幕其際周接四海之表浮於元氣之上譬如覆奩以抑水而不沒者氣充其中故也日繞辰極沒西而還東不出入地中天之有極猶蓋之有斗也天北下於地三十度極之傾在地卯酉之北亦三十度人在卯酉之南十餘萬里故斗極之下不爲地中當對天地卯酉之位耳日行黄道繞極極北去黄道百一十五度南去黄道六十七度二至之所舍以爲長短也聳疾俗喪祭無度弟昺卒祭以少牢酒飯而已當時族黨並遵行之太平御覽作虞昺非

虞喜字仲寧父察爲吳將軍喜少立操行博學好古邑人賀循爲司空先達貴顯每詣喜信宿忘歸自云不能測也太寧

中以博士徵咸康初以散騎常侍徵皆不起永和初朝廷議祧廟喜在會稽遣使就問其見重如此喜兼覽讖緯著安天論以難渾蓋謂天高窮於無窮地厚測於不測天確乎在上有常安之形地魄焉在下有居靜之體當相覆冒方則俱方員則俱員無方員不同之義也其光曜布列各自運行猶江海之有潮汐萬品之有行藏也葛洪聞而譏之曰苟辰宿不麗於天天爲無用便可言無何必復云有之而不動乎然言天者自渾天蓋天宣夜而外安天穹天與姚信昕天三家並行於後

虞通之善言易仕至步兵校尉

虞炎齊永明中以文學與沈約俱爲文惠太子所遇意盼殊常官至驍騎將軍

虞僧誕任梁助教以左氏教授該通義例當世莫及聽者常數百人時博士崔靈恩說春秋常申服以難杜僧誕因作申杜難服以答之世並傳焉

虞義字子陽七歲能屬文齊始安王引爲侍郎尋兼記室參軍入梁爲晉安王侍郎奇句清拔謝朓誦之

虞騫工五言詩仕梁爲王國侍郎

虞荔字山披祖權廷尉卿永嘉守父撿始興王諮議參軍荔幼聰敏有志操年九歲隨伯闡候太常陸倕倕問五經十事

荔對無遺佚甚異之太守衡陽王欲見荔辭以未有板刺無容拜謁梁武帝置士林館荔製碑奏即爲其館學士遷通直散騎侍郎中書舍人時左右多參權軸內外互有帶掌唯荔與顧協居西省但以文史見知臺城陷乃歸里陳文帝平會稽招爲太子中庶子領大著作任遇隆重初荔母之卒正值亂城情禮不申由是終身疏食布衣不聽音樂又以弟寄陷閩流涕感疾帝敕從肉食荔終不從卒贈侍中謚曰德子世基世南

虞寄字次安好學善文弱冠對策高第起家宣城王常侍大同中驟雨殿前有雜色寶珠寄上瑞雨頌帝欲擢用之寄閑

門稱疾侯景亂流轉入閩時陳寶應據閩中得寄甚喜陳武
命之發遣寶應不聽寄每陳順逆之理寶應輒他說亂之讀
韓信傳蒯通相君之背貴不可言寶應曰可謂智士寄曰豈
若班彪王命識所歸乎居東山寺稱疾寶應遣人燒所居屋
寄安卧不動親近將扶出寄曰吾命有所緣避欲安往巳而
火旋自滅由是不疑寶應敗得還朝文帝曰管寧無恙甚慰
勞用爲衡陽王掌書記帝曰暫屈游藩非止文翰令師表相
事也後除建安王諮議加大中大夫卒寄不輕出每游近寺
閭里相告語或言誓爲約者但指寄便不欺其至行所感如
此

虞龢少好學居貧屋漏恐濕墳典乃舒被覆書書獲全而被大濕時人以比高鳳位中書郎廷尉

虞世基字茂世博學高才兼善草隸孔奐曰南金之貴屬在斯人徐陵曰當今潘陸也因以女弟妻焉仕陳爲尚書左丞陳主校獵莫府山令世基作講武賦賜馬一匹入隋直內史省貧無產業每傭書養親嘗爲五言詩情理淒切河東柳顧言罕所推讓唯於世基則曰海內當推此人非吾儕所及也煬帝即位顧遇彌隆以內史侍郎參朝政天下多事表奏塡委帝召世基口授節度世基至省爲敕書日百紙無所遺謬帝幸江都高熲張衡等相繼誅戮世基懼禍及於是唯諾取

容字文化及弑逆世基見害長子肅好學多才藝時稱有家風弱冠没肅弟熙大業末爲符璽郎次子柔嗣並宜義郎化及將亂宗人虞伋知而告熙曰事勢已然吾將濟卿南渡同死何益熙曰弃父背君求生何地感尊之懷自此訣矣難作兄弟爭死

虞綽字士祐父孝曾始興王諮議綽姿儀甚偉博學俊才工草隸仕太學博士陳亡楊廣引爲學士大業初與虞世南等撰長洲玉鏡諸書常直禁中待詔從征遼帝見大鳥詔綽爲銘勒於海上授建節尉綽恃才任氣坐與楊元感交往徙邊

虞九皐字鳴鶴父爲郭子儀從事官沔洲刺史九皐能文孝

友爲鄉論所推舅氏沒於海奔喪扶櫬方舉進士而沒

湛若其先福州人也父埒餘姚間人氏因家焉舉子各占一經或律賦以爲場屋之用若於六經律賦皆工呂次姚建羲學請若主之諸生數百人後爲太常博士

孫因隱四明山采藥鹿亭樊榭間擬晉問作越問傳於世

王逨字致君其先宛丘人建炎之亂與父南奔爲金所掠教授汝穎紹興八年自拔歸餘姚舉進士官監察御史有正言忤執政出知鄂州改湖南轉運判官終國子司業自幼至老無日去書詩文有法度字畫法鍾王子中立得其筆法亦有名

虞仲琳父賓知長洲有惠政官至翰林承旨仲琳與弟仲璠同舉進士爲教授嘗從尹焞遊焞語謝用休曰虞君鄉論甚美於此道信之極篤又曰虞教授志學之士也

高國佐少從尹焞遊篤學力行窮老不衰子公亮亦從焞熙諸先生遊皆推其篤志

高九萬名翥號菊磵好讀奇書厭科舉學隱居教授弟子造門者隨才教之皆有成采菊英酌磵水蕭然遊憩操觚詠歌扁所居曰信天巢遊錢塘越金陵浮洞庭彭蠡弔古今山川得句法於雪巢林景思於後山爲第五世活法大機括時名者並駈其後沉濟反覆樹離騷大雅之根長漢魏六朝之幹

發少陵勁正之柯垂晚唐婆娑之陰爲南宋詩人魏楚卒葬杭之篙嶺後數百年裔孫高士奇得其集於崑山徐乾學家遂以行世

趙彥棫字元道宗室受蔭官鎖廳第進士自吉水縣丞累官吏部尙書兼給事中以華文閣直學士知平江府壯歲從楊簡遊在吉水重修象山精舍刊慈湖遺書跋曰易曰聖人之易不離先生此書不離篤好欲刊之心不離刊者之手不離觀者之目不離誦者之口不離聽者之耳又不離不刊不觀不誦不聽者之耳目口手斯旨彥棫實有覺於事親從兄喜怒哀樂兢兢業業日用之間所著有平菴集四十卷

胡撙字崇禮父沂階不及諡崇禮請之賜諡章簡撙又曰此非所以諡臣父也卒易獻簡乃已自承務郎監臨安店務轉浙西茶鹽司幹官浙西災撙轉米入山谷緣門糜飲之自楊簡得陸氏傳東浙學者甚盛皆聚撙之家一時以爲斗極子衛衍衛舉進士累官禮部侍郎封餘姚縣開國伯衍知漢陽軍

厲德斯妹爲侍郎曹詠妻詠秦檜客出守鄉郡奔走承迎恐後德斯漠如也爲里正詠諷邑令脅治百端冀其祁巳竟不屈檜死德斯致書於詠啓封乃樹倒胡孫散賦也詠貶新州又以十詩贈行其一云斷尾雄雞不畏犧憑依擬禍復何疑

八千里路新州瘴歸骨中原是幾時詠得詩憤歎而已

孫囂舉進士常州守天資瀟灑晚歲歸臥四明山築耕寬堂詩載表元賦之名談勢語終夕不及[illegible]愛自樂天詩效其體爲之有孫常州摘稿傳世

岑安卿字靜能自稱栲栳山人志節自矜唾溯富貴人皆徹之名閭家雖至凋瘁多藉以自立崛起之輩有不義惟恐其聞所交皆名士序其詩者宋濂唱和者危素也嘗有詩云鄰家酒如澠歌管朝夕度此樂非我知看書日還暮其胸次如此

鄭燮字元秉文學教授重於當世工書蘭竹春艸岑安卿曰

坐對榮陽老空懷正始音宋元僖曰落筆十年身後在懷人三絶眼中無那將軍求見不爲禮那曰先生視我若無眞不凡也

楊瑛慶元路學正黃溍有送瑛詩空齋耿燈火月冷潮聲落其爲致也弟璲瑀皆以文名謂之三楊

楊璲字元度學於柳貫記問該博注詩傳名物類考姚褫上之朝下集賢翰林議授官不果以鄉貢歷寧海縉雲餘姚學正

楊瑀號灌園縉雲教諭桃江褚瀛題曰後清漁舍流連文酒宋元僖書田園歸處松三徑詩賦生涯水一杯於其壁

李世昌字文衍風裁偉碩卒應復欲擢爲吏世昌曰某世業儒吏非所習也舉學錄歷龍游教諭嘉興學正謝事歸郭文煜使綜學事士風丕變世昌學文於黃溍學書於周伯琦與遊者皆鉅儒名士鄭彝有纍疾爲奔走治療且備後事其急友類此

黃珏字玉合八歲就外傳大寒大暑鷄鳴而往夜分乃寢十二三祖雷令說春秋謬於經旨祖曰欲紹儒術乃若斯邪遂從祖深求其義黃戇菴以家學教授閩越珏從之受蔡氏尚書研極根柢繼戇菴之席嘗曰天人之理邵子窮其隱帝王之道蔡氏見其大非朱子訂定發明之何能窺彷彿邪晚年

與太原王萬石上虞謝肅爲文字歡逍遥海雲山月間有詩文若干卷

宋元僖字無逸少穎悟好學父令爲市井胥吏輒哭辭毋資之負笈至正間中江浙副榜補繁昌教諭尋歸榜室曰庸軒讀書於中時海内亂名流多避跡甬越僖莫不與交故爲文皆有師法洪武初詔遺逸之士纂修元史其外國傳則僖所撰也還山復徵主考福建僖詩質而不枯熟而不膚入番出之室子邦義邦哲世其學並徵守南郡孫虞生亦舉明經爲令

趙宜生字德純宗室也值至正亂晦跡耕牧號騎牛野人洪

武初舉爲鄉訓導與宋僖友善僖詩往來慰衰暮感慨寧無
同指宜生也詩五言學陶七言彷佛李長吉將死亦爲自挽
趙謙字撝謙初名古則家貧力耕養父夜則讀書達旦年十
八遊台鄞受業鄭四表四表學於張以忠以忠學於王伯武
伯武胡雲峯高弟子也二十二領鄉薦盡交當世之士洪武
間詔修正韻徵至京宋濂遣子仲珩受學焉出爲中都國子
監典簿謙雖不與正韻之事而仲珩所用卽謙說也尋與同
官不合歸築考古臺讀書其上二十二年復召爲瓊山教諭
謙善開滌黎蜑之人皆向學稱爲海南夫子卒於寓謙爲音
韻之學世久不明平上去入謂之聲四聲必貫沈氏平東上

董去送入屋之類則非角徵宮商羽謂之音七音有序沈氏前東後公東冬異處之類則非依類象形隨體絀詰而畫其跡者獨體謂之文合體謂之字六義相資自程邈造隸王次仲制分日趨省易而文字益非故著聲音文字通一百卷謂文王之彖周公之爻孔子之翼片言隻字皆從伏羲六畫流出四聖異易後儒之曲說也注爲圖跡持已以敬取武王戒書銘其未備者五十二篇發明康節之詩兼理氣一天人彰明善惡分別賢愚作造化經綸圖曰覯此以明其理寡欲以養其心調息以養其氣讀書以驗其誠聖賢不難矣以史參缺畧作歷代譜贊及南宮氏讀史斷其設教也始以爲學之

要次讀經點書作文學字之法器物附之作學範六篇詩一千餘篇名曰考古餘事文不在列也永樂間門人柴廣敬以聲音文字通上於朝

楊爽字宗爽別號銀塘秉牛出入四明洞天遇風景林壑之美即箕踞長歗狀其草木水石題詩於上墨光動盪趙謙不喜時彥詩讀爽所寄撫几朗誦不能罷已而雙手皆赤嘗與謙坐石上松鼠飛鳴爽拾礫擲之應手墮謙意其偶然戲謂豈復能爾再發又下一鼠又置卮酒掌上婆娑而舞不傾涓滴伎藝之精小大類此滄海遺珠有詩十首皆清新可誦

許泰字仲亨家貧好學深於春秋爲人嚴毅有師表洪武初

舉授本縣教諭遷知夏邑縣

王至字孟暘博聞强記明春秋三禮爲文章比物連類下筆沛然後生經其指授多爲名儒平居慎默遇事論議援經質史明初爲本縣訓導終於潛教諭

宋棠字思賢明易學士多從之講說元舉爲新城簿不赴洪武初以明經召備顧問尋引疾歸自號退翁有文集及編次唐人絶句精華行世子洵亦有文名

張壹民名員以字行喜讀書善爲詩工字書常戴笠著高齒屐笑歌自傲不爲衣食計洪武中薦爲開化教諭員左目無瞳子自稱左瞽著雲航集有司馬子長之風

景星宋學士集作昇字德輝洪武中徵爲本府教授宋濂稱其擩嚌經腴朝夕不屬宋信送之詩亦曰從來多際會念子久窮經藴言篤行醇經術之士也

柴廣敬名欽以字行永樂甲申進士上留心儒術拔進士之尤者二十八人應列宿之數謂之庶吉士使入中秘讀古今書廣敬在其中日夜苦學恐負知遇故爲文不襲陳言方駕古人尤善賦修永樂大典天下文書皆集廣敬考索過勞卒年三十六師事趙謙遇大雪無酒飲又無火炙搞吉達旦以爲盛事

李應吉字惟禎鄉舉補教諭歷數縣終於金壇上書科舉取

士毋用箋註又論華姚中千戶所時有黑窯匠者主民間凶事以爲食小民苦之應吉疏其害得禁絕之著先天圖說

宋緒字公傳篤學有志操纂修永樂大典姚邑被徵者五人緒與宋孟薇趙膚廸朱德茂張廷玉書成皆授官緒獨辭之緒選元詩體要南海鄧林曰公傳深於詩故選詩如此精也

陳贄字惟成父性善刑部郎中贄從宋公傳張天民毓於經史薦爲儒學訓導纂修宣廟實錄兩浙事蹟皆贄採撫稱史才任翰林待詔高穀薦陞廣東參議兵後訪民間掠賣者還之瘞暴骨文甚虔陞僉遷太常少卿致仕投老西湖與騷人墨士爲詩酒會古選遹陶栁近體駸駸盛唐書法得晉人筆意

戚瀾字文湍景泰進士庶吉士編修與李賢彭時纂修一統志書成告歸瀾善諧語郡中廳事懸牧愛二字瀾曰吾自下望之乃收受也與司成陳鑑投壺鑑戲曰戚髯瀾美髯投漆壺眞壺也假壺也瀾應聲曰陳鑑看臣鑑善鑑與惡鑑與滑稽如此

夏廷器以鄉舉補平定州學正平定僻陋無文學廷器作石樓書院集諸生誘進之科貢士遂與大州等平定祀之學宮

楊榮字時秀成化壬辰進士授南工部主事改北部視河道壽寧侯家人犯法榮捕治之爲所搆逮獄後釋榮長於詩會試出京舟中取唐音和之月餘成帙能得其風致徐泰詩談

與慈谿張楷同品書學懷素又工畫竹

馮蘭字佩之成化己丑進士庶吉士至江西提學副使謫遷雲樹望窮雙淚眼湖山恨滿幾詩筒所謂哭雪湖者是也好次險韻愈出愈奇同年居侍郎語舊事與某郎中訐奏笑其身死妻子流落已而出棋枰圖索題蘭題曰白雲堆裏四公亭亭下只遺空石枰相逢莫自誇高手一遍輸來一遍贏唐默然

于震字孔安正德丁卯鄉貢仕福安令經術深邃出其門者多名士倪宗正楊撫皆是也晚爲詩亦當家子廷寅舉進士

倪宗正字本端弘治乙丑進士庶吉士劉瑾以爲謝黨出知

太倉州值水災數邑中獨太倉民不失業入副武選郎諫武宗南巡受杖又爲諷諭詩數章出知南雄府世宗追錄敢諫加三品俸尋歸一時勝流皆相唱和尤與方豪鄭善夫善故詩有云偶入崇陵眼鄭齊少谷肩京師善奕者吳仁甫鄒敞行文用騎邵節甫稱第一宗正自謂過之善夫謂宗正棋癖當如淫聲美色遠之宗正深德其言同時管溥字弘濟鄉舉宦蜀中其詩格意音韻皆有法宗正謂秋江八句重當今指溥也

楊撫字安世正德辛巳進士終湖廣提學副使工古文辭其知濟南時李攀龍爲諸生撫鑒其才由是知名嘉靖中同胡

進士膏岑處士原道纂修邑志原道亦博聞强識士也負氣不修小節晚乃入趙文華幕遂損名

成器布衣也聞江右劉球死獄登龍泉山頂爲文祭之曰於乎先生龍逢爲行兮比干爲心紓忠竭志兮日月照臨慨前代任閹豎之失德痛當今復因循而蹈襲伏闕抗疏太息掩泣帝曰汝嘉實感睿衷惟彼羣姦切齒相從幽之錦衣肆其鞫凶龍逢蒙戮兮比干菹醢雲霏霏其承宇兮天高高而莫余宰顧蘢粉之是甘兮恙時事之可慨予會稽之後生兮頗忠義之是懷鑒往事猶感慨兮腸一日而九廻側聞先生之死兮又奚啻乎七哀叩帝閽其無路兮徒煩寃而涓涕歌楚

些而招魂兮弔汨羅以爲計於是割鷄釃酒望風奠祭俱藝於家登彼龍山崖石齒齒兮竹松間間去天日其咫尺兮將英寃之可攀恭載拜以長慟兮惡敢袛以陳告惟蹇蹇以自完兮得死所其奚悼顧棄德而崇姦兮尾日大而不能掉彼閹豎其何誅兮甯廟堂之具臣曷不樸滅於早兮禍滔天而無津乃首鼠以自保兮獨先生之奮身使舉朝皆抗扼兮何猖狂之餘腐也嗟剛中而無應兮適以快其怒也砤砥柱於洪流兮聊以示此度也覗婞婞之輩流兮直驚鴻與脫兎也生無益於時兮富且貴其何數也吁嗟先生之死兮實知名於孺婦也器謹志以法像兮中心好而菲浮慕也或緣此以

賈既兮吾不惕以改其素也

陳塏字山甫嘉靖壬辰進士行人選南給事中劾武定侯郭勛時霍韜議禮驟貴塏抗禮不相下訶其飲酒郊壇乘舟禁河大不敬上奪韜俸直聲著聞滿考入京嚴嵩欲見不可出爲湖廣參議歷廣東提學副使海瑞龐尚鵬皆拔之高等行部過厓山改張弘範立石書宋少帝及臣陸秀夫死國於此轉湖廣參政歸居四十年讀書如寒士詩文不爲奇崛有洪永之風

諸燮字子相張元字以貞時文知名後進之士咸準之檇李袁黃曰諸燮文如琴操學佛刮垢入淨而輕揚之態時寓雜

淡之中張元文如偏師直擣而乏堂堂正正之氣嘉靖甲午同舉於鄉乙未俱成進士燮授兵部主事以憂歸客嚴陵大醉遊桐江溺死元理刑泉州絶賓客之請直行一意官至府同知

孫鋌字文和尚書陞之子也嘉靖癸丑進士庶吉士授編修校永樂大典纂承天大誌隆慶丁卯成陞左中允歷諭德祭酒至南禮部侍郎

楊珂字汝鳴本姓史少從王守仁講學不事科舉自放於山水之間天台四明題咏殆遍遇白雲滿谷取巨甕納之紙封其口置之草堂俟天日晴朗引針刺之縷縷起坐隅縈繞梁

間爲樂祠宇觀側石橋時爲暴漲所壞珂書醉卧石三字於上遂貼然珂臨晉唐帖得其神與徐渭齊名而王世貞以險怪目之以一時藝苑共走太倉珂渭皆不屑也珂卒其友黃尚質挽之曰自從解綬入秋雲何處看山不共君十載論心成往事一時垂淚惜斯文誰收遺稿將千首得見行書有八分幾聽鵑啼江月白媿無碑記郭公墳

葉逢春字叔仁乙丑進士出高拱門拱以衆人遇之後見其撰亭記大歎賞時逢春方倅撫州擢工部郎崑山歸有光工古文辭拱亦自郡倅擢太僕天下以此稱拱逢春之文以左輔王維楨爲法維楨之稱於世者孫陞唱之逢春和之也

黄尚質號醒泉己酉舉於鄉知息縣陞景州守修董仲舒書
院改周亞夫祠爲文記之隆慶元年歸時越中詩人山陰有
陳鶴徐渭上虞有葛曉姚江則尚質與楊珂唱和無虛日而
尚質與渭珂秉精繪事故尤爲時所重
吳道光字季伯萬曆丙戌進士以古文飾時藝陸光祖奇之
函文以示趙錦錦曰吾邑有此名士乃不知邪游揚其名錄
爲諸生尋第進士工古文辭詩有奇致終灤州州同有聞[illegible]
文集
鄭伯乾字伯健生而敏慧讀書過目成誦數應舉不售橫經
授徒出其門者多名士著涉史謬論河圖易象解伯乾之後

有盧望者文譽特起竟老諸生間嘗著信心錄非學究語也

嚴廸字允叙受業王守仁自綱目性理及五經箋註首尾成誦嘗著大學古本中庸註五經一貫臆說諸書以子遵貴封工科給事

孫鑛字文融萬曆甲戌進士故事會試第一人例庶吉士鑛房師沈一貫爲張居正所不悅遂授兵部主事歷吏部選郎中請召用鄒元標趙用賢累僉都御史協冢宰陸光祖外察出撫山東關白破朝鮮以兵部侍郎爲經畧石星主封貢鑛主戰作封貢議倭使小西飛來鑛疏不宜聽星言鑛撓封事回籍起南兵部尚書劉天緒惑衆鑛定之有忌其功者乞骸骨

歸鏜晉讀書六經子史丹鉛點畫校勘精詳精神所注嘗在字句以爲文章之法盡於經皆千鎚百鍊而出者時何李王唐兩派若水火鑛各取其長比於調人其評當世之文能得其病所在謂弇州太函非但時套兼有偏敝一以今事傅古語二持論每僻三好談四纖巧五零碎總之有二曰不正大曰不眞識者以爲篤論

葉憲祖字美度萬曆己未進士授新會知縣考選入京時黃忠端劾逆賢憲祖以姻家爲逆賢所忌遷大理評事轉工部主事逆賢建祠於王府衙衙憲祖以同巷當監工徙寓而去又建祠於長安街憲祖言他日幸學木偶能起立邪逆賢大

怒劉籍歸崇禎改元起南刑部郎出守順慶流寇道梗入覲者失期冢宰何問憲祖從容爲申理冢宰默然陞湖廣副使備兵辰沅五谿苗入犯憲祖累有斬獲總督朱燮元敘之轉四川參政陞廣西按察使皆未上憲祖與孫鑛以古文辭相期許鑛規撫字句而憲祖縱筆所如無心離合也所長尤在塡辭直追元人有明辭家率推玉茗太乙憲祖以爲濃重勦襲失古淡本色難爲不知者道也癸卯與沈應文楊文煥邵圭同修邑志

黃宗會字澤望四五歲時沿河擲蝌爲戲有塾師斬之曰蝌精善擲蝌宗會以擲蝌之杖跨之曰龍子胃乘龍塾師大驚

十六歲爲學使黎元寬所錄已而劉鱗長兩試皆爲第一廪學宫崇禎末拔貢未廷試弃去每日讀書以百葉爲度字比而句櫛之其汎觀者猶不在數讀十三經則名物象數制度升降年月異同細若毫毛必勾而出之讀二十一史則成敗治亂酌古論今河渠星算地理官制治革得失莫不洞端倪者學問之離合文章雅俗之流別但啓其端則如瀾倒水來不能自休三年讀佛藏相宗性海浩若算沙注其書數十萬言其詩在東坡遺山之間文則出入毘陵晉江世無知者縱酒而卒

鄒上驤字子靜方伯學栓孫也幼頴悟最善讀書早有文名

按院杜君試全浙童子屢覆僅錄八人譲輒居首郡守吳君府試又置第一是歲方定入學數以溢額報罷後郡守劉君又置第一復不售困阨童子科者十餘年始得當事以第三人食餼於庠淹抑場屋又三十餘年講學授徒執贄者盡四方名士所作詩古文不下千首又著四書尚書毛詩春秋及唐詩釋解以貧不能鐫刻行世者唯傳書一選他如書法音律象數諸藝事無不精妙生平磊落仗義有胡大慶者鬻妻遂傾館貲濟之尤難其周人之急往往出自典貸而毫無吝色至事繼母撫幼弟曲盡孝友之情論者謂不下於閔子

胡纘曾字羲陶自幼頴敏八歲時即知孝友見族有鬻始祖

少保獻簡公四代遺像手卷力請尊人出多金以購之九歲能文十五補弟子員十七歲己卯應試已入彀緣表聯違式見厄主考歎惜者久之適昔會多艱遂恬然尋泌水衡門之樂未幾而居母喪哀毀骨立益絶意榮進築隙園以自居然不遺世獨立願學省身三事重肽諾好施予扶人之危濟人之困鄉黨咸仰賴焉更性甘澹泊不因人熱惟日偕伯子漢褒蒐羅群書因輯古今姓氏彙纂八十餘帙淵通博雅膾炙人口工詩詞精書法所著有鐵韻草石萼集并覆瓿遺盟囊秋諸刻行世其隙園紀畧已刋布留青集内近有焚餘稿一集尚續鐫行即今年逾古稀猶沉酣諸史八大家手不釋卷

筆不停披終不以衰宴易志郡守李重其文行顏其匾曰德
壽鴻儒邑席獎之

新修餘姚縣志卷之十九終

# 新修餘姚縣志卷之二十

安邑康如璉修菴纂

## 人物志 隱逸

嚴光　楊子祥　桒仲凱　厲元吉

東漢節義謂嚴子陵高風激蕩使然則隱佚之事非委靡所能爲也大槩桒海之際處子耿介始可表見今徒以憔悴江湖之上謂之逸民不已昧乎余因以楊珂諸子歸之文苑而其志可悲者附之子陵之後

嚴光字子陵一名遵少有高名與光武同遊學光武即位光變姓名不出帝令物色之齊國上言有一男子披羊裘釣澤

中帝疑是光備安車遣使聘之三反後至駕幸其館光卧不起帝卽卧所撫光腹曰咄咄子陵不可相助爲理邪光張目熟視曰昔唐堯著德巢父洗耳士故有志何至相廹乎帝曰我竟不能下汝邪升輿歎息而去復引光入論道舊故相對累日從容問曰朕何如昔時對曰陛下差增於往因共偃卧光以足加帝腹明日太史奏客星犯御座甚急帝笑曰朕故人嚴子陵共卧耳除諫議大夫不屈乃耕於富春山後人名其釣處爲嚴陵瀨建武十七年復徵不至年八十終於家

楊子祥字吉甫阜學有奇氣江萬里舉爲縣監税不就教授海濱兵興避地浙西留夢炎要之仕子祥不顧東還過鄧牧

謝翱方九思於臨安弔古賦詩徜徉湖山間歸姚杜門著書
垂二十年卒
葉仲凱號見山咸淳甲戌奏名爲當事忌黜宋亡不仕或曰
君未食宋祿雖仕無非之者何守此苦節爲仲凱曰周漢之
興不能奪夷齊黄綺人各有志不可違也爲詩文痛憤感慨
於興廢之蹟故老遺與讀未終而流涕教授鄉里卒
厲元吉號半邨咸淳辛未進士尉烏程枋得詩云十二街頭
三尺雪駿馬徤行如跛鼈生懷故人厲半村拂袖前行何勇
决叠山居士强欲吟凍筆如椎硯欲裂京國青衫十載交欲
言不言情哽咽願君勿作繞指柔願君勿作在鑛鐵甘雨幽

遐宼草甦淸風宇宙貪泉竭循良寧國聖明時玉燭光華待

調爕宋亡隱從山遇故老輙泣下元訪求宋臣元吉遯跡湖

海白首始歸

新修餘姚縣志卷之二十終

# 新修餘姚縣志卷之二十一

安邑康如璉修菴纂

## 人物志　孝義

石明三　胡忠　黃義貞　黃璽
黃濟之　孫堪　邵德容　黃驥
夏子明　朱孔禮　楊山　胡槱　鄒大績　鄒木
徐子時　張震　孫文　孫一鳳
邵弘裘　孫有聞　趙元明　張棍　徐重明
朱元鎮　吳自然　吳鏞　吳淯　呂文姚　胡毓元
孫椿年　孫鈳　杜文明　謝志望　羅懷風

趙世美　沈堯孚　黃日中　徐錦晉　陸日煜

黃光志　吳梅　朱德辰　朱端　陳士錄

孝義所以立人極也風漓化薄有不孝不義者而始有孝義之名然多發溝畝之中希出衣簪之下其形之覩聽者蓋無幾矣况其事質實而無文不足以販賣名聲而採風者亦遂畧焉安得皆如石孝子者表表耳目哉

石明三四明山農夫也早喪父獨與母居一日以事出使其母往依女氏母允之後二日歸先過女氏所母未嘗至也明三心驚倉皇抵舍壁有巨竇覘之則三虎子據其榻明三知母已爲所害大慟盡殺虎子復操斧立竇内頃之母虎循竇

入即斫其首碎之取肝腦磔諸庭指天曰不并殺牡虎不生也乃更礪斧循虎跡阻巖石待之牡虎果咆哮過明三奮前連斫虎首虎斃明三亦力竭死僵立不仆張目如生而手所持斧猙不可奪鄉里拜祭而神之立廟曰石孝子

胡忠字景莊宋尚沂六世孫弱冠哭父耳鼻皆流血事母至孝與庶弟同居友愛庭長瑞榆元初紹興修城忠與吳吉助工千尺元貞間饑疫忠乞有司賑濟死不能葬者收瘞之明年鄉人償忠所貸忠曰饑民纔得飽吾寧忍復奪之悉燒其劵有爲怨家所誣者獄具忠出白之一時皆依忠爲惠主子秉義字達道與楊燧宋僖遊稱爲白石樵者

黃義貞字孟廉篤學好修事親以孝聞所交皆一時勝流元大德間以賢良徵博士不就隱居鳳亭年一百五歲

黃璽字廷璽兄雷商外十年不歸璽曰吾當求之生則偕返死則負骸不子身入里門也人沮之璽掉臂而出裂紙數百張寫兄年貌籍貫所歷之處輒榜之宫觀街市間行萬里卒無遇有言在楚者流轉湘漢至道州入廁置傘路旁雷適過之見傘心動曰此吾鄉傘胡爲來此循柄視之識曰姚江黃小雷小雷璽別號也疑駭未決璽出相視若夢寐慟哭失聲道路觀者泣下時雷已有田園妻子于道州璽留數月卒奉兄歸

黄濟之字世仁二歲母死繼母生三子濟之遂失愛秋穫時輙使露守濟之衝虎而往不敢違父當從軍陜西濟之力請代與盜遇自陳情欵盜不忍害父母殁廬墓自鵝來巢墓樹馴擾弘治中詔旌其門曰孝子

孫堪字志健燧長子燧死難堪奔喪慟絶復甦致耳聵廬墓側靈芝一莖九葩數本産塚上嘉靖四年蔭錦衣衛千戸明年中武舉第一官都督僉事時弟陞入史局陞官翰林堪迎養母于京邸二十年承顔爲樂母没撫柩南還柴毁骨立抵杭卒贈都督同知旌曰孝行之門堪能詩文旁通雜藝繪事亦見稱

邵德容字原廣正德甲戌進士仕至刑部主事邵德久字原可嘉靖甲午貢士仕至知府兄弟友愛同居五十年閨門肅穆爲世羽儀

黃驥字德良父肅按察司副使驥七歲喪母畫像事之戚時流慟奉繼母亦以孝聞父病徬徨嘗糞及沒毀瘠過禮造立塚墓躬自負土丙舍初成雙鵲巢其梁又有野犬爲巡警一夕虎銜豕置于庭而去嘉靖十七年表爲孝子驥從學於王守仁西川尤時熙曰黃德良說陽明先生學問初亦未成片段因從遊者衆夾持成就如此

丁子明鳳亭鄉農夫事父母甚孝母死蓋舍墓側夜則往宿

日歸視父食飲晝出力作歲時以爲常父死廬墓終身有朱
孫穗者傭賃養父備於滋味父死毀瘠而卒
楊山字伯鎮幼讀書至入孝出弟問其父若何而可謂孝弟
父釋其義山曰吾知所從事矣便言若成人已娶妻谷氏家
貧必爲父母營辦肴味山出外歸家常使兩親檢括囊中三
分之致三弟歲宴享谷氏亦必以其簪瑱先之二娣嘉靖丙
午舉於鄉授泰安知州其友愛終身如故
胡標節婦何氏子也事母至孝頃刻不忘鄉黨飲酒每食必
數起視母筵中之物亦必貽母娶妻毛氏供奉稍怠標叩頭
乞逐婦毛亦搏顙自責節婦死標耄且病猶泣血終喪

鄒大績字有成從學陽明讀書至忠孝節義輒曰學者學爲此否則不識字人耳父錫病侍疾盡瘁及卒廬於墓側風雨不蔽蛇虎交迹莫不危之未幾虎遁去大蛇無故死紫芝生墓右一本三秀冬柑再實每號泣烏鵲羣鳴若相其哀者有鳩來巢蜂亦巢巾箱蜜蠟流注嘗植園隅雜枯李經春枝榮花發鄉里以爲孝感所致奉旨旌表子木以母病割股人稱爲世孝

徐子時父病割股道文華視師以公禮格其鄉生莫不長跪子時與數十人入見拱手而待揖文華愕然下堂與之成禮聞者壯之

張震農夫也父爲人所陷將死震方周歲嚙其指曰某吾仇也汝毋忘報震長指瘡不愈母以父言語震遂以報仇二字日誦于口同伴有諸暨人曰汝力不及吾爲汝殺之未幾仇乘馬出諸暨人以田器擊死莫有知者震日走父墓所號告曰仇已復矣遂發覺官憐其志減死論戍遇赦歸

孫文父爲同族孫時行箠死文尚幼卽刺臂爲恨鐫二字見時行卽欲手刃時行固諸生知力不敵遂修好時行與之武斷鄉曲時行坦然不疑而文每朔日禱於關壯繆問仇可復乎神不許者數年一日入禱神許之遇時行於田以田器擊殺之自投縣獄縣以無告者不收文抵死不歸三日而時行

之子至郡縣憐其志坐謫戍文投牒願死遇赦出

孫一鳳侍父疾衣不解帶者歲餘父歿廬墓三年白雀來集

人以爲孝感

邵弘褒字治君年十一歲母徐氏病危弘褒私割臂投之湯藥母病尋愈日就外傅而臂瘡臭聞傳問弘褒泣言其故由是家人始知之其後母死朝夕思慕不置手書法華經以寄哀藎童子中之有至性者

孫有聞字子長如法嗣子也年十五補弟子員時父從貶所歸瘴毒發衄如湧泉百藥不治有聞籲天泣禱祈以身代父歿痛絕復穌結廬墓側晝夜悲號山深多虎夜常繞廬不爲

驚久且避去人嘆異之光宗嗣位赴闕伸父忠疏懇哀切上
感動贈官賜葬廕母史氏性嚴厲能曲意事之常得懽容史
臨寢疾妻來氏方產絶兒乳哺姑至羸不能支而卒有聞傷
感不已遂終身不復娶母再病醫禱備極懇惻居喪哀毁面
黎如黑後承廕就選授典簿光祿遷戸部主事綜核詳明節
省帑金數萬以疾告歸又能樂善好施成親之志年七十而
卒遺有詩文八卷

趙元明字思且古則七世孫也工博士家言尤精於易四方
學者爭延之家貧重行誼聚廬而炊者三世矣歲時數講錫
羣從子弟有緩急若取諸寄元明率辦橐中裝應之錄者爲

授室乃其妻子則蕭然無營也嘗有意復考古之臺訓詁[illegible]
里惜未竟其志而卒
張槐字茂甫偉容儀倜儻有識度爲張氏祭酒少業儒比乃棄去以布衣翹然里中季弟某未舉子有相塚者私過槐所謂君如葬父法如此子孫其昌獨不利季耳槐曰季猶我也而君岐之乎謝罷之呂少傅本方總角槐指謂人曰是年少謝文正倫輩也肅之而厚致禀焉少傅既貴遠歸老槐不欲以故知見德乃綠埜之招揮麈晰盃懽然如平生也少傅嘗曰張茂甫高士吾少也服其鑒貴也服其介老也服其[illegible]有道者矣諗之呂中諭來果然中翰少傅弟醇德與[illegible][illegible]

磬折樂施亦庶乎貴介者要其言有足信也今二氏之裔詵詵方熾云

朱元鎮西北隅六啚民徽國文公之後裔也順治九年母病危篤元鎮年十五泣禱天神願以身代母病頓瘥順治十三年父染危疴鎮年十八祈延父筭父病遂愈生而純孝其父故字之曰孝先姚邑跨江有通濟橋其水最險鎮嚮產鳩工設縴路于橋下至今無覆舟者歲荒山賊之後青燐徧野鎮設普同塔而白骨無暴露者至于返遺金全夫婦撫幼孤完遺稅遵家訓皆人所難能者至廬墓而虎爲之他徙設甃而燕爲之移巢皆大孝之感也府縣學院每下教旌異之

吳自然字誼甫漕貢進士授登仕郎子垓承信郎監呂城鎮垓子鏞象山教諭家世富足荒年散財賙鄉里全濟甚多德祐間寓公羈宦單寒之士多依爲緩急詔表其坊曰高誼號曰義門鏞孫時中仕元爲宣武將軍海運萬戶

吳濟字養源鏞之子有田四十頃兄弟三人以急義遂至貧罄僦屋以居而濟人之志不衰

呂文姚建義學于邑東北隅禮名儒湛若爲師遠近就學數百人紹興乙亥文姚之裔仲應重建爲屋五十間學田五頃上虞李孝先記之

孫椿年字永叔遊四方從宿儒受學發明班馬左氏兄登死

諸孤襁負父母哀之椿年曰某在兄不亡也迄無失所姊適
胡氏夫婦皆卒椿年撫孤恩義甚備其孤又夭復爲立後倣
范文正義莊贍其族長幼親疎咸有倫序海堤數决議决湖
爲田積粟以資修築椿年不可曰决湖則無以灌漑利不補
害出金率鄉里共營之子之宏爲葉水心高弟曾孫樂嬰
孫銅字文濟晋州判官周窮濟急鄉曲貴其義行有藹者銅
一言卽解又有詩名與詞人唱和莫不重之
杜文明嘉靖乙卯倭犯姚境文明同子杜槐練鄉兵屢立戰
功槐斬魁一人從賊三十二人力竭死賊亦敗走十月倭寇
波文明從主簿畢清率鄉兵禦之遇於奉化楓樹嶺並戰死

謝志望國子生倭自海上蔓延姚嵊志望與知事何常明分道率鄉兵禦之倉卒遇於四明之巾嶺及三界五婆嶺頗有斬獲後以矢盡力竭並遇害詔贈太僕寺丞

趙世美字國用錦從弟也以術官御醫錦劾嚴嵩下獄并逮世美榜掠甚酷辨不屈語多侵嵩時楊繼盛沈鍊在獄世美與彈棋清話隆慶初復官疏太醫院弊指斥內侍再下獄

沈堯孚字子賢爲鹽運司吏同舍有被逮者堯孚爲營脫同舍感之念無可爲報使其妻往堯孚驚走叱曰故人知君君不知故人耶然終身不言于人後爲溧陽縣丞

黃曰中號巖濵以易教授吳中諸生應試曰中次第其高下

無不奇中爲文援據經術一切剽剟脂韋不屑也事父甚謹稍不悅伏地請朴有爲解者却之曰吾以釋怒爲喜不以免朴爲喜也及爲封官鄉邑利害毅然聞之當事嘗議南糧曰中言是役破家不一不如以道里費稅畝而官解之邑縉紳曰稅畝則縉紳與小民均役曰中曰吾所言者諸君子孫計諸君能保後世乎子尊素以御史劾奄下獄曰中走數千里入視逆豎聞之縛置神祠榜掠使籍記所與往來者曰中乘間得脫走崇禎初御史賜葬祭知縣蔣燦弔於殯宮曰中移書責之曰此郊弔也明府以春秋起家不讀左氏傳乎累封大中大夫太僕寺卿

徐重明字玄華別號石隱崇禎丁丑貢士初族有値南糧解首者侵糧肥槖事發將駕禍于重明父重明年十三即詣縣發其狀令試以文奇之乃按解者律以軍而父得免母性嚴臘月寒沍偶思魚重明徧索市中無有意惝恍不自持俟至暮途遇一市魚者以歸人以爲天賜一日偷兒竊其母衣飾去重明令左右秘之罄私槖如式新製以獻母爲解顔居恒稍不懌必伏地捧杖以請色霽方解藹然同伯俞之泣杖也撫二弟寓怡怡于切偲風清月白置三蒲庭中掀髯道古備述嘉言懿行令子弟環待聽之其家教迥與俗殊嘗危坐讀四子書語人曰聖賢義禮無窮吾期有益於身心若徒爲進

取計即方篤王唐猶糟粕也崇禎丁丑與從弟進明同貢試
疾不往曰古今一局棋耳又何仕爲好施不伐與物無忤年
七十六終景范即其孫也
黃光志字渤海明末加都督從黃斐至太湖國亡服蟒玉自
沈水中知府兆龍之子
吳梅天性淳厚有古處風妻亡時雖有子而梅正壯竟不再
娶年七十七以終
朱德辰字君樞少敏睿讀書僅金齒衛應從弟承戍憐其母
老寡兄弟毅然身代至衛雖係戎行琴書自隨黔國公延之
講學特開文教年邁思歸敗斂花手進錦衣御用監達都中

首創雲南會館至今稱便第三子宗勤年十六赴衛省親隨至都代留錦衣衛黔國公以詩餞云高歌一曲雜青絲此日稱觴願不違洛社風光今復見香山文物世應稀菊開老圃逢秋色月落中天見少微不是江湖詩伯伴何由得獻雀南飛歸姚時年八十有五

朱端字思正樂善好施自宗親及佃戶人人飲德一日偶至一家聞磨刀聲叩所以曰年終債無償將相率併命耳公曰何遽如此出囊助之遇負者於途每扇障已面恐其以逋債爲愧也自壯而老德溢鄉國鄉先達贈號濟齋子莒號望男其配周孺人以宜家睦鄰動合義理爲鄉里矜式動息必衎

大賓月節以子年奕貴封文林郎
孫恢風先儒仲素九世孫父長史大臨卒葬爲家圓結茅
側三年白雲繞墓有司賜扁曰白雲茅舍古蹟尚存
庠生陳士嶽字周翰父謨以肇慶守晉粵憲副未任卒聞訃
奔喪哀毀之至憐動上官咸稱陳守有子養寡母惟色與志
母酷愛長女凡餽遺必先意承旨二庶弟一始遍一宿母處
備極孜養之誠寧紹憲方旦心書孝友堂扁額贈之讀書貴
沙廟別業聞哭聲震隣訪之有嚴五負債鬻妻遂出六十金
分給債主得完聚周貧乏掩骼寒食偏祭近村之無後者
歲荒蠲租外田戸多相貸以活營造住居工人誤運斤西柱

短數尺縱火焚村所倖免得實請于父曰貧役胡能償徒苦
耳盍免之給值如故聞余煌以魏黨削籍嘆曰安有此人而
黨逆者卒殉甲申之難羣服知人之明學使樊致虛係父同
年致書令子補弟子員禁不令就試方正類如此年四十二
卒家漸落其配張宜人娶九婦嫁一女祖肇祖慶邦相尚濱
俱有名庠序而祖法祖則爲賢孝廉皆母教成之也賢哉
庠生陞曰焜字景陟至性純孝母爲葉憲祖姊婦儀母德嫻
之有素曰焜必合古人之所以事親者而將之以誠動得歡
心爲先儒九淵後博洽多聞精于春秋著有彙編行世浙西
名士若胡璁譔皆出其門後胡公本房胥庭清來牽挽之手

誠曰其勉爲周孺人或偶勃谿則曰毋爲周孺人所笑㚖男
受側室某氏孺人不特無幾微間且多方顧惜㚖男卒爲擇
夫厚嫁氏又善貧日給無倦疾革猶手精好十數事曰此婦
命窮其貽之婦弁慟昏暈故時以濟齋比眉山仲翁而以孺
人比程武陽君云

戴　諱廷耀字寅初弱冠游庠雅慕先達謝文靖虞文懿胡
章獻孫忠烈王文成之爲人慨然以名教爲已任學篤行脩
奈數奇屢蹶又父母春秋高善病遂絶意進取執定省侍湯
藥二十餘年居恒惟稽古臨摹泳游自得凡宗族姻婭有以
饑寒疾痛告者傾囊濟之邑稱躬行君子所著有尚書註

䟽五經臆說若干卷以次子錫綸貴贈奉政大夫

徐錦徵字符一童年失恃事繼母撫繼弟備篤友于人以閔子目之析爨時貲悉歸弟晚居南城隣室两患火熾人見所居有神人絳袍端坐獨得無恙僉謂天祐孝友云

翁月乾字鶴皐翁月節字好堅叅政時喆之孫兄弟諸生皆有令名事父母色養備至雖盛暑隆冬不冠服不敢見月乾嘗偕父入試父犯規當笞月乾代之創甚反以爲喜食貧屨約恬不爲意月節居喪不御酒肉事月乾如嚴父教授生徒經指示者皆有師法嘗拾遺金自揭姓名居處使失者來認悉舉付還不受分毫謝邑人謂兄弟皆古人也月乾舉鄉飲

爛以遊[illegible]

宣出館資完人伉儷有人所難者

胡毓元字虞卿崇禎援恩慨然曰吾親老知以志養不知以祿養也遂不赴選性孝行廉耄德不倦將遇之于溪風山月間

成良金字用齋六十餘無嗣于古虞納妾覩其愁容詢知債迫鬻償立時送歸不索前聘後別娶連舉二子次子仁宇孝弟好施舉飲于鄉仁子丹區援經歷慷慨仗義崇禎間有清查關儲一案丹區捐金代白辭免全活萬家至于刻木事親焚券助婚贈資完姻懿行實難枚舉者子彰孫弘謨現登仕籍

庠生徐錦晉字康侯壯年失恃同懷有五晉則舌耕力學以
膳以事親父娶繼母蔡氏無出誠孝不異所生妻許氏克承
夫志服勞罔間刑于之化素爲鄉黨稱述且兄弟曠業孳居
共爨獨肩其責妻黨凋謝養生送死不辭其勞建宗祠置祀
產見人之危者扶之貧者濟之爭競乖忤者多方勸導以善
全之惟義所在不苟毫髮其生平讜言懿行誠爲古今人所
罕及者宜乎嗣君景洵紹前代之簪纓而名登天府也
徐培明字因之自少至耄孝友端方訓廸後學每歲終必出
館資以埋枯骨年八袠舉飲於鄉邑令潘　匾以仁壽旌之

新修餘姚縣志卷二十二終

# 新修餘姚縣志卷之二十二

安邑康如璉修菴仝纂

## 人物志 方技

張　永　滑　壽　項　斯　駱用卿
黃　誥　邵　節　徐　蘭　黃　翊
邵南陽 毛世濟　鄒魯遺　翁　逸

古來傳方技者惟曆學醫術切於民用姚江曆學自史琳外無聞焉今欽天監正楊光先亦姚人也其闢西學十謬不識作法根本執死數議之自取敗耳醫學如攖寧抱一皆間世生國史不能數人況一邑乎著之於篇其與爭談妖妄穿鑿

者異矣書畫瑣瑣棄之如或可惜姑從舊附之
張永其先洛陽人扈高宗南渡家餘姚以翰林醫學給事宮
府宮中有疾太醫李會通治弗效永覘其方無所更定但改
劑爲散服之遂愈詔賞會通會通歸功於永同授駐泊郎官
至尙書著衛生家寶小兒方傳世子孫世其業以駐泊爲名
滑壽字伯仁別號攖寧生自許昌徙儀眞至正間徙餘姚性
警敏習儒書於韓說日記千言操筆爲文有思致尤長樂府
京口王居中客儀眞治方脈壽往叩之居中曰學醫自素問
難經始壽既終卷乃曰素問篇次無緒愚欲分爲十二類抄
而讀之難經闕誤多將本其旨義註而讀之居中曰子善學

也予守師說予過我矣自是學益進益務攷張仲景劉守眞
李明之三家而大同之攄其所得投之莫不中肯綮又傳鍼
法於東平高洞陽究十二經走會屬絡流輸交別之要陰陽
維蹻衝帶六脈皆有繫屬而惟督任二經則包腹背而有專
穴諸經滿而溢者此則受之宜與十二經並論乃取內經骨
空諸論及靈樞本輸篇所述經脈著十四經發揮疏其本旨
釋其名義通考隧穴六百四十有七而施治功以盡醫之神
秘所至人爭延致以得攖寧生診視一決生死爲無憾晚與
宋僖最善僖詩滑公江海客頻到賀家溪采藥行雲際吟詩
過水西其高致如此孫浩官知府弟子得其傳者駱則誠吳

溫夫

項昕字彥章自永嘉來徙幼好方數外大父杜曉村世業醫受其書讀之稍長學易趙穆仲葉見山後以母病醫誤投藥死痛之乃勵志醫術聞越大儒韓明善名往拜之得所藏方論甚富後詣陳白雲受五診奇眩歷試其説皆精良會金華朱彥修來越出金源劉河間張戴人李東垣諸書示之昕獨疑古方不宜治今病之論亟往錢塘見陸簡靜始悟古今方同一矩度也又往浙右見葛可久論劉張之學往建業見戴仝父譔五運六氣撮要若干篇授之太醫院使張廷玉善橋引案杌甚奇昕亦事之盡其技於是爲人治診病決死生無

不立驗諸貴人辟爲椽吏非所尙也門人力請著書作脾胃後論補東垣之未備所喜辭章善音律工繪畫而獨以醫顯

駱用卿號兩山正德戊辰進士除南海令道士翁藏拙自武當來寄居白雲山寺七日一食食則兼數人用卿叩之天文地理修煉服餌之術無不精曉會歲旱結壇禱雨如期霑足贈以金帛不受用卿以黃白問道士蹴土置烈火銅鐵投之悉化爲金一日用卿匆遽欲去言亟來忘遺新會一札道士曰請以小術資公笑取札納懷中移時出之則新會令徐乾復札也用卿求學道士曰公不能棄人事何能及此無已有地理可相授遂從受之用卿入覲道士亦去嘉靖中張孚敬

薦之卜地永陵是也仕至兵部員外嘗奉使山西題韓信廟李夢陽見之曰題淮陰絕唱也士大夫作詩板懸之用卿嘗欝欝不得志嘆曰天生駱兩山顧作相埋術士耶

黃諤字廷直工畫山水弘治間詔集天下善畫者三十二人就試禮部諤稱旨授官

邵節善畫翎毛受業林良盡傳其術

徐蘭字秀夫善畫蔔萄風烟晴雨曲盡其變行書學松雪

黃翊字九霄能爲近體詩工畫竹石菊花引泉爲池種菊數百本朝夕嘯咏習其烟容傲色馮蘭詩曰種菊鴈山下山深泉亦長傲霜秋色老映月夜光凉妙洒臨池墨清分獻酒觴

蕭然三畝宅風景即南陽其時有毛世濟亦以畫菊名

聞人益字仲璣善畫山水

鄒魯遺善署書筆法學張即之

翁逸字祖石工山水爲人磊落不羣任情詩酒瀟然塵垢之外

新修餘姚縣志卷之二十二終

# 新修餘姚縣志卷之二十三

安邑康如璉修菴纂

## 人物志　流寓

梅福　盛憲　高岱　賀循
謝安　杜京産　孔祐　王俁
程迥　陸宿　戴良　王正中

夫通都大邑流寓嘗多以勞人志士所欲存焉餘姚孤絕海島而滅影其間往往而是則四明爲之淵藪也士旣流離卷迹風雲之氣不能無寄使復快掌幽山屩旋懸谷便與聲利同桎梏矣志流寓所以發四明也

梅福字子眞九江人補南昌尉棄歸數因縣道上言變事劾外戚王氏王莽專政棄妻子而去人有見於會稽者變名姓爲吳市門卒蓋福女爲嚴光妻福來會稽亦有因也四明山中往往有遺跡嘗爲四明山記

盛憲字孝章會稽人遷吳郡太守去官居餘姚

高岱字孔文吳郡人隱餘姚所友八人皆英偉孫策聞其善左傳欲與論講或曰高岱以將軍無文學若與論而云不知則某言符矣又謂岱曰將軍惡勝已者每問當言不知岱如言策果怒囚之人皆露坐爲請策登樓望見惡而殺之

賀循字彥先山陰人東晉初建朝廷疑滯皆諮之循依經禮

而對爲當世儒宗官至中書令加散騎常侍卒贈司空謚曰穆

謝安字安石相晉孝武卒贈太傅謚文靖初安寓居會稽高卧東山與王羲之及高陽許詢桑門支遁遊處出則漁弋山水入則言咏屬文諸人言安石不出如蒼生何其後雖受朝寄東山之志始末不渝每形於言色

杜京産字景齊錢塘人閉意榮官專修黄老劉瓛曰杜生當今臺尚也徵爲奉朝請不至於日門山聚徒教授建武初徵員外散騎侍郎京産曰莊生持釣豈爲白璧所回辭疾不就卒

孔祐至行通神隱四明山嘗見山中有錢數百斛視與瓦石不異采樵者競取入手即成砂礫有鹿中箭投祐祐養其瘡愈然後去太守王僧虔曰孔祐行動幽祇德標松桂引爲主簿遂不可屈此古之遺德也

王俣字碩夫宛丘人宋政和進士擢監察御史建炎初扈從南渡遂家餘姚拜右司員外郎遷戶部侍郎秦檜專國家居十八年檜死起知明州晉工部尚書

程迥字可久家於沙隨靖康亂徙餘姚飄泊二十餘始學於嚴陵喻樗登隆興進士歷數縣以經術斷獄著書數十種於易尤有發明朱熹曰博聞至行追配古人非章句之儒也

陸寉字居安山陰人徙居餘姚一室蕭然九几脩琴書皆未嘗易好樂律考關雎鹿鳴諸詩諧聲鐘呂欲上書不果卒

戴良字叔能號九靈浦江人從學黃溍柳貫元至正間余闕行部曰士不知詩久矣非子不敢語張士誠據吳良爲淮南儒學提舉助師伐吳良從海道乞師山東吳亡良附海舟至定海棲遲於慈谿之華嶼鳳湖洪武五年遷居餘姚秦湖石堰之側與謝肅丁鶴年痛哭四明山水間其詩不忍讀也

王正中字仲撝保定人崇禎丁丑進士以姻家累下獄降楊州照磨移知長興餘姚因流寓正中不事文彩好讀實用之書在獄中從閩人柯仲炯受天官之學談之往往有驗黃宗

羲讀書雙瀑院正中求訪學其律呂曆法夜半布算歛歛古松流水其去一行之在天台不復遠也

新修餘姚縣志卷之二十三終

新修餘姚縣志卷之二十四

安邑康如璉修萑纂

人物志 仙釋

劉綱　章全素　俞叟　王可交

呂處仁　支遁　道慧　明慶

行修　行持　志遠　普容

弘濟　與茶　自悅　如皐

如玘　智遠

宋濂爲二氏之文拾其機緣轉語故釋氏之文莫盛於宋濂

夫機緣轉語朱子所謂好行小慧者膏唇販舌悅懸語闇曾

是可以爲文乎姚江自陽明之後儒生啜殘羹於釋氏之門要其極致以機緣轉語爲河漢也余顧畧諸其載於篇者則小道有可觀者也

劉綱字伯經爲上虞令與妻樊夫人雲翹同學道於白公能檄召鬼神禁制變化之事暇日與夫人較術庭中有桃兩樹各呪一樹使相鬭擊良久綱所呪者走出籬外綱唾盤中成鯉魚夫人唾盤中成獺食魚入四明山阻虎綱禁之虎伏不動夫人以繩繫虎於牀脚下將昇天大蘭山有皂莢樹綱昇樹數丈方能飛舉夫人平坐雲氣冉冉去後人名其樹爲登僊木

章全素從蔣生傭作甚怠時蒙笞罵一日指石硯曰先生好僊術能化此爲金乎蔣生曰汝傭安知餘事全素曰某或能之明日全素卒蔣生掩尸於簀爲具棺及發簀而尸亡已視其石硯化爲黄金光彩爛然

俞叟隱四明山學郄老之術後遊荆州時王潛節度荆南有吕生以故人子索遊潛不爲禮俞叟邀至舍夜取一缶覆地少頃發視一人長五寸許紫衣金帶俞叟曰此王公魂也責其薄吕生失親親之道紫衣拱而受命俞叟曰吕生所需一僕一馬縑二百疋紫衣諾之而没明旦潛召吕所賚一如其數

王可交崑山人掉舟太湖遇仙遂挈妻子住四明山賣藥沽酒自言藥則壺公所授酒則餘杭阿母所傳里巷皆言王僊人藥酒世間不及圖其形像懸之去魅

呂處仁字文姚隱四明山有異術齋醮多靈驗賜號演教眞人卒時投劍後橫潭篙工夜經其處或見劍浮水上以上神仙

支遁字道林陳留人先經餘姚塢山至晚年猶還塢中或問之曰謝安石昔來見輒移旬今觸情舉目莫不興想卒葬塢中

道慧慕遠公爲人卜居廬山王式辨三相之義慧難之而勝又就學猛公猛講成實爲張融所難慧一語挫其鋒融大服

明廣戒行精嚴多蘊藉

行修字性眞泉南人長耳垂肩七歲不言或呼爲啞應聲曰不遇作家徒撞破烟樓耳叅雪峯存得心印梁開平間至四明山處松下説法則天花紛雨吳越王誕辰飯僧問永明今有眞僧否永明曰長耳和尚定光古佛應身也王趣駕叅禮行修曰永明饒舌跏趺而逝今眞身留西湖法相寺

行持明州人有高行而喜滑稽住法性院貧甚因自頌曰大樹大皮褁小樹小皮纏庭前紫荆樹無皮也過年後住雪竇

志遠姓呂氏出家上虞等慈寺叅學諸方精天台教得錫師號講席冠東浙今光陳橐皆重之

普容字太虛姓茅氏歲饑煮粥以賑死者爲歛送紹興路請爲無遮會慶元路求雨容主其事瑞光如瓔珞繞壇大雨三日

弘濟字天岸姓姚氏出家寶積寺精天台之學高昌有空利者自謂學兼華梵出入經論濟與之共繹小止觀文彩煥發空利赧然泰定初開法於萬壽圓覺寺鹽官海岸崩行省請濟爲水陸會濟冥心觀想取海沙徧擲水際足跡所至岸不崩歷主名刹歸老寶積濟兼通文事會稽韓性巴西鄧文原皆善之贈詩有相逢定性三生話之句

與恭字行已工詩題冷泉亭云天竺雨花飛寶臺北山門對

冷泉開石擊老樹無人識時有黃猿抱子來趙孟頫賞識之

自悅字白雲天台人穎慧能文在法性寺陶安爲高節書院山長聽談易達旦忘寐繼住龍泉洪武三年徵講無説鬼神論稱吉勝流莫不與交其東歸也臨川危素作詩奇之宋濂髮爲高僧自塵兼落照黃雨對高僧飯花遶病叟詩皆謂悅也

如臯字物元清謹博雅傳天台吉於息庵通內外典有詩名初主廣惠寺繼後明眞與白雲朱右唱和流麗和平風度閑整洪武三年徵高行浮屠臯於其列授館天界無疾逝

如玘字大璞藏經五千四百八卷無不成誦太祖聞其爲僧

不了其報云何曰爲僧不了墮阿鼻地獄上曰出何典曰出藏經第幾卷詹同曰柰何爲此對玘曰玘釋子不敢背教不敢欺上上曰然則吾當受是報也曰天生聖人爲生民主豈同凡類上曰此出何典曰出藏經第幾卷上命取閱信然大悅諭諸臣曰卿等雖才不若是僧忠誠也臨終詣上上不及見玘曰臣有生緣無死緣上聞語歎曰玘死矣使覘之果卒諭祭驛送還

智遠字空林崑山朱氏子參圓悟於金粟悟引爲入室悟死凡平日品題者皆請同門補授衣拂或拈香上座遠歸之遯處四明知止庵裁黃獨以續鉢食爲黃獨令曰黃獨復黃獨

結根在深谷性宜砂土墝郊圃非其族糞草培且豐歲終大如輻毛長過紫芋粉細勝饘粥昔住雙徑隂時栽濟饑腹乃知折脚鐺古以代晨穀一日燒一枚一年三百六人生亦有幾三萬便充欲富貴不能親唯山林乃馥行脚二十秋屢思丘壑窟靈公同門靈章孤潔資慕往賢而淑埋子剛半嘯遺予薷竹籠久違隱者滋撥火煨教熟一飽忘百饑憨憨似偶木免從沿門乞更省負擔頗飯罷步荒坡披枝理霜菊晚黃香漸淸隱紵動茅屋敗架多殘書陶辭庶可讀遠之詩有天趣如日噇三頓天容丐夜宿一團地絶香伶俐是誰千百個癡憨祗我兩三員皆奇句以上釋氏

新修餘姚縣志卷之二十四終

# 新修餘姚縣志卷之二十五

安邑康如璉修菴纂

## 人物志　列女

### 帝后

梁文宣阮太后名令嬴父石靈寶餘姚人寓武康生女有姿容天監元年選入生元帝爲修容賜姓阮氏元帝即位追崇爲文宣太后封靈寶武康侯

宋太宗懿德符皇后邑開元鄉符彥卿之女初封越國夫人追册爲后

明神宗皇后王氏諱喜上黄鄉人本姓黄五世祖蘊洪武十

九年拙民兵入京兵籍省筆畫書黃爲王四傳至后父偉萬曆六年大婚禮成帝欄后家世時新建伯王正億方貴盛后以新建對故不復本姓偉封永年伯兄棟錦衣指揮僉事當選時喜鵲萬數集江橋柱上後乃知其祥也

## 閨範

虞潭母孫氏吳大帝族孫女也事夫有婦德忠亡遺孤撫養備至童幼便訓以忠義永嘉末潭爲南康太守杜弢搆逆孫氏勉潭以必死之義傾資產以餽戰士及蘇峻亂潭守吳興假節征之孫氏曰吾聞忠臣出孝子之門勿以吾老爲累也盡發家僮助戰拜武昌侯太夫人加金章紫綬潭立養堂于

家王藻以下皆拜謁卒年九十五成帝遣使弔祭謚曰定夫
人
孫碧妻 虞氏碧字文度雖侯家豐富而布衣蔬食躬親壟畝
時虞喜隱居海隅有高世之風碧欽其德娉喜弟預女爲妻
喜戒女棄華尙素與碧同志時人號爲梁鴻夫婦 以上晉
胡宗伋妻莫氏通經學曉音律女紅之事不習而能年逾三
十擇配未嫁聞宗伋賢許之姑宣氏疾莫爇香蘸臂祈代鄉
人作孝婦詞宗伋嘗開義學教鄉族子弟館穀之莫脫簪珥
無吝宗伋就試南宮客久欲歸莫不可曰助宗伋訓學徒給
衣糧必成名乃歸靖康亂南奔宗伋感疾莫勉之曰儒生無

可報國死生非所與論剛義慷慨如此門人孫介得其書比

曹氏女識

莫子純母虞氏父事北辰求九天女而生詩書若素習既歸莫力任爨作而高筆雅韻常在事外夫死焚約棄責趣其子學子純能以節義自持爲時名臣

岑斌妻王氏早寡薄有資粧王氏曰能無有利吾財者辱吾身乎盡散之宗黨勤苦紡織訓其遺孤全既第王氏泣語曰汝不及事父今得事君無苟祿位愧既死之父辱未亡之人君子以爲節婦賢母欲上其事王氏謂常事無煩官府卒年八十

王文榮妻張氏名玅眞善事舅姑姑壽且死祝曰願婦如我壽多子孫後生嘉聞五人選良師教之才望鬱起玅眞以高年淑德旌表嘉聞貴封太原郡君壽百四歲子孫曾元幾百人孫伯純娶張氏年二十一而寡志節皎然與玅眞同旌鄉里榮之

義婦高氏燭湖民女許嫁里人張子已而張瞽父母請離婚婦涕泣曰命也何忍相背鄉閭高其行號曰義婦

張員妻徐氏番陽進士兌之女讀書鼓琴爲詩歌父母難其配見員有奇節許之員家素豐饒愛義好施後不自給婦入門未嘗以貧苦嬰情遇食飲不繼與員終日清坐有遺世之

心姑年老疾扶持保抱癈櫛沐菽水之薄務得其歡心姑歎曰傷哉吾貧然得至今日吾子熙熙而亡憂者子婦之力云

胡悅妻黃氏名金蘭黃元理之女年二十五而嫠子在懷抱舅姑矜之曰不敢强汝守也金蘭慟不勝葬其夫旁置一槨明不更適蓬頭突鬢勤苦教子鐸舉進士累贈太安人

黃忠端夫人姚氏上虞人父克俊年十六歸黃尊素天啓癸亥尊素官御史楊漣左光斗魏大中李應昇每夜過議論至小人陰謀必形之嘆息姚聞則終夜傍徨謂尊素曰不能先事綢繆徒作新亭之泣乎尊素被逮姚每夜祈北辰願以身代漏盡聲酸聞者無不泣既誅逆奄副笄翟衣加換三品姚

初不以此自異奉事兩人寢門竈下煩辱之任加於娣姒一等舅病革命子出營美檟舅歎曰吾有三子而窀穸之事惟一婦是辦其後授產姚讓其三於叔而己取其一五子不免窮餓姚曰汝曹讀父書先業有無不足計也南都諸名士攻阮大鋮以顧杲宗羲爲揭首大鋮得志修報復中旨逮治姚喟然曰豈意章妻滂母萃吾一身耶國亡得不及於難壽八十七卒劉宗周瞿式耜皆稱爲女師

節烈

竇烈婦京師人瑞州判姜榮妾也榮判瑞州署郡事華林賊攻城榮出拒以印付竇氏城破賊入榮舍竇藏印隱屏賊牽

竇氏去郡民盛豹一自賊中將還竇氏私語曰爲我語官府印在某所我所以不死者以官府不知印處也今可死矣行至花塢見道旁有井求飲賊許之遂投井死事聞表其門立祠祀之

諸仕俊妻舒氏慶之女名貞年十八歸仕俊館穀爲生日者言歲行不利仕俊不欲行貞不可兩月而訃聞貞哀慟輒絕葬後展墓悲哀延竚不忍去父母欲嫁貞姑亦許之貞紿父曰作功德以歸亡夫徐可議耳賣其衣裝擇日治供供畢漏下四十刻母姑就寢乃沐浴衣麻衣自經死

吳江妻李氏蘭風鄉李四女舅姑與夫俱疫李周旋湯藥者

旬月夫舅俱死李哀毁殮葬之家故貧更兩喪益貧舍晨紡績養姑及幼子而身恒凍餒是時年纔二十澄水黃某謀娶之其姑知志節不可勸乃陰與黃約稱母暴病遣輿逆之李不疑詐倉卒升輿然非故道心疑之數問輿人亦詐對已而及門非母家也姑亦至布几席速李出輿成禮李度不可脫佯曰妾不欲嫁者爲姑老無依今姑既許復何言然妾自夫歿未嘗解衣必湯沐乃可成禮湯至如厠久之不出闢戶視之已經矣

莫潤妻沈氏美儀容歸潤貧甚而潤暴悍不治生沈勤苦紡績養姑甚孝而身恒凍餒既生子口食益不給潤促其妻爲

不義沈曰但有丐乞耳潤嗔曰是豈能飽吾沈潸然泣下曰除此但有一死潤知不從乃陰與富者約改嫁之沈遂經死

張椿十七妻陳氏性端嚴不苟言笑家貧勤苦無何夫死止一女陳自誓靡它女長于歸鄰媼有詈失雞者侵陳陳哭曰吾以女故忍死至今日女已有家乃不死而受辱耶閉戶絕粒家人泣饋飲食陳自戶隙接置之終不食如是十日不死已自斂其手足形縊而絕一時稱烈婦云

朱孔思妻白氏衢州人孔思以縣尉需次卒於京白氏治斂畢自刎靈前聞於朝賜葬建坊春秋祀之

史茂妻谷氏父行敬以茂世家子有文學女字之及笄贅於

家數日鄰人宋思常貸錢於行敬索之見氏美艷遂指遺錢爲聘金訟之官邑令馬從龍新蒞事頗用聰明鞠思牒識其誣杖而遣之谷氏下階茂扶以行谷氏故未出閨見隸人林立慚顏發赬推茂遠之從龍望見以爲意不屬茂也立呼改獄以谷氏歸思思卽數十人擁置輿中而去母從至思舍谷氏呼號求死斷髮屬母遺茂乘間縊死從龍聞之大驚直指捕思思亡命茂感其義終身不娶

金一龍妻黃氏一龍夭黃氏截指自誓立從子爲嗣與姑相依十五年有熊廿六欲娶之母黨利其財詒黃氏還家而間道至熊黃璞主婚黃鵄爲媒氏知不可挽日願括所有以償

聘不聽相持至深夜黃氏引刀自刎未殊其姑聞之匍匐而
來黃曰吾未即死者欲姑一面耳今復何求遂刎喉絕郡邑
聞之斃熊廿六獄中黃鶚遣戍建坊旌之
徐士觀妻孫氏夫喪畢不食死胡東昇妾魏氏昇死縊以殉
任鵬妻某氏鵬死親屬欲奪其志自沉陳尚禎妻景氏夫死
自縊
汪錦妻大符氏汪恒妻宣氏汪才妻小符氏女吉媛汪季宣
妻夏氏嘉靖年遇海寇俱不屈赴水死時謂一門五烈
黃鏞妻汪氏副帥汪登瑞孫女順治五年四明山亂大兵
討居民上山避之鏞負母汪氏抱孩叔行事急母脫走鏞轉

抱其弟二卒追及一執鏞一執汪氏逼之上馬汪氏曰寧殺我斷不從汝二卒曰不殺其夫彼不肯去擬刃向鏞鏞避之未創汪氏曰寧殺我毋殺我夫卒復牽其髮汪氏拳刜哀慟卒怒鞭樸交下汪氏引頸大呼曰速斷我頭不從汝求生遂斫之仆地卒去猶能言至家而絕黃聖質妻姚氏兵逼之不從兩手抱桑樹牢不可脫兵斫其頸頭倒垂而抱如故黃文備女兵逼之雙手握其衵衣斫死其手猶不可擘姚婦馬氏順治六年大兵搜山馬氏被驅出門投洋溪死其夫失婦以爲掠去入神祠卜贖不許卜棄又不許出廟見溪中鬒髮鄰鄰與波動搖挽出之則馬氏也沈之泰妻吳氏事迫從容縊

求死不得服滷而卒

## 貞節

韓孚妻黃氏名妙權歸韓五月而寡未有子以夫兄千賚爲後誓不再嫁至正初守上塘千戶曳刺知其殊色欲娶之妙權曰千戶受朝命鎮撫民者乃奪寡婦耶曳刺不敢復强旣而方國珍驍將葉某脅娶之妙權操刃劃檻曰敢越此戶議婚者吾以頸血濺之葉嘆曰吾爲男子臨陣不能死彼婦人輕生乃爾自是無敢復言妙權卒全其節

楊彥廣妻黃氏名淑貞董仲安女以孝聞適彥廣生子鎮甫茂徐彥貴死淑貞年十八母欲奪而嫁之淑貞以死誓屏膏

沐躬紡績樹藝以業其家姑病劇淑貞焚香禱天封股肉雜
糜食之姑獲愈姑卒淑貞哀毀幾不生州里以聞表其間以上
元
孫原吉妻陳氏名妙善年十九而寡子汝宗纔一歲父母憫
其少欲嫁之妙善泣曰所未從地下以姑老子幼耳今欲奪
吾志且暮相從也慟絶父母不敢言四十餘年里鄰白其事
有司聚貲怨家田之因囚訊汝宗汝宗不勝箠楚迺嚙其指
書衣間曰母氏志節妻毀譽人有天有日有屈有伸生不能
白死告鬼神書畢縊死有司亟上妙善事表其間
魏仲遜妻霍氏名淑清產一女而仲遜死淑清年方盛剪髮

毀形自明其志正統間詔顯其門

邵宏學妻汪氏少有至性年少夫亡有謀奪其志者汪拊膺慟絶良久得甦復欲自經謹守之乃免詔表揚之

王氏二節王錦之妻范氏王綸之妻鄒氏范二十而寡鄒加范一年遺孤俱藐爾父母舅姑皆勸之嫁范斷髮自誓而鄒佩刀衣間約曰有趣我嫁者此刀加頸衆莫敢强二氏相依勤苦織紝撫孤養老終身詔俱旌之

史錦妻楊氏楊林女年二十一寡親屬憫其少無子速之嫁楊曰婦人從夫死生無二妾雖無子幸夫有弟安知其無子無爲夫役者失節之婦寧死不爲斷髮自誓紡績養姑十餘

年而弟生文子曰賜楊育爲後又十年姑死楊巳老詔旌表之

顧氏二節蕙妻高第女蘁妻黄源女也蕙蘁皆少亡各一男俱在襁褓娣姒相依爲命高氏躬築蕙墓有烏飛集悲鳴墓成乃去蘁貧未克葬鄰火將及蘁棺黄氏伏棺號慟願與俱焚忽大雨反風火滅鄉里異之事聞被旌

徐逵妻祝氏澤女年二十三而逵死有女一人乃撫逵之侄爲後卒以節顯詔表門

潘秉彛妻徐氏燦女年十九夫亡斷髮毀容奉姑甚孝家貧歲凶機杼取活鄰火將焚柩潘身蔽之滅年一百三歲被旌

胡鏜妻謝氏贈太傅瑩之女子三歲鏜死謝年二十餘舅姑巳亡無倚或諷之嫁罵絕之苦身持力復起其家奉詔旌表

黃忠妻周氏年十七歸忠七月忠歿又七月產一男祝曰使吾血心不爲片肉者此兒也有欲奪其志者周氏揮刀欲斷其手自是莫敢言日夜紡績資給遺孤白首不懈事聞被旌

吳天祚妻馮氏顯女夫病語馮曰愼勿辱我氏曰敢有二心鬼神殛之夫卒慟屢絕日抱孤撫棺泣曰我不及黃泉者爲吳氏一塊肉耳毋家欲使改節馮終身絕之事聞表其閭

毛暕妻潘氏御史楷女年二十二寡舅姑娶[illegible]爲[illegible]貴番哭曰是不知未亡人心也復設一擴家罹疫皆逃匿[illegible]

婦可出戶叩死無畏後匿者皆疫潘獨無恙有司上其節詔旌之

滑志能妻汪氏永言女名德清歸五月而志能死年始二十家貧無子防檢甚固卒以節自全事聞被旌

楊芸妻薛氏天順癸未芸會試試院災焚死薛尚少誓無他志成化壬申大風雨水暴至漂沒廬舍薛氏處一小樓[illegible]建趣使下氏曰義不出此戶卒無恙詔旌之後子簡貴贈太孺人

謝選妻陸氏蘭墅女歸選三年寡年二十二無子誓不更適後選兄遷生次子丕陸抱爲子撫教之後官吏部侍郎封太

淑人詔表其廬八十六卒賜祭葬以節壽加賓鈔當世榮之

徐文元妻章氏𨨏之女文元舉進士死其時章年二十八斷髮矢節家貧不能葬夫遭鄰火作夫柩在室章望火泣拜願天反風果然正德壬申海溢水至柩已漂矣章伏柩號極輙定躬織紝爲衣食撫養其孤後孤亦死章卒無二志詔旌之

王倫妻陸氏王𤆍妻陳氏倫𤆍皆早死陳無子陸始娠倫病詔陸曰汝年十八歸我數月勿自誤陸氏曰君言誤耳君苟死吾所娠子耶存撫之否者與君偕死倫死陸氏刑面毀容七月產一子撫之如初言陳氏亦守志父母曰姆氏幸抱子汝何依空自苦陳曰吾知身耳因斷髮誓父母立𤆍弟子爲

嗣復妖於是二節合資併食攻苦茹淡身不踰閾遇薦祭涕泣終日嘉辰令節見者爲罷懽有司上其事並表之

聞人才妻黃氏愷之女才以鄉貢病歿黃年十八無子家至貧或諷之嫁黃曰婦人之節固不係於貧與無子也且前妻之子在雖貧吾能針線紡績爲衣食計守志無變詔表其閭

諸永言妻鄭氏年二十一而寡家徒壁立子翼方二歲鄭忍痛拮据鄰嫗百計誘其改適鄭罵絕之以節壽終孫敬之中嘉靖戊戌進士疏請得旌

韓塤妻項氏名昭少閱書史操翰製詞伎巧絕倫又不琰所有敏修婦事年二十三塤卒昭欲俱死念姑寡恐傷其心隱

恐自飭鄉少年慕昭者爭賂伯氏求姻昭峻拒之居恆備刀自衛有謀俟展墓刼諸途者毋兄向行不獲則爲流言詬辱昭乃擲刀曰吾今可無防矣彼智計俱困故辱吾以自退耳立伯子銀生爲塡後親授書課拓復舊業邑人錢德選作釋刀傳表之

史鸞妻陳氏知府雲鶴女鸞中戊午舉人卒陳年三十六雖宦家婦蕭然四壁一夕鄰火及鸞柩陳伏棺號慟願俱焚火滅或勸他適陳曰須臾無死人不亮其心耶縊絕救甦旌表

周如登妻沈氏年二十四而寡舅姑俱耄伯氏太僕卿如底廉而貧沈恐死操作奉老撫幼六十年屏居一室即羣從子

姪罕見其面女家亦不往

貞女呂氏名成少傳呂本女許太傅謝遷之孫用模乙卯用模舉於鄉上春官至吳門病卒女聞飲泣廢食誓死殉有議姻者女即絕粒而上

史立恒妻潘氏年十八歸史姑魏氏性嚴立恒酗酒暴戾立恒死魏氏以喪子愈虐其婦杖不足則捽而嚙之潘氏問寢上食愈益虔恐痛撫孤卒

唐景禹妻徐氏景禹中嘉靖丙辰進士卒於京徐聞訃慟絕再日甦年二十三歲營葬戒為兩壙曰吾不久入此矣日夜吞泣不食舅姑憐之稍進食家故貧盡毀衣飾為舅姑養以

終其天年晚益不給依寡母績紉臨終晝見舅姑與夫曰何不早携我而久苦我以生也四十五年氷操如一日

陳孟愷妻傅氏孟愷以廕爲南詹簿繼娶氏封孺人未幾孟愷卒傅年纔十九悲愴欲殉念已有身五月稱未亡人比免身得女獨處一室與女相依不聞言笑以子三省貴封太宜人

諸暲妻蔡氏暲嘉靖庚戌進士繼娶蔡氏暲卒蔡年二十痛甚燬衣飾潛縊柩側救甦持齋衣縞終身家貧紡績至不能舉火誓不向人丐貸病飲之藥則辭曰未亡人以相從地下爲幸何藥爲年踰五十有司憐其苦節月贍穀二石

邵埜妻陳氏通判陳有孚女埜入贅一月病歸而故陳氏聞訃過門慟絶而甦葬畢母勸歸陳氏曰生死歸邵而已舅姑卽宦遊妯娌足依也時年才十六嗣子無似望其孫之有立篝燈紡績使就讀身爲師氏焉萬曆辛卯奉旨旌表

翁璧妻錢氏適璧二年璧病錢刲股以進竟不瘳誓死殉屏飧凡七日旣念祖姑及姑在宗姻無可倚者室旣罄懸身且乏飦日夕紡織贍兩姑姑嚴猶時譙呵之夫之女弟及甥女皆幼孤翼而長之四時享薦不以貧缺也矢節垂六十年

陳克華妻楊氏歸三月克華卒時纔年十九歛甫宿鄰火殆及楊憑棺慟姑力挽之不起哭曰願同滅烈焰不令死者獨

受慘也火遽熄閭里嘆異伯氏舉仲子請於舅姑抱哺爲克
華後獨處一室非執婦事不及堂非布素不御一日夜半疾
雷破柱闔室震驚楊氏枕柱卧若無所聞鄉鄰閭表其閭曰
貞節

諸璧妻李氏年十八而寡家貧紡績事姑以孝聞所生遺腹
旣娶婦有孫後姑老死而子婦相繼夭殁煢然一身家益旁
落百計周旋撫二孫復成立族黨稱之

陳氏二節陳有智妻李氏陳有容妻姚氏始笄之歲姚二十
九李二十一初有智娶一年其叔中丞克宅携之松番病卒
中丞貽書慰李甚至李氏泣言大人豈以是堅我哉微大人

守當二一心者人之室爨編茅以居娣姒相依過者寂不聞人聲已與葬從其建一襄木遷而并李二氏欲斂於新室同室不許姚氏曰吾豈以俾故訃姑喪乎姚氏負屍李氏扶之竟寘新室

任正妻潘氏潘漢女年十八歸正十年正卒撫孤子遺事舅姑撫二孤守節備嘗隆慶三年以冊立東宮恩詔伯子春元爲司寇郎具奏表其門後兩奉恩贈

徐氏秦安守楊山繼室年二十一而寡秦安故多媵徐有樛木之德而諸媵反有妬心毎持其短長於姑諸媵有過徐乃曲覆之姑由是賢徐而斥諸媵媵有子抱哺如已子宗女孩

而失母鄗抱哺如巳女自髫而艾安之猶一日也伯子文煥曰吾母安而一家之人畢安以伯子貴誥封太宜人

庠生聞詩先娶於張生四子而張卒遊學崇明遂繼李氏詩卒李年二十四損顏自毀苦身力維佐叔子讀名金和成萬曆癸未進士爲延平守贈父詩如其官封李爲太淑人時子進禴翟前爲壽泣下曰恨不令而父見之然亦可報地下矣

庠生嚴金妻翁氏慈谿憲副素女孫也金爲少司空時泰孫美文才以咯血死翁年二十一無嗣且貧再遭姑及祖姑喪而舅又喪明隻身支吾率取辦十指間所謂生貿於死也

羅氏進士楊九韶繼室年二十三而寡三子皆非羅出宗從

四壁羅慟絶少蘇視諸孫獨宏科異乃抱而泣曰吾不即死者欲成此兒以竟逝者所未盡耳於是苦身力作百折益厲者三十年萬曆丙戌宏科成進士爲御史羅年大十餘閭里賢之

黄稔妻章氏二子皆奓生稔卒其長大綬未周歲章氏撫之衣食皆出十指時庫子爲重役大綬年十五點充出役章氏移杌向治所而坐大綬歸始食役終後已守節數十年郡邑表之

陳四七妻項氏四七夭奄數年而死舅姑勸之改適項曰舅姑無他男何以爲活未幾舅姑死項纔三十許家業零落廬

舅姑墓側紡績自給尼有勸之出家者曰自苦何爲氏不應將殁卧病門無人迹有女伴問疾者見室中燈火熒然達旦乃巳

庠生鄭養銳妻于氏養銳卒于氏年二十四扣棺祈死舅姑指子光國曰是兒當大吾門婦不鞠子吾無望矣乃紡績以資奉養同室欺其孤弱每事推築于氏集宗黨而告曰未亡人以死爲期義不返顧豈利害所能怵哉遂截去其髮觀者失色相戒不敢犯其舅疾革于氏夜半告天剖臂以進舅遂霍然守節三十六年卒又三年而光國舉於鄉

徐弘基妻胡氏名昭父故文學教孝經女誡諸書餘則習書

算弘基有足疾納釆後知之父母欲離婚胡氏不可後于歸即出其簪珥求善藥不愈氏匍匐夜禱庭中積歲而弘基之瘡忽合胡氏以蒙霜露反得心疾弘基死時胡氏二十七歲自欲殺姑排户救之曰不爲二子地乎於是胡氏始治殯斂之事踰年父母欲奪其志胡氏曰異日自磬之繩尚在也議乃息順治戊子孫岱舉於鄉有文名

大學生鄒光繩妻葉氏按察使憲祖之女歸數年而寡無子取從子二人爲後門庭肅然其舅布政學柱假優笑以娛老姻婭滿堂葉氏未嘗一出閫也姑白氏病葉氏刲股雜藥糜以進姑病隨愈未幾葉氏鬱伊而卒

貢生鄒光紀母郁氏二十四而寡嫡子受聘金使改適郁氏
欲自殺而止郁所受田不及嫡十分之一而養生送死未嘗
不相平等嫡子先死身後皆郁氏爲經紀卒年七十五
孫德光妻魯氏庶吉士魯時昇女二十三而寡一子二女子
殁出世自號幻離次女不忍離母終身不嫁二婢亦從至老
盧時遵妻黃氏年十八生子未週而時遵卒矢志守節家貧
紡績奉姑至九十餘而殁平居未嘗有笑容屢遇兵荒避難
山中備嘗險阻而清操愈苦愈堅年七十餘當道表其閭
朱岐妻李氏年十八歸朱五載而夫終秉志守節家止祖房
一間紡績度日撫三歲幼朱志仁除祭掃下樓餘則足不履

地者三十載後隨志仁寓杭撫孫課兒起家成業亨年六十四卒

韓子龍妻陳氏年甫十六敬奉孀姑全無宦習七載而夫殞遺六歲煢嬰絶無錐産守節撫孤紡績度活始終無間歷年八十五卒

張氏儒童阮邦尹妻年二十四夫亡苦節自持誓死無二時上有衰邁之翁姑下有襁褓之三子氏紡績奉養婦容不飾康熙丙寅旌表之

鄒珽妻鄒氏珽亡氏纔二十餘苦節四十載善事翁姑雖家貧而奉養無間撫幼子成立邑里譽之當道以節孝雙全表

其閭

邵氏處士陳君大魁之妻年二十餘孀居氷霜矢操苦節不移時子元方八齡幼者更在襁褓而撫孤教子有丸熊畫荻之風

康熙戊辰元成進士郡守表其閭東海徐尚書以荻訓筠貞贈之

吳文龍妻徐氏年未三十而寡守節四十年教子吳梅至于成立及梅妻亡不再娶撫八齡之孫名曰應泰今已登仕籍人以爲貞節兼母範焉

題旌表者三十五人魏仲遜妻霍氏滑志能妻汪氏毛暕

妻潘氏邵宏學妻汪氏史錦妻楊氏謝選妻陸氏楊芸妻薛氏通判姜榮妾竇氏王綺妻鄒氏胡鐙妻謝氏徐選妻張氏顧葆妻黄氏顧蕙妻高氏吳天祚妻馮氏王紳妻范氏黄忠妻周氏徐逵妻祝氏徐文元妻章氏聞人才妻黄氏黄恕八妻陸氏黄恕十六妻陳氏諸永言妻鄭氏吳術妻谷氏魏朝龍妻孫氏徐乳妻施氏吳仁賢妻段氏任正妻潘氏楊煜妻諸氏邵湖妻鄒氏張一致妻蘇氏邵章妻陸氏邵垈妻陳氏進士楊九韶妻羅氏進士諸暐妻蔡氏孫鳳冲妻徐氏

其他以節聞者魏朝龍妻孫氏朱瑛妻李氏汪信一妻黄氏汪忱妻趙氏周智妻毛氏岑越登妻翁氏岑桂妻張氏吳僖

妻張氏孫紀妻嚴氏其婦楊氏許璧妻陳氏石模妻盧氏石校妻董氏徐麟妻陸氏徐珪妻邵氏徐謐妻谷氏王守中妻朱氏陳守卿妻錢氏楊熠妻謝氏孫暹妻毛氏邵方毋陳氏岑坦妻何氏岑蘇妻張氏楊堯臣妻周氏楊大登妻謝氏楊文宰妻俞氏王錦妻胡氏陳琥妻符氏黃綺妻范氏會魁顧廉妻邵氏陳孟廉妻徐氏呂杜妻沈氏黃一禮妻周氏夏道寧妻鄒氏毛世鳳妻楊氏趙子卿妻胡氏張思立妻鄭氏徐整妻諸氏夏思新妻陳氏毛岐鳳妻顧氏諸倫妻沈氏周子恭妻胡氏鄒欽妻單氏黃國宗妻應氏年十九國宗卒遺腹生繼祖苦節七十年黃應鐘妻傅氏楊堂茂妻何氏庠生邵榯妻陳氏邵弘化妻

翁氏進士陳釆妻周氏孝廉張治續妻楊氏聞金章妻任氏
黃鳳鳴妻蔡氏庠生蘇秉乾妻史氏朱美政妻楊氏楊履謙
妻邵氏毛明綸妻翁氏黃孝則妻李氏
鄔應高妻陳氏　封君鄔愿武母也年甫十八而寡撫孤親
授訓詁忍饑咽淚內盡鞠育之勞閱四十餘年及孤完娶孫
景從成己丑進士筮仕祿養親戚交遊有操券以緩急告者
隨呼以應行人司受　封其父檢數千金券盡付一炬以成
陳氏施予之願
景氏文學景開明女及笄適陳伯禎讀書輕財襄貲施與氏
以簪珥治甘旨周旋無厭厭賢孝之名見稱宗黨禎館苕禾贊

病奄臥氏與子婦封股進氏跪佛前願身代夫自輕者再頑
覺亟呼得止與殁殮畢氏將服滷鄰嫗奪之曰何苦橫死氏
曰死得正命孰獨生乎子婦姑妯環勸而嚴備之氏佯從容
安適備稍疏潛登小閣縊死遠近無不垂涕者年四十三氏
同邑鄒景從詩云忽朝天黯風雨惡儆報貞媛經小閣白首
難期偕老緣黃泉竟赴同心約邵以發詩云今古鬚眉一死
難柔脂草草辱衣冠閨中大義明知夫死無生意獨安
沈劉氏山陰望族歸沈景怡景怡爲宮保太宰莊敏公幼子
中崇禎己卯鄉薦年少登第落拓不治生產性嗜飲宦業蕭
然踰年卽世時劉氏年二十爲未亡人以兩子方孩抱不獲

從孝廉於地下煢煢課子茹苦如飴長子振嗣年十七中順治甲午科舉人戊戌成進士入館加寵異賜蟒袍眷顧方深未幾疾歸去世劉獨伶仃自守日治紝績苦節五十餘年足跡不踰一室終身無笑言遠近咸推母儀享年七十有五康熙二十一年卒正寢次子若孫俱以國學生久客　京邸未獲邀　大典請　旌䘏云

蔣煜妻童氏適煜年十九宦門頹落氏工組紃勤辮績饍翁佐讀祭祀宴饗無失禮翁曰典吾家者童婦也年二十七煜病不起曰我死兒呼他人爲爺恐乎氏嚙指曰童家女蔣家婦更有何路殉君非難也止念兩幼子一襁褓女作未亡人

耳煜遊氏志操甚堅舊畜一童十六七矣氏曰年少在孀婦家非便也遣去女紅汲灌織黴必親冬月手裂長夏絶糧竭盡心計養子女且教子讀每夜拜天曰第令子能灌汲一甌麥飯祭其翁與父可報夫地下矣同堂吉凶事衆婦談笑氏正色不動年五十一距夫死二十四年矣有司給匾曰苦節可嘉

孝行

孝女姚氏通德鄉吳氏婦父早世母何氏無子養於女家泰定甲子冬鄉多虎一日母出汲女聞覆水聲亟出視則虎啣其母女乃追掣虎尾顛朊不可執因提拳毆虎虎驚舍其母

瘍而未絶藥之獲愈

何鳳妻陳氏鳳賈荆湘十年不歸衆謂鳳已死舅姑欲奪其志婦泣曰使果死婦當以死事舅姑苟生還而媳婦已嫁舅姑何以解其子乃斷髮誓守已而鳳還數月復去無歸期時婦已誕一子舅姑就衰家業益凋婦饑寒辛苦未嘗微怨正德辛巳秋大疫姑將死婦焚香籲天曰夫客於外姑遘危病聞人肉可療願刲以進惟天地祖宗默祐俾姑更生與子一面妾死無恨遂刲其左股和羹進之姑病獲愈

許氏庠生徐錦晉妻克執婦道至孝性成繼姑疾危刲股以身請代其母家凋零則迎養備至人皆欽之

新修餘姚縣志 卷二十五 三

列女 嘉靖改元 恩詔優卹在舊志第三十一頁

一門三節翁守成妻韓氏守成子宗寔妻袁氏宗寔子煇妻周氏三世婦姑同節以保宗祊鄉邦賢之

施良心妻吳氏年二十寡子時學未週家徒四壁訓育兩兼幸子成立既而子媳繼逝惟泣對幼孫相倚爲命孫兒三即忠愍公邦曜也課學業且語以自守艱苦狀勗之勵志邦曜萬曆己未成進士筮仕即具疏陳情奉旨賜建貞節坊一時名碩爭爲頌揚彙有旌節録後以孫大叅政綸累封淑人

解洪化妻翁氏 司馬大立孫女子曾可雄數月而洪化死氏

□年二十四繼姑諸齒少於氏氏孝敬不替乙酉病篤曾可□

□同時刲股復甦辛卯又病曾可復刲股論者謂節孝相成

也

邵氏少歸儒士龔蘭臻侍舅姑誠孝無間未幾夫故遺子穉

孫中族勸之他適氏斷髮毀容育子成立且父母雙孤復□

据迎養勁節純孝氏兼有焉

國學王貽樞祖母黃氏年甫廿六夫故上事姑嫜下撫穉子

中外無間言今年躋九袠郡守李以節堅壽永贈匾獎勵

庠生陳啟邕妻諸氏姑何氏病篤虔禱刲股乳哺三年又助

產奴祠施貧濟困御史左御史葛邑令張俱獎淑德純孝云